위험지역 취재 보도의 이해

## 위험지역 취재 보도의 이해

**초판 1쇄 인쇄** 2020년 4월 25일
**초판 1쇄 발행** 2020년 5월 01일

**지은이** 안수훈
**펴낸이** 김용태 | **펴낸곳** 이룸나무
**편집장** 김민채 | **편집** 김성수
**마케팅** 출판마케팅센터 | **디자인** 플랜A
**주소** 410-828 경기도 고양시 일산동구 탄중로 403 1202-901
**전화** 031-919-2508 **마케팅** 031-943-1656 **팩시밀리** 031-919-2509
**E-mail** iroomnamu@naver.com
**출판 신고** 제 2015-000016 (2009년 9월 16일)
**가격** 18,000원
ISBN 978-89-967899-80-6 13070

☆이 책은 뉴스통신진흥자금을 지원받아 저술·출간되었습니다.

뉴스통신진흥총서 28

# 위험지역 취재 보도의 이해

## 전쟁과 재난 보도를 중심으로

안수훈 지음

이룸나무

# 위험지역 취재 보도에
# 작은 도움이 되길…

2020년도 어김없이 봄이 찾아왔다. 작년 9월에 시작된 호주 산불이 6개월만인 지난 2월 중순에야 종료된 가운데 신종 코로나바이러스 감염증(COVID-19)이 전 세계로 확산하고 있다. 중국과 한국을 거쳐 유럽과 미국을 강타하고 있고 세계보건기구(WHO)는 팬데믹(세계적 대유행)을 선언했다. 언론들이 연일 코로나19 확진자 급증 소식을 쏟아내면서 감염증 재난 보도가 선정적이고, 국민 불안을 가중시킨다는 비판도 이어지고 있다. 각종 재난재해나 대형 사건·사고가 발생할 때마다 제기되는 우리 언론 보도의 고질적인 문제점에 대한 비판이 다시 나오는 것이다. 얼추 30년 가까운 기자 생활을 해오면서 언론의 재난 보도가 따가운 비판의 소재가 되고 있는 데 대해 일말의 책임을 느끼지 않을 수 없다.

기자 생활 초년병 시절인 1990년대 초중반, 서해페리호 침몰사고와 성수대교 및 삼풍백화점 붕괴 등 잇따라 발생한 대형 사건 · 사고를 직간접적으로 취재한 바 있다. 이후 2004년 4월부터 연합뉴스 바그다드 순회 특파원으로 이라크전쟁을 두 달여 간 취재했고, 미군 군납업체 직원 김선일 씨가 테러조직에 피랍돼 살해된 사건도 현장에서 겪기도 했다. 2008년 8월부터 3년간 미국 애틀랜타 특파원으로 활동하면서는 미국 남부에서 발생한 허리케인과 토네이도, 멕시코만 원유시추시설 폭발사고 및 아이티 대지진 현장에 파견되기도 했다. 바그다드 종군 특파원 시절 만난 외국의 분쟁전문기자 중에는 미얀마, 동티모르, 아프가니스탄 등 세계 각지의 분쟁 및 전쟁을 취재한 베테랑들도 많았다. 이에 반해 우리의 분쟁지역 취재 보도는 그야말로 우물 안 개구리 수준에 머물고 있었다. 그런데도 전쟁터에 기자를 보냈다는 사실 하나에 만족하며 'ㅇㅇ일보 ㅇㅇㅇ특파원 바그다드 최초 입성' 등 자사 홍보에 열중하는 우리 언론의 행태가 한없이 부끄러웠다. 재난재해 취재를 하면서도 사안의 본질에 차분히 접근하기보다 속보 경쟁에 열중한 적도 많았다.

사회부장과 전국사회 에디터 등 데스크 보직을 맡으면서 후배들에게는 재난 보도나 전쟁 보도의 기본준칙을 준수할 것을 당부했지만 이것도 잠시일 뿐, 과거의 관성과 관행으로 돌아가기 일쑤였다. 재충전을 위해 문을 두드린 카이스트 문술미래전략대학원에서 과학 저널리즘 공부를 하면서 저널리즘 원론에 입각해 그간의 취재 보도 경험을 돌아보는 계기가 됐다. 재난 및 전쟁 보도에 관한 자기반성을 하면서 일선에서 뛰는 기자들에게 조금이나마 도움이 될 만한 정보라도 제공해 보자는 각오를 다지게 됐다. 이 책은 결코 현장 기자 시절 경험한 특종이나 무용담을 늘어놓으려는 생각으로 시작한 것이 아님을 밝혀둔다. 현장에서 뛰면서 겪었던 각종 재난재해와 이라크전쟁 취재 경험을 토대로 우리 언론의 보도 행태를 분석해보고 철저한 비판과 자성 속에 개선책을 모색해보려는 게 기본 취지라고 할 수 있다.

필자와 같은 세대들에게 책임이 있는 현행 전쟁 및 재난 취재 보도 시스템은 한계에 봉착했고, 시대 변화에 맞게 새롭게 수정돼야 할 시점이라고 본다. 기본적으로 전쟁이나 분쟁지역 그리고 각종 재난재해 지역 모두 취재기자에게는 위험요소가 많은 환경이란 점에서 위험지역 취재라는 하나의 범주로 묶어 분석을 시도했다. 취재기자들이 안전장비조차 제대로 갖추지 못한 채 현장에 투입되는 관행이 개선되지 못하고 있는 현실부터 진단하고 개선책 등을 모색해봤다. 여기에 선정적이고 자극적인 보도나 피해자의 인권을 존중하지 않는 보도 행태 등 전쟁과 재난 보도의 고질적인 문제점을 진단하고 그간의 주요 논란들도 집중적으로 그 배경과 원인을 살펴봤다.

이 과정에서 현업 언론인들에게 자극제나 채찍이 될 수 있는 언론학계의 분석과 비판을 적극 인용해 소개했다. 우리 언론의 전쟁 및 재난 보도가 많은 비판을 받는 배경에는 외부 비판을 수용하는 데 인색한 점도 크다고 본다. 그런 맥락에서 언론학자나 전문가들의 비판의 소리를 가급적 많이 소개하려 노력했다. 특히 전쟁 및 재난보도준칙의 보완이나 개선에 관한 구체적인 제언 중에는 매우 유익한 지적도 많았다. 동시에 전쟁 및 재난 보도 발전을 위한 다양한 제언들도 현장 기자들이 참고할 수 있도록 지면을 할애했다.

이 책을 출간하도록 지원해준 뉴스통신진흥회에 감사의 말씀을 드린다. 바그다드 종군 특파원 시절 등 험지에 취재를 갈 때마다, 가슴을 졸이면서도 대범하게 지켜봐 준 아내 주미와 아빠를 묵묵히 기다려준 딸 정현에게 고마움을 전한다.

2020.05

안수훈

# 목차

# 제1장
# 위험사회와
# 위험 보도

## 대형 사건·사고 끊이지 않는 우리 사회

우리 사회는 1990년대부터 대형 사건·사고가 끊이지 않았다. 1993년 10월 서해페리호 침몰, 1994년 10월 서울 성수대교 붕괴, 1995년 6월 삼풍백화점 붕괴 등 대형 사건·사고가 연이어 터졌다. 이를 1960년대부터 40여 년간 급격하게 진행된 '압축적이고 돌진적인 산업화'의 결과로 분석하는 견해도 있다.(이재열, 2012)[1] 즉 우리나라가 아주 단기간에 압축적인 고도성장을 추구하는 개발전략을 밀어붙인 후유증으로 다양한 위험 증상이 나타났다는 것이다. 시간이 흘러 인공지능(AI)과 빅데이터, 사물인터넷 등 첨단 과학기술이 사회변화를 이끄는 제4차 산업혁명 시대에 살고 있지만, 대형 사건·사고나 재난재해는 계속되고 있다.

국내에서는 2014년 4월 세월호 침몰 참사 이후에도 2016년 9월 경북 경주에서 규모 5.8의 지진, 2017년 11월 포항에서 규모 5.4의 지진이 발생해 우리나라가 더 이상 지진 안전지대가 아니라는 주장도 나온다. 2019년 4월 강원도 고성·속초·강릉에서 대형 산불이 발생해 큰 피해를 냈다. 2020년 4월 29일 경기도 이천 물류창고에서 화재가 발생해 38명이 목숨을 잃은 가운데 이번 사고는 2008년 1월 40명이 숨진 물류창고 화재와 판박이라는 지적도 나온다. 국제적으로도 2018년 9월 인도네시아에서 규모 7.5의 강진과 쓰나미 그리고 9월 슈퍼 태풍 '망쿳'이 동남아시아를 휩쓸어 대규모 인적, 물적 피해가 발생했다. 2019년 9월 시작된 호주 남동부 산불은 해를 넘겨 6개월간 계속됐다. 각종 테러와 분쟁도 이어지고 있다. 2019년 3월 뉴질랜드 크라이스트처치에서 백인우월주의자의 테러로 인해 50여 명이 숨졌고, 4월 21일 스리랑

1994년 10월 21일 발생한 성수대교 붕괴 사고 희생자를 기리는 위령비(서울 성수대교 북단)

카 콜롬보에서 부활절 연쇄 폭탄테러로 250명 이상이 숨졌다. 5월 헝가리 다뉴브강에서는 유람선 침몰사고가 발생해 한국인 단체 관광객 25명이 희생됐다.

과학기술의 발달 속에 원자력발전소 사고 등 과학기술적 재난 그리고 광우병, 조류인플루엔자 등 질병 관련 재난도 잦아지고 있다. 2015년 중동호흡기증후군(MERS) 사태에 이어 2020년 초 신종 코로나바이러스 감염증(COVID-19)이 발병해 전 세계로 확산돼 국제적으로 홍역을 치르고 있는 것은 대표적인 예이다. 독일 사회학자 울리히 베크(Ulrich Beck)가 주장하는 '위험사회(Risk Society)' 개념이 상징하듯 우리는 위험이 일상화된 환경 속에서 살고 있다. 울리히 베크는 이러한 위험이 발생하게 된 원인을 '근대화'에서 찾는다. 역사상 유례없이 거대한 풍요를 이룩한 근대 산업사

회의 원리와 구조 자체가 기술적 이익과 동시에 새로운 종류의 위험을 체계적으로 재생산한다는 것이다.(김태종, 2012)[2] 울리히 베크는 2008년 한국을 방문했을 당시 언론 인터뷰를 통해 "한국은 아주 특별하게 위험한 사회"라고 진단하고 그 이유를 "전통과 제1차 근대화 결과들, 최첨단 정보사회의 영향들, 제2차 근대화가 중첩된 사회이기 때문"이라고 분석했다.[3]

우리 사회가 급격한 산업화를 추구하면서 선진국과 후진국의 위험이 공존하며 예기치 못한 재해들이 자주 발생하는 '복합적 위험사회'로 접어들고 있다는 분석도 있다.(이민규, 2011)[4] 위험사회에서는 보다 나은 미래에 대한 가치 지향보다는 상존하는 위험을 막는 일에 온 사회가 최우선 가치를 두게 되는 특징이 있다고 한다.(주영기 · 유명순, 2016)[5] 희망찬 미래를 향한 도약을 추구하기보다는 최악의 위험 상황을 방지하는 것을 최우선 과제로 설정하는 사회라는 것이다.

## 위험과 재난의 개념 정의

송해룡과 김원제(2013)는 위험의 개념과 관련해 "사회과학에서 위해는 위험의 결과로 이해된다"면서 위험은 위해가 발생할 확률적 잠재성과 불확실성을 의미하는 용어로 정의된다고 본다.[6] 송해룡 등은 또 위험을 야기하는 원인에 초점을 맞춰 ▲자연적 ▲기술적 ▲사회적 위험의 3가지 범주로 구분한 외국학자(Jones)의 견해를 소개한다.[7] 이를 구체적으로 보면 자연적 위험은 자연현상의 급변, 천재지변 등의 재앙을 말하고, 기술적 위험은 건물이나 교량붕괴, 공장 폭발 등 인공적 산물이나 기술 시스템의 문제로 인한 사고들을 그리고 사회적 위험은 절도, 방화, 폭력 등 순수하게 인간 행동으로 비롯되는 사건들을 말한다.

자연재해와 재난을 구별하지 않고 피해의 원인 귀속에 따라 '모험(Risiko)'과 '위험(Gefahr)'의 개념을 차별화한 독일 사회학자 루만(Luhmann)의 견해도 자주 인용된다.(김성재, 2003)[8] 즉 어떤 피해가 자기 스스로 내린 결정에 원인이 있으면 모험이고, 자기 밖에 있는 원인으로부터 올 경우 위험이라는 것이다. 위험을 시대적 상황에 따라 구분하는 견해도 있다.(이재열, 2012)[9] 이 견해는 과거 압축 성장기의 위험이 근대성의 형성 과정에서 구조화된 과거형 위험이었다면 현재 우리가 경험 중인 위험은 미래형이라는 것이다. 이재열은 특히 미래형 위험은 그 이전의 사회가 알지 못하던 새로운 위험이며, 공간적·시간적·사회적 차원에서 전통적인 경계가 소멸된 결과로 나타난다는 점에서 '통제할 수 없는 위험'의 전형적 특징들을 갖고 있다고 본다.[10] 그는 또 위험의 유형을 ▲지구적 생태위험 ▲자연적 재해위험 ▲국가적 안보위험 ▲건강의 위험 ▲경제적 생태위험 ▲기술적 재난위험 ▲사회적 해체위험 등 7가지로 분류한다.(이재열, 2008)[11]

일부 연구는 '위험' 대신 '위기'라는 개념을 사용하면서 광의와 협의의 개념으로 나눠 설명한다.[12] 즉, 광의의 위기는 "사회적으로 유지되어오던 평형감과 질서, 권위, 합의, 도덕성 등 기존 체계가 내·외부로부터 가해진 충격에 의해 해체되고 의문시되는 과정"으로 정의된다. 협의의 위기는 추상의 수준에 따라 구체적인 재난(disaster)에서 위험(risk), 갈등(conflict), 위기(crisis) 등이 해당한다고 보고, 이러한 위험, 갈등, 위기 등과 관련한 언론 보도를 '위기 보도'로 규정한다.[13]

위험과 연관된 개념 중에 재난이 있다. 재난(disaster)이란 별의 불길한 모습을 상징하는 라틴어에서 유래된 용어로, 불일치(dis)와 행성(aster)

이라는 의미의 단어가 합쳐져 만들어진 용어라고 한다.(전남 화순소방서연구반, 2014)[14] 재난을 법률적 측면에서 보면 헌법 34조는 "국가는 재해를 예방하고, 그 위험으로부터 국민을 보호하기 위해 노력하여야 한다"고 규정한다. '재난 및 안전관리 기본법'은 보다 구체적으로 재난을 "국민의 생명·신체·재산과 국가에 피해를 주거나 줄 수 있는 것"으로 규정하고 자연재난과 사회재난으로 나눈다. 국가과학기술위원회는 2012년 재난과 재해를 "광범위한 인명이나 재산적 피해를 야기하는 자연재해와 인적·사회적 재난"으로 정의했다. 이어 파급효과나 피해 규모, 발생 가능성을 고려해 ▲태풍, 호우, 홍수 ▲원전 안전 ▲신/변종 전염병 ▲환경오염 사고 ▲사이버 테러를 5대 재난 및 재해로 제시했다.(송해룡·김원제, 2013)[15]

일반적으로 재난은 "자연적으로 발생해서 사회와 사회 구성원들에게 해로운 영향을 미치는 통제가 불가능한 것"이라고 정의한다.(최진봉, 2016)[16] 최진봉은 재난의 개념을 좀 더 구체적으로 "국가와 같은 사회조직과 사회 구성원들의 생명과 신체 그리고 재산에 피해를 주거나 줄 수 있는 것"으로 정의하고 자연재난과 사회재난으로 구분한다. 기상재해 등으로 인한 지질재해, 태풍피해, 집중호우 등이 자연재난에 속한다. 사회재난은 원자력발전소의 방사능 누출사고가 대표적인 예이다.[17] 일부 학자들은 위험이란 '재난(hazard)으로 인한 피해, 상해, 질병, 죽음의 가능성을 가진 것'이며, 재난이란 '인간과 그들이 가치 있게 여기는 것을 위협하는 것'으로 보기도 한다.(김정탁·이연·정연구, 1997)[18]

## 위험 커뮤니케이션과 위험 보도

커뮤니케이션 분야에서 최근 주목받는 위험 커뮤니케이션은 "개인,

위험 커뮤니케이션은 과학과 기술의 급속한 발전과 동반하여 나타난 사회의 제 결과를 연구한다.

집단, 조직체 사이에 인간과 환경에 관련한 위험의 평가, 극복, 내적 특성에 관해 정보를 교환하고, 전달하는 커뮤니케이션 과정"으로 정의된다.(송해룡 · 김원제, 2013)[19] 독일 학자 한스 페터스(Hans P. Peters, 2005)는 "위험 커뮤니케이션은 과학과 기술의 급속한 발전과 동반하여 나타난 사회의 제 결과를 연구하는 새로운 분야"라고 정의하고[20], '재앙', '위기' 그리고 '위험 관련 사건 · 사고'들이 발생하는 점을 예로 들면서 위험 커뮤니케이션의 중요성을 강조했다. 위험 커뮤니케이션 차원에서 다뤄지는 위험 관련 분야는 매우 다양하다. 자연재해, 갑작스러운 기후변동은 물론이고 정신분열 같은 주제에 이르기까지 연구 영역의 폭이 매우 넓다.(짐 윌리스 · 알버트 아들로왓 오쿠나드, 1997/2006)[21] 국내에서는 최근 들어 식품, 방사능, 질병, 환경 관련 위험문제에 관한 연구가 늘고 있다. 진달용(2015)은 과학 저널리즘에서 위험 보도는 매우 중요한 영역으로 자리 잡고 있다고 평가하면서 "과학기술 보도에서 '위험'은 사회적으로 대립되는 평가들을 수반하는 특성이 있다"고 분석했다.[22] 위험과 관련된 사회적 갈등과 이를 바라보는 언론의 프레임에 관한 연구도 늘고 있다. 부안과 경주 방폐장 선정을 둘러싼 갈등 양상에 관해 방송들이 어떤 프레임으로 보도했는지 분석한 연구(고영준 · 진달용, 2012)[23]에서부터 일간지들의 식품 위험에 관한 연구(양정은, 2015)[24], 유전자 변형식품(GMO)에 관한 신문 보도 경향 연구(조항민, 2016)[25] 등을 들 수 있다. 최근 들어 이러한 연구가 늘고 있는 것은 첨단 과학기술 발달로 인해 야기되는 후유증이나 위험들이 증가한 데 따른 영향으로 분석된다.

이에 반해 글로벌화된 테러리즘 문제에 관한 위험 보도는 상대적으로 많지 않아 국제적 분쟁이나 테러문제는 위험 연구에서 제대로 고려되지 않고 있다는 평가(한스 페터스, 2005)[26]도 나온다. 우리나라에서는 테러리즘을 주로 국가안보 차원에서 접근하기 때문에 재난관리와 연관 지어 보는 경우는 많지 않다. 반면 미국에서는 9 · 11 테러를 겪은 탓인지 테러가 기술적 해저드로서 주요한 재난의 한 요인으로 간주돼 다른 재난과 동일하게 취급되고 있다는 분석도 나온다.[27] 물론 대형 재난재해 및 전쟁 · 분쟁 보도와 관련한 연구는 위험 커뮤니케이션과 상관없이 저널리즘의 주요 분야 중 하나로 연구가 이어져 왔다. 재난 보도와 관련해서는 언론의 재난 보도 행태나 경향을 분석하고 문제점을 진단하는 연구가 많이 이뤄졌다. 국내 연구만 봐도 고베지진에 관한 일본 언론의 보도 경향을 분석한 연구(김정탁 · 이연 · 정연구, 1997)[28], 동일본 대지진에 관한 한 · 미 · 일 3국 신문의 보도 태도를 분석한 연구(김춘식, 2011)[29], 위험지역 취재여건과 실태를 분석하고 개선방안을 제시한 연구(홍은희 · 이승선, 2012)[30] 등이 대표적이다.

전쟁 보도와 관련해서도 아프가니스탄과 이라크전쟁, 연평도 포격 도발 등과 관련한 언론의 보도 태도를 분석한 연구나 전쟁 보도의 문제점을 진단하고 개선책을 제시한 연구 등이 있다. 이라크전쟁에 관한 언론 보도의 문제점을 분석한 연구(송종길, 2003)[31]에서부터 9·11 테러와 이라크전쟁에 관한 국내 신문방송 보도를 분석해 국제뉴스 보도의 문제점을 지적한 연구(김창룡, 2003)[32] 그리고 전쟁 저널리즘 일반에 관한 연구(이창호, 2006)[33]나 전쟁 보도의 특징과 전쟁 특파원의 역할에 관한 연구(김헌식, 2012)[34]가 한 예이다. 전쟁 취재여건을 진단하고 개선방안을 제시한 연구(이창호·이영미·정종석·김용길, 2007)[35], 천안함 침몰 보도에 관한 일반적인 분석(이민규, 2010)[36] 및 분쟁 보도를 토대로 재난 보도의 문제점을 분석한 연구(김동규, 2010)[37]도 있다. 현장에서 뛰는 언론인들이 이라크전쟁 등 취재 경험을 살린 수기(문갑식, 2004)[38]나 체험담(연합뉴스, 2017)[39]을 묶은 책들도 출판됐다.

## 위험지역 취재 보도─전쟁과 재난 보도

우리 언론도 대형 재난재해와 테러 및 분쟁 등이 발생하면 이를 집중 취재하며 주요 뉴스로 보도해왔다. 아프가니스탄과 이라크전쟁, 리비아 내전 등 국제적 분쟁은 물론이고, 인도네시아 쓰나미 참사, 동일본 대지진 등을 집중 보도했다. 김동규(2002)는 "위험사회에서 언론은 대부분의 사회 구성원이 위기를 대리 경험하는 채널 또는 준 사회적 상호작용의 장이 되며, 위기에 대한 현실 인식과 대응의 준거로 작용한다"고 설명했다.[40] 송해룡과 김원제(2013)도 "미디어는 위험과 연관된 직접적인 정보를 제공하

**〈표 1〉 재난의 유형**

| 유형 | 현상 형식 | 자연적 원인 | 인간적 원인 |
|---|---|---|---|
| Ⅰ. 자연 재난<br>1. 돌발적 재난 | a) 지각구조학적 극단현상<br>지진, 해진, 화산폭발, 산사태, 화산이류 | a) 지각의 이동<br>- 지각의 분리<br>- 지각의 충돌<br>- 지각의 어긋남 | a) 사례들<br>- 위험지역에 정착<br>- 불충분한 보호 대책 |
| | b) 극단적 일기 현상<br>aa) 범람 | b) 기후적 원인<br>aa) 극단적 홍수 | b) 사례들<br>aa) -a)와 유사<br>- 하천의 직선화<br>- 자연경관 봉쇄, 벌목<br>- 인간이 야기한 기후 변동에 따른 홍수 |
| | bb) 폭풍과 폭우<br>- 회귀선 부근의 해일, 돌풍<br>- 적도 부근의 소용돌이풍(허리케인, 사이클론, 태풍) | bb) 저기압 속에서 풍전/소용돌이풍 형성 | bb) -a)와 유사<br>- 인간이 야기한 기후 변동에 따른 폭풍 강화 |
| | cc) 우박, 한파, 폭서 | cc) 극단 기온 | cc) b), bb)와 유사 |
| | c) 기타 극단 현상<br>산불, 들불, 메뚜기 피해, 산사태 등 | c) 몇 가지 원인들 특히 과열 | c) 몇 가지 원인들 특히 방화 |
| 2. 점진적 재난<br>- 주기적 회귀<br>- 지속 상태 | 기아, 난민행렬, 사막화, 초원화, 전염병 확산 | 한해 | - 인구증가, 사회적 주변화, 가난에 따른 자연 공간의 과도한 사용<br>- 식량 및 가계 수입 안정책 부족(부족한 식량 및 일자리 확보 정책)<br>- 대기오염, 섭생 오류 |
| Ⅱ. 전쟁 | 전쟁갈등, 흔히 난민행렬, 한해 및 수확부재와 결부됨 | | - 사회적 원인들(자원고갈)<br>- 인종 갈등<br>- 종교 갈등<br>- 국경 갈등<br>- 부족한 갈등 해소<br>- 정치 권력의 이해관계 |
| Ⅲ. 기술재난 | 해양에 기름 누출, 독가스 누출, 방사능 누출, 다양한 종류의 기술적 사고 피해(대형화재, 건물 붕괴/파괴, 교량붕괴, 항공기 폭발/ 추락사고 등 | 지진, 산사태, 범람, 악천후 | 부족한 안전예방 사회적 일탈 행위 국제적 갈등 |

출처: 김성재(2003). 디지털 미디어 시대의 재난 보도 방향. 〈방송연구〉, 94쪽

면서 대중이 현재 발생하고 있는 위험 사안을 접하는 가장 용이한 경로가 되고, 위험을 알리는 경보시스템으로서의 역할도 수행한다"며 특히 미디어 보도의 양적인 크기는 대중의 잠재적인 태도와 감성을 자극한다고 평가했다.[41] 이런 맥락에서 대규모 재난재해나 전쟁 및 분쟁현장에서 신속 정확하게 사실을 전달하고 구조작업이나 피해 최소화를 위해 필요한 다양한 정보를 제공하는 등 언론에 부여된 올바른 역할과 기능을 수행하는 것은 무엇보다 중요하다고 할 수 있다.

재난과 전쟁은 엄청난 파괴와 인적, 물적 피해, 사회 혼란 등 공통적인 요소가 많다. 특히 이를 보도하는 취재기자 입장에서는 재난이나 전쟁, 분쟁현장 모두 다양한 위험이 산재한 열악한 환경 속에서 취재 보도를 해야 하는 부담도 있다. 취재 과정의 힘든 상황은 물론이고 취재 후 정신적 스트레스나 트라우마를 겪을 개연성도 높다. 하지만 재난재해나 전쟁지역에 파견되는 우리 언론인들은 제대로 된 사전훈련이나 보호장비도 갖추지 못한 채 현장에 투입되는 경우가 많다. 또 언론의 전쟁 및 재해 관련 보도는 선정적이고, 국민 불안을 자극하는 등 여러 측면에서 비판을 받아왔다. 위험지역 취재 보도의 대표적 범주에 속하는 전쟁과 재난 지역의 열악한 취재환경을 개선하고 나아가 저널리즘의 기본원칙에 충실한 취재 보도 시스템이 정착되도록 개선책을 모색해보는 것은 의미가 있다고 본다.

학계에서는 재난과 전쟁이 공통으로 위험과 연관된 주제인 만큼 하나의 카테고리에 넣어 분석하는 연구가 진행돼 왔다. 김성재(2003)는 재난 유형을 셋으로 나눈다.(표 1 참조) 즉 ▲지진과 화산폭발 등 자연재난 ▲난민 행렬과 전쟁 ▲해양 기름누출 등 기술재난 등이다.[42] 특히 모험사회의 3대 재난으로 자연재난, 전쟁 재난, 기술재난 등을 들면서 우리 언론이 나아갈 재난 보도의 방향을 제시했다.

김동규(2002)는 '위험 보도' 대신 '위기 보도'라는 개념을 사용하지만, 전체적인 맥락에서는 재난과 전쟁, 테러를 하나의 범주로 묶어 우리 언론의 위기 보도 행태를 분석했다.[43] 송종길과 이동훈(2003)도 현대사회에서 시민들이 만나는 자연재해와 대형 사건으로 발생한 재난, 특정한 이슈를 두고 벌어지는 집단 사이의 대립과 갈등, 전쟁 등은 모두 위기의 범주에 포함된다고 본다.[44] 그러면서 이러한 현대사회의 위기의 전반적 특성은 다차원적, 복합적이라고 분석했다.

언론 현장에서는 식품위생, 유전자변형 농산물(GMO), 질병 등 과학기술적 재난도 주요한 보도의 대상이 되어왔다. 하지만 대규모 피해가 발생하고 파급효과도 엄청난 자연재해나 전쟁 및 테러에 비해서는 상대적으로 관심도가 높지 않았다. 최근 들어 재난취재는 태풍, 쓰나미 등 자연재해와 대규모 화재, 대형건물 붕괴, 원전사고 등 인위적 재해는 물론이고 아프가니스탄 전쟁과 이라크전쟁 등 특수위험지역 취재까지 포괄하는 경향도 나타난다. 전쟁 보도를 광의의 재난 보도 범주에 포함시키는 셈이다. 홍은희와 이승선(2012)은 저널리즘과 관련된 위험지역을 자연재해 지역, 산업재해 등 인위적인 재해지역 및 전쟁지역 등 크게 3가지로 분류한다.[45] 자연재해와 산업재해 분야를 하나로 묶어 재난 보도로, 전쟁은 전쟁 보도로 규정한다. 그러면서 위험지역 취재 보도 시스템 개선정책 제언에서는 취재진의 안전이 특별히 요청되는 취재 대상을 전쟁분쟁 지역, 오지와 자연재해 지역, 특수위험 상황 등 3개로 나눠 대책을 제시한다. 전쟁과 재난 보도의 개념 구분을 하면서도 위험지역 취재라는 큰 틀에서는 하나의 범주에 넣고 있는 것이다.

이 책에서는 전쟁과 재난지역이 취재 언론인들에게는 위험한 환경이라는 유사성이 있고, 재난 보도라는 광의의 개념 속에 두 분야를 하나로 포괄하는 최근의 연구 트렌드를 반영해 전쟁과 재난지역을 위험지역 취재라는 하나의 범주에 넣고 접근해 보려고 한다. 먼저 우리 언론의 전쟁과 재난 보도 역사와 전통부터 고찰해 보고자 한다. 우리 언론의 전쟁 및 재난 보도는 최초의 근대신문인 한성순보까지 거슬러 올라갈 정도로 나름 오랜 전통 속에 발전해 왔다. 이 과정에서 전쟁 및 재난 보도가 사회발전에 기여한 점은 물론이고 많은 비판을 받아온 문제점에 관해서도 살펴보려고 한다. 고질적인 문제점에 대해서는 비판을 받게 된 원인과 배경을 분석하고 개선책도 찾아보고자 했다. 그간 우리 언론계와 저널리즘 학계는 이라크전쟁, 연평도 포격사건 및 세월호 참사 등 특별한 이슈가 발생할 때마다 세미나, 토론회 등을 통해 언론보도의 문제점을 진단하며 발전 방향을 모색해왔다. 전쟁 및 재난 보도와 관련해서는 학계에서도 상당한 연구가 축적되어왔고, 학자들이 제시하는 개선책이나 발전 방안은 언론 현장에서 적극적으로 수용할만한 가치가 있는 것도 많다. 재난 및 전쟁 보도와 관련해 취재진의 안전을 담보하고 나아가 저널리즘의 기본원칙에 좀 더 충실하고 전문성 제고를 위해 필요한 조치나 개선책에 관한 전문가들의 의견을 종합적으로 제시했다.

제2장

# 전쟁지역 취재 보도와
# 위험한 환경

## 위험 산재한 전쟁지역 취재

2010년 11월 23일 북한이 서해 연평도에 100여 발의 포탄을 발사해 해병대원 2명과 주민 2명이 사망했다. 연평도 포격 사건은 6 · 25 전쟁 이후 민간을 상대로 한 대규모 군사공격이어서 한반도의 긴장은 한층 고조됐다. 언론들은 국방부와 군 당국의 브리핑을 특보로 전하고 연평도에 대규모 취재진을 파견해 현지 분위기를 전했다. 연평도 주민 대부분이 육지로 대피한 가운데 200여 명이 넘는 취재진이 섬에 몰려 주민보다 취재진이 더 많을 정도였다.(김귀근, 2011)[46] 국가안보상의 중대한 위기상황이 발생한 만큼 위험을 무릅쓰고 사건 현장을 찾아 긴장 상황을 국민에게 알리려는 차원으로 볼 수 있다. 문제는 북한의 추가 포격발사 조짐 등 취재진의 신변안전이 우려되는 상황인데도 별다른 안전대책을 강구하지 않은 채 현지 취재에 나섰다는 점이다. 방탄조끼를 입고 취재에 나선 외신 기자들과는 대조적으로 국내 취재진은 이러한 최소한의 기본 장비도 없이 섬에서 취재를 다녔다. 포격 사건 발생 직후 군 당국이 연평도 출입을 통제하자 기자들은 수단과 방법을 가리지 않고 섬에 들어가려고 시도했다. 당시 연평도에서 취재했던 한 기자는 취재기를 통해 "결국 잠입밖에 답이 없었다. 누가 군의 눈을 속이고 들어가 '연평도=○○○기자'의 일보를 보도하느냐의 전쟁이 시작된 것"이라고 비유했다.(남상욱, 2011)[47] 당시 군 당국은 인천에서 합동 브리핑을 하고, 연평도에 임베딩 취재를 허용하겠다며 섬에 들어간 취재진의 철수를 요구했으나 언론사들은 거부했다.

연평도 포격 사건 당시 현장에서 벌어진 취재 경쟁은 국지적 도발 등 안보상의 비상 위기상황이 발생했을 때 언론의 취재 보도 실상을 그대로 보여주는 단면이다. 이보다 앞서 1996년 9월 강원도 강릉지역 무장공비 침투사건[48]이 발생했을 때도 기자들이 군의 대간첩 소탕 작전이 벌어지는 계방산 등 강릉 주변의 산을 오르내리며 취재를 해 논란이 일기도 했다.[49] 전쟁이나 분쟁이 발발해 취재 경쟁이 시작되면 우리 언론은 국내든, 외국이든 상관없이 일단 누가 먼저 현장에 가느냐 경쟁부터 시작한다. 파견 기자가 위험지역 취재 경험이 있는지, 안전장비를 갖췄는지 등은 주요 고려 요소가 아니다. 기자들도 회사나 데스크로부터 출장 지시가 떨어지면 그곳이 설사 지옥일지라도 일단 현장을 향해 떠나는 데 익숙하다.

전쟁이나 분쟁지역 취재환경은 열악한 경우가 대부분이다. 전쟁지역 취재 도중 많은 언론인이 희생됐다. 2014년 8월 제임스 폴리 등 미국인 기자 2명이 테러조직 이슬람국가(IS)에 의해 살해됐고, 2015년 1월 일본인 프리랜서 저널리스트 고토 겐지가 시리아 국경에서 희생됐다.(한국언론진흥재단, 2015)[50] 8년간의 이라크전쟁에서 희생된 언론인 수가 139명에 달한다.(김헌식, 2012)[51] 국경없는기자회(Reporters Without Borders, RSF)는 2019년 12월 말 홈페이지에 게재한 글을 통해 "올 한 해 동안 모두 49명의 언론인이 피살됐으며, 현재 389명의 언론인이 감옥에 있고, 57명은 인질로 붙잡혀 있다"고 발표했다.[52] 또 1981년 출범한 저널리스트보호위원

〈표 2〉 1992년 이후 저널리스트에 대한 공격 관련 통계

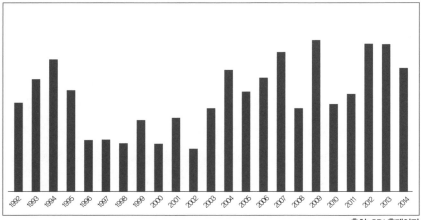

출처: CPJ 홈페이지

회(The Committee to Protect Journalists, 약칭 CPJ)에 따르면 1992년부터 2019년까지 피살된 언론인은 모두 1천906명으로 집계돼 있다.[53](표 2 참조)

　우리 언론인들도 국제적인 분쟁지역 취재 과정에서 많은 수난을 겪었다. 2003년 4월 7일 이라크전 개전 상황을 취재하던 서울방송(SBS) 취재진 5명이 이라크군에 억류됐다.[54] 당시 SBS 취재진은 이라크 남부 바스라가 영국군에 장악된 것으로 알고 국경을 넘었다가 이라크군에 붙잡혔다. 다행히 이라크 당국의 감시가 느슨한 틈을 이용해 탈출하는 데 성공했다. 2006년 3월 15일 팔레스타인 가자지구에서 취재 중이던 KBS 용태영 두바이 특파원이 무장세력에 피랍됐다.[55] 용 특파원은 호텔로 난입한 무장세력 조직원에 의해 다른 외국인들과 함께 납치됐다가 외교부의 교섭으로 풀려났다.

　분쟁·전쟁지역 취재에 나서는 기자들을 위협하는 요소는 매우 다양하다. 시위 현장이나 시위에 참여한 군중들도 조심해야 할 대상 중 하나이

다. 연합뉴스 고웅석 카이로 특파원은 2011년 2월 카이로 시내에서 이집트 시민혁명 취재 도중 갑자기 나타난 20대 청년들로부터 카메라를 빼앗기고 폭행을 당했다.[56] 이집트군 병사의 저지로 풀려난 고 특파원은 "흥분한 익명의 군중에 끌려간다면 어떤 일을 당하게 될지 아무도 예상할 수 없다"며 "현장에 더 가까이 근접해 보려는 열정이 자칫 돌이킬 수 없는 상황을 가져오기도 한다"며 철저한 주의를 당부했다. 2003년 이라크전쟁을 취재했던 MBC 이진숙 특파원도 중동지역 취재 과정에서 시위대에 부상을 당한 경험이 있다며 각별한 주의를 당부했다.[57] 그는 시위 현장에서 시위대와 직면하게 되거나 붙잡히게 되는 경우 촬영한 필름을 주고 가능한 한 빨리 현장을 벗어나는 게 좋고, 풀어주지 않을 때는 그 그룹의 지도자를 찾아서 협상하라고 조언했다. 그는 "특히 조심해야 할 것이 군중심리"라면서 "군중심리가 악화되면 협상이 불가능하니, 가능하면 빨리 현장에서 벗어나라"고 강조했다.(이진숙, 2004, 17쪽) 이라크전쟁 취재 과정에서는 미군도 요주의 대상이었다. 2004년 3월 6일 바그다드 시내 팔레스타인호텔 앞에서 KBS 취재진 3명이 가방에 폭발물 의심 물질이 들어 있다는 이유로 미군에 의해 3시간 가까이 억류됐다가 풀려났다.[58] 미군은 기본적으로 대언론 관계에서도 원칙을 고수하고, 특히 전쟁에 투입돼 긴장 상태에서 경계 임무를 수행하는 만큼 국내에서처럼 기자라고 해서 봐주거나 하는 편의를 기대해서는 안 된다.

참고로 국제기자연맹(IFJ)이 펴낸 《전장에 선 기자―위험지역 취재 가이드북》은 폭동이나 과격한 시민항쟁, 시위 현장의 취재 시에 유의할 사항을 아래와 같이 설명한다.[59] 구체적으로 살펴보면 ▲ID카드를 소지하되, 안전하다고 판단되는 경우에만 제시하라 ▲휴대전화에 비상전화번호를 단축 다이얼로 입력해 놓고 ▲최루가스가 불어올 때는 맞바람 쪽을 향해 서고 ▲총기가 사용될 것 같으면 방탄복을 준비하며 ▲하루치 식수와 비상식량을 휴대하라고 조언한다.(53쪽)

## 전쟁지역 취재기자를 위한 생존 가이드

전쟁이나 분쟁지역 취재에 나서는 언론인들은 자신들의 안전을 담보할 수 있는 법적 근거나 규정을 사전에 파악해둘 필요가 있다. 기자들의 안전과 관련한 국제적 법규로 '제네바 협정(Geneva Convention)'이 있다. 1949년 발효된 제네바 협정은 전쟁이나 내전과 같은 상황에서 저널리스트를 살해하거나 박해하는 일을 전쟁범죄로 규정하고 있다.[60] 또 협정 79조는 저널리스트들이 민간인으로 분류돼 일반 시민과 동등한 권리를 부여받는다고 규정하고 있다. 《전장에 선 기자 – 위험지역 취재 가이드북》에는 제네바 협정을 토대로 저널리스트들이 주의해야 할 사항들을 구체적으로 열거하고 있다. 이를 보면[61] 전쟁지역 취재에 나서는 경우 저널리스트를 비전투원으로 간주한다는 제네바 협정 문구를 현지어로 해석한 메모를 지니고 다니라고 조언한다. 물론 제네바 협정 문구가 기자의 안전을 담보해주는 보증서는 될 수 없지만 그래도 없는 것보다는 낫다고 할 수 있다. 동시에 분쟁에 개입하는 등 기자의 본분을 벗어나는 행위를 해서는 절대 안되며 무기를 휴대하거나, 스파이 활동을 하면 저널리스트 신분을 상실하게 된다는 점을 명심하라고 강조한다.

국제기자연맹(IFJ)은 '안전한 언론 활동을 위한 행동강령'에서 기자들의 위험을 최소화하기 위해 6개 항을 권고한다.[62] 이를 구체적으로 보면 첫째, 응급조치에 필요한 장비, 통신장비, 교통수단, 방호 의류를 갖춰야 하며, 둘째, 언론사 직원들을 대상으로 위험인지훈련(risk-awareness training)을 실시해야 한다. 셋째, 공공기관은 직원들에게 언론인들의 권리를 인식시킬 필요가 있고, 넷째, 언론기관은 일상적 작업장 외에서 일하는 언론인들에게 생명보험 등 사회보장 혜택을 제공해야 한다. 다섯째, 언론사는 부상당한 언론인을 회복기까지 치료해줘야 하며, 여섯째, 언론사는 프리랜서나 시간제 근무자에게도 일반 직원과 마찬가지로 교육을 실시하고 장비를 지급해야 한다. 이중 마지막 항은 프리랜서 등 비정규직 근로자에게도 정규 언론인과 같은 교육과 보호대책을 강구하라는 의미로, 우리 언론사도 새겨들을 필요가 있다고 본다.

《전장에 선 기자-위험지역 취재 가이드북》은 다양한 상황에 맞게 위험을 피할 수 있는 조언도 제공한다. 우선 군 당국과 함께 이동하는 경우에는 공격목표로 오인되지 않도록 유의하라고 당부한다.[63] 이를 위해 ▲군복 차림이나 위장복을 입지 말라 ▲카메라는 총으로, 카메라 플래시는 총구의 섬광으로 오인될 수 있다 ▲담뱃불은 아주 멀리까지 가며, 저격수의 표적이 될 수 있다고 주의를 준다.(37쪽) 전쟁이나 분쟁지역은 이 같은 충고나 조언을 늘 가슴에 새기고 행동하는 게 위험에 처할 가능성을 조금이나마 줄일 수 있다는 점을 명심해야 한다.

 취재 여담 ①

## 바그다드 갈 때는 '알리바바'를 조심하라

2003년 발발한 이라크전쟁을 취재하던 기자들에게는 신속하면서도 안전하게 바그다드에 도착하느냐가 넘어야 할 첫 관문이었다. 전쟁이나 폭력사태가 격화되면 이라크로 통하는 항공노선이 열리지 않는 경우가 많았다. 공중을 통한 입국이 불가능해지면 요르단에서 바그다드까지 육로로 이동하는 루트가 거의 유일한 입국 코스였다. 요르단 수도 암만에서 바그다드까지 총연장 950㎞의 고속도로는 현대건설 등 우리 기업들도 건설에 참여해 완공된 것이다. 하지만 말이 고속도로일 뿐, 전쟁 중에 대거 파괴됐다. 이 루트를 택한 비즈니스맨과 기자들은 총알택시인 GMC 지프를 대절해 새벽에 암만을 출발해 바그다드까지 내달리는 모험을 감행했다. 이들은 늘 상의에 100~300달러를 소지했다가 후세인 잔당이나 '알리바바' 도둑떼를 만나면 이 돈을 주고 위험한 순간을 넘기곤 했다.(문갑식, 2004)[64] 이라크전 개전이 임박했을 당시에는 암만–바그다드 노선의 GMC 비용이 900달러까지 폭등했다.

바그다드로 가는 루트에는 동서를 횡단하는 코스 외에 남에서 북으로 올라가는 코스도 있다. 이라크전쟁 초기 쿠웨이트 쪽에서 취재하던 종군기자들은 쿠웨이트–이라크 국경이 열리자 쿠웨이트시티에서 바그다드까지 600㎞가 넘는 거리를 달려 북상했다. 당시 이 루트로 바그다드로 향했던 한 기자는 사륜구동차를 렌트한 뒤 빵이나 통조림 등으로 끼니를 때우며 쉬지 않고 이동했다.[65] 기자들은 알리바바의 습격에도 대비해야 했

헬기에 탑승한 미군이 사주경계를 하는 모습

지만, 미군의 우발적인 공격 위협에도 대비해야 했다. 한 기자는 "기관총
에서 손을 떼지 않는 미군도 무섭다"면서 'PRESS'가 새겨진 기자증을 만
들어 활용하거나 자동차에 'PRESS'라고 크게 써 붙인 뒤 이동했다고 전했
다.[66]

　필자가 2004년 4월 23일 바그다드 순회특파원으로 부임할 당시에는
다행히 항공노선이 열려 있었다. 요르단 국영 로열 조르다니안항공(RJ)이
암만-바그다드 노선에 유일하게 취항했다. 앞서 2003년 11월 물류업체인
DHL 소속 화물기가 바그다드 공항 이륙 직후 미사일에 피격돼 비상착륙
하는 상황이 발생했다. 이에 따라 바그다드 노선은 당시에는 세계에서 가
장 위험한 노선이 됐다. 전쟁 전 이라크군이 1천500기의 대공미사일을 보
유하고 있었으나 종전후 미군이 회수한 미사일은 320기뿐이었다. 암시장
에서 5천 달러만 주면 미사일 구입이 가능하다는 말이 나돌 정도로, 이라
크 반군세력에 의한 미사일 공격 위험이 상존했다. 바그다드 국제공항에

는 당시 미군이 주도하는 연합합동동맹군 사령부가 주둔해 이라크 저항세력의 공격 표적이 됐다. 미군은 공항에서 4~5㎞ 주변 지역까지 대공포와 탱크 등을 집중 배치해 삼엄하게 경비했다. 민간인들은 미군 허가 없이는 공항 출입이 불가능했고, 승객 마중도 공항에서 4~5㎞ 정도 떨어진 '체크포인트'에서 기다려야만 했다. 필자가 탑승했던 로열윙즈 814기의 승객들은 미국 관리나 유엔 직원 및 언론인들이 대부분이었다. 4월 23일 오후 3시 20분 여객기가 바그다드 공항에 안착한 순간 기내에서 안도의 박수 소리가 터져 나온 데는 이 같은 이유가 있었다.

2004년 6월에는 한국군의 이라크 파병 취재를 위해 북부 쿠르드족 자치지역인 아르빌까지 출장을 갔다. 당시 황의돈 자이툰부대 사단장 등 국방부 파병협조단을 단독으로 동행 취재했다. 당시 한국군의 파병문제는 매우 민감한 사안으로 이라크 저항 세력에게 협조단의 동향이 알려질 경우 공격의 표적이 될 수 있어 극비로 움직였다. 파병 검토지인 아르빌에 대한 조사를 완료한 파병협조단은 미군 치누크 헬기와 C-30 수송기를 타고 아르빌에서 모술을 거쳐 바그다드까지 남하하는 코스를 선택했다. 기자도 동승한 미군 헬기 앞쪽의 양 옆문과 뒷문에는 미군 세 명이 기관총구를 지상으로 향한 채 사주경계에 열중했다. 헬기가 계곡이나 산악지대를 통과할 때는 기체를 좌나 우로 45도 정도 기울인 채 곡예비행을 거듭했다. 동승한 미군 관계자는 "저항세력의 대공미사일 공격을 피하기 위해서는 헬기가 낮게 나는 게 유리하며, 특히 계곡처럼 시야가 좁은 곳에서는 방탄기능이 갖춰진 헬기 밑바닥을 많이 노출시키기 위해 경사비행을 하는 것"이라고 설명했다.

# 이라크전 취재와 생존수칙

2003년 5월 1일 조지 W. 부시 미국 대통령이 이라크전 종전 선언을 했지만, 바그다드 등 이라크 곳곳에서는 전투와 테러가 계속됐다. 수도 바그다드는 저항세력의 주요 공격 무대인 만큼 치안 상황이 다른 어느 곳보다 열악했다. CNN 등 외국의 주요 언론사는 경호업체와 계약을 맺어 현지에 파견된 취재진의 경호를 지원했다. 하지만 한국 언론은 경비문제로 기자를 단신 파견한 경우가 대부분으로, 경호원 고용은 상상조차 하기 힘든 사치였다. 기자 스스로 신변의 안전을 챙기면서 활동을 해야 했다. 바그다드에서 머물면서 각별히 유의했던 생존수칙을 소개해 본다.

첫째, 출근이나 퇴근 시간에는 절대 외출을 하지 않는다. 저항세력들은 유동 인구가 많은 출퇴근 시간에 주요 간선도로에서 사제폭탄(Improvised Explosive Device)이나 차량폭탄테러 공격을 통해 자신들의 저항 의지를 과시하는 경우가 많았다. 특히 야간에 주요 도로나 건물 주변에 폭탄을 설치한 뒤 출근 시간에 이를 터뜨리는 전략을 많이 구사했다. 따라서 아주 긴박한 상황 등이 아니면 절대 이 시간대에는 외출을 하지 않고 숙소에 대기했다.

둘째, 시내에서 미국 사설 경호업체(PMC) 직원들이 탑승한 스포츠 유틸리티(SUV) 차량을 만나면 신속하게 그 지역을 벗어난다. 경호업체 차량은 저항세력의 주요 공격 표적이 되는 데다 경호업체 요원들도 긴장한 상황에서 공격을 받으면 무차별 대응 사격을 하는 경우가 많았다. 이라크에서 활동한 경호업체 요원이나 계약직 용병의 수는 많을 때는 12만6천여 명에 달해 이라크주둔 미 정규군 14만5천여 명과 맞먹을 정도였다. 미국의 블랙워터(Blackwater USA)는 대표적인 경호 및 용병전문 기업이다. 딕

체니 전 미국 부통령이 최고경영자로 있었던 핼리버튼의 자회사이다. 경호업체는 이라크 주둔 미군 사령관이나 연합군 임시행정처(CPA)의 폴 브리머 이라크 최고행정관 경호까지 맡을 정도로 인기를 끌었다. 이들은 전투 중 민간인을 학살하는 등 잘못을 저질러도 이라크 법정은 물론 미군 군사재판에 회부되지 않는 면책특권을 갖고 있었다.[67] 이에 따라 저항세력의 공격에 대응하는 과정에서 민간인 피해에 그다지 신경을 안 쓰는 만큼 각별한 조심이 필요했다.

셋째, 그린 존(Green Zone)이나 바그다드 공항 주변에는 대낮에도 가지 마라. 그린 존은 바그다드 시내 한복판에 위치한 곳으로 우리로 치면 용산미군기지로 보면 된다. 연합군 임시행정처(CPA)와 미국 대사관과 미군사령부 등 핵심 기관들이 모두 입주해 있어 저항세력들의 핵심 공격목표였다. 이곳은 차량 테러는 물론이고 박격포 공격도 잦아 늘 긴장해야 했다. 바그다드 공항에서 시내로 들어오는 대형 도로도 저항세력의 핵심 공격대상이어서 당시 대사관 직원이나 주재원들도 공항에 손님이 와도 영접 나가기를 꺼릴 정도였다. 당시 이라크주재 한국대사관은 외출 시 방탄차량을 사용했고, 일부 주재원들은 암시장에서 비공식적으로 권총을 구입해 갖고 다니기도 했다.[68]

넷째, 연합군에 참여한 국가와 관련이 있는 시설 근처에는 가지 마라. 필자가 머물던 바그다드시 외곽의 알 둘레이미 호텔 근처에는 이라크주재 호주대사의 숙소가 있었다. 호텔로 통하는 거리 곳곳에 경비초소가 설치돼 치안은 나름 안전했다. 하지만 무장세력의 공격 대상이 될 수도 있어 늘 걱정했는데 어느 날 우려가 현실화됐다. 2004년 5월 25일 아침 호텔로 통하는 골목 초입에서 차량폭탄 폭발이 발생했다. 출근하는 호주대사를

이라크 주재 호주대사관 숙소 근처에서 발생한 차량폭탄 공격

겨냥한 공격으로, 당시 거대한 폭발음으로 필자가 머물던 호텔 창문이 깨질 정도였다. 한마디로 호랑이 굴에 들어와 살고 있었던 셈이었다.

다섯째, 경찰도 믿지 마라. 2004년 6월 바그다드에 진출한 미군 군납업체에 근무하던 김선일 씨가 이라크에서 테러조직에 납치돼 살해되는 사건이 발생했다. 김 씨는 바그다드와 팔루자 간 고속도로를 차량으로 이동하다 피랍된 것으로 추정됐다. 이 사건을 계기로 치안의 마지막 보루인 이라크 경찰도 믿어서는 안 된다는 말이 정설처럼 나돌았다. 고속도로 검문소를 통과하는 외국인에 대한 정보가 5분도 안 되어 무장세력이나 테러조직에 전해진다는 게 통설이었다. 낮에는 경찰 등 공권력이 활동하지만, 밤이 되면 저항세력의 천지가 될 정도로 영향력이 강했다. 전쟁의 와중에 새로 조직된 이라크 경찰이 아직 체계를 잡지 못해 사기나 충성심이 미약했다는 점을 상징적으로 보여준다. 필자도 당시 한국군 추가 파병 후보지로 거론되던 북부 쿠르드족 자치지역인 아르빌 취재를 위해 두 차례 고속도로를 달려 출장을 간 적이 있다. 중간에 저항세력의 거점인 팔루자나 티크리트, 모술 등을 경유하면서 검문소를 몇 차례 통과했는데 당시에도 무장세력 등이 필자를 납치하려 했다면 언제든지 가능했을 수도 있다는 생각을 하면 아찔하기만 하다.

언론인은 무장세력이나 괴한 등의 주요 납치 대상이 될 수 있어 극도로 조심해야 한다. 정치적 목적이나 금전적 이득을 취하려는 차원에서 납치 대상이 될 수 있다. 경제적 이득을 위한 납치와 관련해서는 2014년 전후 시점에 서방인 인질의 평균 몸값이 200만~300만 유로(약 30~45억 원)인 상황에서 분쟁지역 출입이 잦은 언론인들이 '걸어 다니는 현금인출기'로 여겨지고 있다는 증언도 나올 정도였다.[69] 《전장에 선 기자 – 위험지역 취재 가이드북》은 저널리스트들의 납치 위험을 줄이기 위해 다양한 조언을 한다. 즉 ▲규칙적이고 예상 가능한 행동을 피하며 ▲예상치 못했던 일을 할 때는 그 위험 정도를 충분히 파악하며 ▲자동차의 문은 잠그고, 도로상에서 발생할 수 있는 납치위험에 대비하며 ▲사람을 만날 때 그 방법과 장소 등이 안전한지 점검하며 ▲일정과 행선지 등을 동료들에게 알려주라고 당부한다.[70]

또 납치 상태에 놓여있을 때는 ▲정신적인 건강을 유지하고, 긍정적으로 생각한다 ▲지시에 순응하며, 납치범들을 화나게 하지 마라 ▲주변 여건을 호전시키도록 노력하며 ▲마음속에서라도 누군가와 대화를 나누도록 하며 (마음속의) 그에게 앞으로 석방됐을 때 당신이 무엇을 할 것인지 그 계획을 말하고 ▲석방해주겠다는 약속은 실제 석방이 이뤄질 때까지 믿지 말라고 충고한다.[71]

이라크전 취재에 나섰던 언론인들은 전쟁지역 취재 과정에서 유의해야 할 사항을 몇 가지 추가한다. 한 방송기자는 우선 잘 알지 못하는 취재원을 따라 먼 장소로 이동하는 것은 금물이라고 강조한다. 만에 하나 모르는 취재원을 따라갈 경우 누군가에게 전화 또는 메모를 남겨둬 만약의 사태에 대비하라고 당부한다.[72] 일간지 중동 특파원은 최소한 두 가지 이상의 통신수단을 지참하라고 조언한다.[73] 전쟁지역에서는 유선전화 사정이 열악한 만큼 비상사태에 대비해 위성 전화로 통신할 수 있도록 대비하라는 조언인 것이다. 일간지 사진기자는 전쟁에서 총격으로 죽거나 부상당하는 저널리스트보다 교통사고나 질병으로 다치거나 죽는 경우가 더 많다는 점을 잊지 말라고 당부한다.[74] 전쟁지역은 통상 도로가 폭격 등으로 패여 있거나 파괴된 채 방치돼 있는 경우가 많고, 교통신호 체계도 제대로 작동하지 않아 사고 위험성이 매우 높은 점을 지적하는 것이다. 또 총이나 박격포로 오인될 수 있는 카메라를 숙명적으로 들고 다니는 사진기자는 이러한 장비들이 무기로 보일 수 있는 만큼 주의할 필요가 있다고 설명했다.

## 전쟁지역 취재와 임베드 프로그램

2004년 바그다드에 체류할 당시 만난 외신 기자들 중에는 이라크에만 여러 차례 출장을 와서 취재하거나 분쟁지역만 단골로 찾아다니는 전문기자들도 많았다. 동티모르, 미얀마 사태, 아프간전쟁 등을 취재했던 기자들이 이라크로 방향을 돌려 온 것이다. 분쟁취재 전문기자가 아니더라도 이라크전쟁은 당시 미국의 최대현안이었기에 미국 언론들은 베테랑 기자들을 대거 투입해 보도했다. 한 예로 2004년 4월 바그다드 시내 그린 존에서 만난 워싱턴 타임스의 베티 피식(Betsy Pisik) 특파원은 당시 뉴욕 유엔지국장 신분으로 출장을 온것이었다. 이라크 취재만 세번째였다. 사담 후세인 정권 말기에 이라크에서도 선거가 실시된다는 점을 과시하기 위해 외신 기자들을 대거 초청했을 때 처음 이라크 땅을 밟았다. 이어 2003년 이라크전이 개전되자 한 달간 취재를 했고, 2004년 다시 바그다드로 돌아와 전쟁으로 인한 사회 변화상을 취재하고 있었다. CNN 등 유명 방송사의 앵커들도 이력을 보면 이라크전 취재 경험을 자랑스럽게 내세울 정도로 전쟁취재에 관한 관심들이 높았다. 이라크 취재 경험이 풍부한 외신 기자들에 비해 필자와 같은 한국 기자들은 당시 이라크 땅을 처음 밟은 경우가 많아 최소한 전문성 측면에서는 비교가 불가능했다.

외신 기자들 중 일부는 CNN 등 메이저 언론사들이 진을 치고 있는 바그다드 시내 팔레스타인호텔이나 쉐라톤호텔 대신 시 외곽의 작은 호텔에 묵는 경우도 많았다. 미군이 철통같이 경계를 서는 그린 존 내에 있는 팔레스타인호텔 등은 상대적으로 안전하지만 이러한 편리를 포기하는 것이다. 그 이유를 물으니 "팔레스타인호텔은 미군의 경비가 삼엄해 오히려 현지인들의 생생한 이야기를 듣기 어렵고, 고립되는 경향이 있다"고 답했다. 분쟁 전문기자들 가운데는 프리랜서도 적지 않았다. 네덜란드 출신의 프리랜서인 밍카 나이하우스는 동티모르와 아프가니스탄 전쟁 및 미얀마 사태를 취재한 뒤 이라크로 건너왔다고 한다. 미국 정치 전문 온라인 매체 '살롱 닷컴'의 프리랜서인 필립 로버트슨 기자는 이라크전쟁 초기 이라크 입국이 어렵게 되자 시리아를 거쳐 티그리스강을 직접 보트를 저어 입국한 일화를 갖고 있다. 바그다드에서 활약하던 프리랜서 중에는 한국인 조성수 기자도 있었다.[75] 당시 시사주간지 타임과 계약해 일하던 조 기자는 전쟁취재 경험이 없던 필자에게 많은 도움을 주었다. 그동안 동티모르, 인도네시아, 팔레스타인, 아프간 등 분쟁지역을 전문으로 취재해온 사진 전문기자이다. 그는 "애초부터 분쟁지역 전문기자가 되고 싶었던 것은 아니었다"면서 "뉴스가 있는 곳을 따라 옮겨 다니다 보니 우연히 그렇게 됐을 뿐"이라고 말했다.

## 임베드 프로그램 참가 경쟁과 애환

외신 기자들은 보다 생생한 전쟁 현장의 모습을 전하기 위해 '임베드(Embeds)' 프로그램에 몰리기도 했다. 임베드 프로그램은 미 국방부가 이라크전 당시 세계 언론인들을 미군 전투부대에 동행시켜 전쟁을 취재하도록 한 전략으로 전투상황의 근접 취재가 용이한 점이 장점이다.(이창호, 2007)[76] 1991년 걸프전과 2001년 아프가니스탄 전쟁 당시 미군 당국의 통제로 취재에 많은 제약을 받았던 언론의 불만을 해소하고, 언론을 우군화하려는 전략에 따라 마련된 것이었다. 이 프로그램은 개전 초기 700여 명이 넘는 기자들이 미군, 영국군 부대와 동행했을 정도로 높은 인기를 끌었다. 바그다드 시내를 다니다 보면 미군 험비차량이나 장갑차 주변에서 취재하는 기자들을 쉽게 볼 수 있었는데 임베드에 참여한 기자들이다.

외신 기자들이 임베드에 몰리는 이유는 우선 저항세력이나 반군들은 외국 언론의 취재 요구에 거의 응하지 않은 점이 작용했다. 종군기자들로서는 임베드가 객관성을 잃을 수 있고 미군 시각에서 전쟁을 바라볼 수밖에 없다는 한계를 인식하면서도 현장 접근을 위한 거의 유일한 수단이기에 이를 선택했다. 첨단 디지털카메라와 위성송신 장치를 갖춘 아마추어 프리랜서들인 '배낭 저널리스트(Backpack Journalist)'[77]들이 현장을 누비며 기존 언론의 아성을 위협한 점도 한 요인이 됐다. 조성수 기자는 연합뉴스 인터뷰[78]에서 "임베딩 프로그램이 미군에 대한 일방적 홍보로 흐를 수 있는 단점도 있지만, 전장에 더 가까이 다가갈 수 있는 장점도 있다"고 말했다. 그는 "한국 언론도 한 장의 사진과 이야기를 담기 위해 치열하게 현장을 파고드는 외신 기자들을 보면 아직 만족해서는 안 되며, 현장에 직접 가서 우리 시각으로 바라보고 이를 독자들에게 전달하려는 노력이 더욱 필요하다"고 말했다.

임베드에 대한 인기는 이라크전이 장기화 되면서 시들해졌지만, 개전 초기에는 언론사 간 경쟁이 매우 치열했다. 특히 개전 초기 미국 국방부는 한국 언론중 2개 일간지에만 임베드를 허용해 이를 못 받은 언론사에는 비상이 걸렸다. 당시 중동에 나가 취재하던 연합뉴스 이기창 특파원의 회고담은[79] 당시 임베드 참가를 위한 언론사 간 경쟁이 얼마나 치열했는지를 보여준다. 이 특파원은 쿠웨이트시티 힐튼호텔에 차려진 미영연합지상군 사령부 합동 미디어센터를 매일 찾아가 로비를 했다. 주한미군으로 근무했던 미군에게 김치 로비까지 하면서 결국에는 101공중강습사단 임베드에 후배 기자를 참여시키는 데 성공했다.

임베드에 참여한 기자들은 미군 부대와 동행하며 다양한 고충을 겪으면서 생생한 스토리를 전했다. 연합뉴스 옥철 특파원은 2003년 3월 미군 제101공중강습사단 제1전투여단에 임베딩을 했다.[80] 옥 특파원을 대동하고 작전에 나선 미군 장교는 "만약 같이 죽고 싶다면 우리가 어디로 이동하고 있다고 기사에 써도 무방하다"고 경고하는 등 기자가 준수해야 할 '보도지침'을 내렸다. 옥 특파원은 당시 '수라야'라는 위성 전화를 사용해 기사와 사진을 전송했는데 나중에 이것이 문제가 됐다고 한다. 미군 장교가 "아무래도 당신 위성 전화가 감청되는 것 같다. 얼마 전 박격포 공격을 받았는데 감청 때문인 걸로 파악됐다"라며 위성 전화를 압수해 갔다.[81] 결국 옥 특파원은 회사 측과 연락도 못 하고, 기사 전송을 할 수 없는 상황이 되자 임베드 프로그램에서 철수했다. 옥 특파원은 사막지대에서의 임베드 경험을 토대로 몇 가지 유익한 정보를 제공한다.[82] 우선 방독면의 캐니스터(환기통)를 충분히 확보해야 한다고 조언한다. 당시 짐의 무게를 줄이기 위해 환기통을 하나만 갖고 갔는데 미군 장병들은 보통 2~3개를 갖고 있었다고 한다. 또 사막과 같은 지역에서는 물도 중요하지만, 전기가 더 중요하다고 강조한다. 랩톱 컴퓨터로 기사를 작성할 때 충전 배터리 용량이 적을 경우 전쟁터에서 장시간 이동으로 충전을 할 수 없는 상황도 많기 때문이다. 이라크 사막 등지에서는 당시 발이 썩는 사례도 발생한 모습을 봤다며 소독제도 충분히 확보하라고 권한다.

이민주 SBS 카이로 특파원은 이라크전 당시 미 키티호크 항공모함에서 임베딩을 했다.(이민주, 2009)[83] 아라비아 해역에 있던 항공모함에서 벌어지는 상황을 취재해 보도했다. 문제는 위성 송출 장비가 없어서 육지인 바레인 미 5함대사령부를 오가는 미군 헬기 편으로 촬영 테이프를 보내면 바레인 현지 가이드가 이를 찾아서 현지 방송사에서 위성으로 송출하는 복잡한 방법에 의존해야만 했다. 반면 당시 키티호크호에 함께 탔던 영국이나 일본 방송사들은 휴대용 위성 장비를 가져와 배에서 자유롭게 송출했다.

중앙일보 안성규 기자는 이라크전 당시 미 제5군단 16전투지원단에 배속되어 임베딩을 했다.[84] 사막에서는 조도가 너무 강해 컴퓨터 모니터가 안보이는 경우가 많았고, 자판도 잘 안 보여 고통을 받았다고 한다. 또 먼지가 너무 많아 앞이 잘 안 보이는 것을 피하고자 노트북을 비닐봉지로 덮고 기사 작성을 하기도 했다. 어느 날은 밤에 기사를 쓰는데 미군 상사가

와서 컴퓨터를 엎어버렸다. 사막에서 전 부대가 야간에 소등하는데 컴퓨터를 켜면 대포가 날아올 수 있다는 경고를 받았다고 한다.(이창호, 2007)

제3장
# 전쟁 보도의 역사와
# 한국 언론

## 전쟁 보도의 시작

전쟁은 대규모 폭력과 파괴가 수반되고, 한 국가의 흥망은 물론 국제 정세에도 큰 영향을 미쳐 일찍부터 언론의 주요 보도 대상이었다. 치열한 전투가 벌어지는 전쟁터를 찾아 전황을 취재 보도하는 종군기자들은 19세기부터 활약을 해왔다.[85] 윈스턴 처칠 전 영국 총리, 소설가 어니스트 헤밍웨이도 젊은 시절 종군취재를 한 바 있다. 전쟁을 취재 보도하는 기자에 대해 그간 종군기자라는 개념이 통용되었지만, 최근에는 다른 용어를 사용하기도 한다. 일부 학자는 종군기자 대신 전쟁특파원(war correspondent) 이라는 용어를 사용한다.(김헌식, 2012)[86] 김헌식은 전쟁특파원을 다시 전쟁에 참여한 군부대에 임베드 프로그램을 통해 동행 취재하는 것을 종군취재(Embeded Reporting), 임베드 대신 자유롭게 독립적으로 전쟁취재를 하는 것을 비종군취재(Unilateral Reporting)로 구분한다. 프리랜서 저널리스트인 정문태(2004)는 종군기자라는 개념에 매우 비판적이다. 종군기자라는 용어에는 독립성을 생명처럼 여겨야 할 기자가 군대를 따라다니는 종속적인 의미가 내포돼 있다고 지적하면서 대안으로 '전선기자'라는 용어를 사용한다.[87]

최초의 전쟁 보도와 종군기자 기록을 놓고도 견해가 엇갈린다. 19세기 초반 나폴레옹 전쟁부터 기자들이 전선에 나가 보도를 하기 시작했다. 당시 영국의 '오라클 앤드 퍼블릭 애드버타이저스(Oracle and public advertiser)' 신문의 존 벨이 전선에 나가 기사를 보낸 대표적인 사례로 꼽힌다.[88] 1807년 영국의 '더 타임스'가 헨리 크랩 로빈슨(Henry Crabb Robinson) 기자를 독일 베를린에 파견해 나폴레옹 전쟁을 보도한 것에서 전쟁 보도의 기원을 찾는 견해도 있다.(문정식, 1999)[89] 다만 로빈슨은 전쟁 현장에 직접 간 것은 아니어서 스페인 내전(1835~1837)을 취재한 영국 '모닝 포스트'의 찰스 루이스 그루나이슨(Charles Lewis Gruneisen) 기자를 첫 종군기자로 보는 견해도 있다.(안병찬 1999)[90] 반면, 크림 전쟁을 종군 취재하며 진실 보도에 앞장선 '더 타임스'의 윌리엄 하워드 러셀(William Howard Russel)을 종군기자의 아버지로 보는 견해도 있다.[91] 김헌식은 전쟁특파원이 언제 생겨났는지에 대해 견해가 다른 주장이 나오지만 크림전쟁 때부터 전쟁 보도가 시작되었다고 보는 것이 일반적이라고 강조한다.[92] 이후 종군기자를 통한 전쟁 보도는 시간이 지나면서 활성화됐고, 1861년 시작된 미국의 남북전쟁 때는 300여 명의 사진기자가 활약하는 등 전쟁 사진 보도가 본격화됐다.(강준만, 2010)[93]

　　사진에 이어 전장 상황을 라디오로 처음 보도한 것은 1936년 스페인 내전 때이다. 당시 미국 CBS 방송 기자가 전투가 벌어지는 지역의 건초더미에 마이크를 설치해 전쟁 상황을 생생하게 전달했다.[94] 통신기술의 발달로 신문 산업이 발달하면서 전쟁 보도는 더욱 활발해졌다. 1914년 제1차 세계대전이 발발하자 AP통신, 뉴욕타임스 등 미국 주요 언론은 종군기자를 대거 유럽에 파견했다. 제2차 세계대전 때는 1천600여 명의 종군기자가 활동했다. 제2차 세계대전이 라디오를 통한 전황 보도가 본격화한 전쟁이었다면 베트남전쟁은 TV를 통한 전쟁 보도가 각광을 받은 전쟁으로 평가된다.

## 한국 언론의 전쟁 보도는 한성순보부터

우리나라 최초의 근대신문인 한성순보는 창간 초기부터 전쟁에 관해 관심을 갖고 보도했다. 1883년 10월 창간한 한성순보는 베트남에 대한 종주권을 둘러싸고 프랑스와 청나라 간에 시작된 청불전쟁(1883~1885)에 대해 많은 보도를 했다. 청불전쟁에 관한 한성순보의 보도를 분석한 연구(한실비, 2015)에 따르면 한성순보에 게재된 청불전쟁 관련 기사는 총 561건으로 전체 외국기사의 약 48%에 해당할 만큼 큰 비중을 차지했다.[95] 이는 또 대외정세를 다루는 기사 총 781건 중 약 71%를 차지하는 것으로 청불전쟁에 관한 관심이 어느 정도였는지를 보여준다. 당시 한성순보는 해외 소식을 전하면서 중국, 일본, 베트남, 영국, 미국, 프랑스, 러시아, 독일, 인도 등 10여 개국 매체를 인용했다. 한실비는 "한성순보는 청불전쟁에 대하여 많은 보도를 하고 있다. 이는 1880년대 조선의 개화 지식인들이 청불전쟁에 깊은 관심을 갖고 있었음을 반증한다"고 평가했다.[96] 1896년 4월 서재필 박사가 창간한 독립신문도 로이터통신과 특약을 맺고[97] 해외 전쟁기사를 전재했는데 쿠바의 독립운동 등 약소민족의 독립투쟁이 주요 소재였다.

우리 언론은 전쟁과 관련해서는 근대신문 단계에서부터 호외도 발행하며 높은 관심을 보였다.[98] 우리 땅에서 발행된 최초의 호외는 1894년 인천에서 발행되던 일본계 신문 '조선신보'가 청일전쟁이 임박해 발행한 호

외로 기록된다.(정운현, 2018)[99] 우리
나라의 첫 호외가 청일전쟁과 관련한
전쟁뉴스라는 점은 전쟁에 대한 우리
언론의 관심이 근대신문 단계부터 높
았다는 점을 보여준다. 조선총독부
기관지가 된 '매일신보'도 1914년 8
월 제1차 세계대전 전황을 호외로 보
도했다.[100] 일본강점기 동아일보와 조
선일보는 치열하게 사세 경쟁을 벌였

우리나라 최초 종군 순직기자 장덕준 기자

다. 1937년 7월 7일 발발한 중일전쟁 당시에도 7월 8일 첫 호외를 시작으
로 8월 말까지 40회 정도의 호외를 발행했는데 하루에 호외를 4번 발행하
기도 했다.[101]

　　한성순보에서부터 시작된 전쟁 보도에 관한 관심은 일제 강점기 들어
서는 기자를 직접 보내 취재하는 단계로 발전했다. 1920년 일제는 간도에
서 한국인들을 무차별 학살하는 간도참변(間島慘變)을 일으켰다. 이때 동
아일보 장덕준 기자(1892~1920)가 만주에 특파돼 취재하다가 숨졌다. 동
아일보는 장 기자 순직 경위를 아래와 같이 전한다.[102]

　　1920년 독립군이 큰 전과를 올리자 일제는 간도의 한인을 무차별 학살하는
　　경신참변을 일으켰다. 통신부장 겸 조사부장이었던 장 기자는 이를 취재하기
　　위해 10월 간도 현지로 떠났다. 당시 본보는 무기정간을 당해 보도할 지면조
　　차 없는 상황이었다. 주위에서는 위험하다며 간곡하게 말렸으나 "속간이 되
　　면 반드시 보도해 국내외에 널리 알리겠다"는 장 기자의 결심을 꺾지 못했다.

11월 초순 룽징(龍井)에 도착한 장 기자는 일본 영사관과 군사령부를 찾아가 학살의 진상을 추궁했고, 한 여관에 묵었다가 일본군과 함께 떠난 뒤 실종됐다. 여러 기록은 그가 일본군에 피살됐음을 강력하게 시사하고 있다. 장 기자는 간도에서 "나의 동포를 해하는 자가 누구이냐고 쫓아와 보니 우리가 상상하던 바와 조금도 틀리지 않는다"고 첫 소식을 보내왔다.

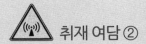 취재 여담 ②

## 구한말부터 전쟁 보도 대상이 된 한반도

국운이 기울기 시작하던 구한말부터 한반도 주변에서는 열강의 각축전이 시작됐다. 청나라, 일본, 러시아 등 열강들이 한반도 주변에서 전쟁까지 벌이며 동북아시아 주도권 쟁탈전을 벌였다. 전운에 휩싸인 한반도 정세를 취재하려는 외국 기자들의 발길도 늘기 시작했다. 종군기자들에게 한반도는 120여 년 전부터 취재 대상 중 하나였던 셈이다.

한국에 처음 온 상주 외국 특파원은 일본의 나카라이 도스이(半井桃水) 기자이다.(조양욱, 1993)[103] 그는 일본 아사히 신문의 전신인 '오사카 아사히 신문' 소속으로 1881년 부산에 상주했다. 외국 기자들이 한반도에 몰려온 것은 1894년 발발한 청일전쟁과 1904년 러일전쟁 취재를 위해서였다. 당시 일본의 66개 언론사에서 114명의 일반기자, 11명의 서공, 4명의 사진기자 등 모두 129명을 한국에 보냈다고 한다.[104]

서구 언론인으로는 미국-스페인 전쟁 보도로 유명한 제임스 크릴먼(James Creelman) 기자가 한국에 와서 평양전투 등 청일전쟁 상황을 취재했다.[105] 미국 소설가 잭 런던(Jack London)은 1904년 종군 특파원으로 한국을 찾았다.[106] 영국 '데일리 메일'의 프레더릭 아서 매켄지(Frederick Mckenzie) 특파원[107]도 1904년 한국을 찾아 러일전쟁을 보도했다. 매켄지 기자는 이후 의병들의 활약상을 집중 취재해 '대한제국의 비극(Tragedy of Korea)'이란 책을 냈다. 2019년 상반기에 인기를 끌었던 TV 드라마 '미스터 선 샤인'의 마지막 회에 나온 의병들 사진은 매켄지 기자의 작품이다. 우리 정부는 2014년 3·1절에 매켄지 기자에게 건국훈장 독립장을 추서했다. 이후 외국 종군기자들이 대거 한국을 찾은 것은 1950년 발발한 한국전 취재를 위해서였다.

## 종군 취재 보도의 시작… 6·25 전쟁

　우리 언론이 본격적인 전쟁 보도에 나선 계기는 6·25 전쟁이다. 많은 외신 기자들이 한반도로 달려와 한국전쟁의 참상을 세계에 알렸지만, 우리 언론도 전쟁의 실상과 국군의 활약상을 국민에게 알리려 노력했다. 김영희(2015)는 "해방 이후 한국사회의 미디어 역사에서 미 군정기가 현대 한국 미디어의 성격이 형성되는 기간이라고 한다면, 한국전쟁은 그러한 성격이 정착 또는 심화된 또 다른 결정적인 계기였다"고 평가했다.[108] 전쟁이 북한의 기습으로 시작됨에 따라 전쟁 초기 정부가 우왕좌왕하며 제대로 대처를 못 했듯이 우리 언론도 전쟁의 심각성을 올바로 파악해 보도하지 못했다. 전쟁이 발발하자 우리 신문들은 국방부가 6월 25일 정오에 발표한 담화를 그대로 전하면서 서울의 민심은 평온하다고 보도했다.(정진석, 2010)[109] 정부의 거짓 발표를 아무 검증 없이 그대로 받아쓴 것이다.

　흥미로운 대목은 전쟁 초기 혼란스러운 상황과는 달리 종군기자 훈련은 전쟁 발발 1년 전부터 시작됐다는 점이다. 1949년 7월 7일 신문 종군기자 32명이 태릉 육군사관학교에 입대해 1주일간의 훈련을 받았다. 공식적으로는 10월에 육군사관학교에서 훈련을 받은 21명의 기자에게 종군 기자증을 수여했다.(정진석, 2010)[110] 국방부가 종군기자 훈련을 시작한 배경에는 1948년 10월 중순 전남 여수에 주둔하던 국방경비대 일부 군인들이 제주 4·3 사건 진압을 거부하며 일으킨 여수·순천 사건을 비롯해 제주도와 지리산 일대에서의 공비토벌 작전 등이 계속된 데 따른 것으로 분석된다. 당시 종군기자였던 이혜복은 언론 인터뷰[111]에서 "당시 신성모 국방부 장관은 군 출입 기자들도 군사지식을 숙지하고, 최소한의 군사훈련을 익혀두는 것이 공비토벌 부대에 종군하는데 유익할 것이라고 판단했다"고 설명했다.

종군기자들은 매우 열악한 환경 속에서 전황을 보도해야만 했다. 한 종군기자는 당시 어려운 점을 다음과 같이 회고했다.[112] 첫째, 전선에서 기사를 송고하는데 통신수단이 여의치 못해 고전했다. 외신 기자들은 미군용 통신선을 활용한 반면, 우리 기자들은 기사를 인편에 송고하거나 후방에 돌아가서 기사를 써야 했다. 또 당시 군 당국의 보도통제와 검열로 인해 보도에도 상당한 제약을 받았다. 이러한 어려움 속에서도 정성관, 함택훈, 이필면 기자 등은 인천상륙작전을 종군취재하며 수도 서울 탈환 현장을 보도했다.[113] 이혜복은 1950년 10월 19일 평양을 탈환한 백선엽 1사단장과 호바트 게이 미군 1기병사단장이 악수를 하는 역사적인 장면을 취재한 뒤 지프로 서울까지 달려가 보도했다. 전쟁 기간 많은 언론인이 희생됐다. 서울신문 한규호 기자는 북한군에 잡혀 순직했고, 북진하는 8사단에 종군취재를 한 이필면 기자는 중공군의 공세에 밀려 후퇴하다 부상을 당했다.[114] 납북되거나 피살된 언론인도 상당했다. 6 · 25 전쟁 당시 북으로 끌려간 언론인이 249명, 피살된 언론인이 36명에 달한다고 한다.[115] 당시 북한은 정치인, 관료, 군인 등과 함께 언론인을 체포와 처형의 1차 대상자로 삼았기 때문으로 보인다.(김영희, 2015)

한국 기자들의 활약상은 그러나 외신 기자들에 비해 과소평가를 받고 있다. 그 배경에는 전쟁 초기의 오보도 크게 작용하는 것 같다. 한국전 40주년을 맞아 발표된 〈한국전쟁의 동서보도 비교〉 논문도 우리 언론의 한국전쟁 보도의 문제점을 지적했다.[116] 이 논문은 국내신문의 보도가 객관적 접근이 너무 미약했다고 지적하면서 "남한신문의 왜곡 보도와 저급성은 당시 통제상황이나 유언비어를 막으려는 의도를 감안한다 하더라도 반드시 지적해야 할 문제"라고 비판했다. 논문은 또 "남한의 4개 신문 모두가 6월 26일 자부터 일방적으로 아군의 승리만을 보도하면서 격전 상황이나 피해상태, 전황의 비교 등을 통한 객관적 접근은 거의 이루어지지 못했다"고 지적했다. 당시 전장을 누볐던 종군기자들은 6·25 26주년을 맞아 월간 〈신문과 방송〉이 마련한 특집 좌담에서 오보에 대해 사과했다. 좌담에 참석한 한 언론인은 아래와 같이 회고했다.[117]

"언론인의 한 사람으로서 그때를 돌아보면 좀 양심상 괴로운 것은 물론이고 책임을 통감하지 않을 수 없다는 것입니다. 물론 당시의 보도는 정훈국 보도과의 보도사항만을 써야 하고 그로 인해 통제된 보도를 할 수밖에 없는 상황이었습니다만 우리가 전세를 사실 그대로 보도할 수가 없어서 후퇴라든가 한강을 건너가는데 똑바로 인식을 주지 못한 것의 한 책임이 우리에게 있지 않았나 생각되고 따라서 군 당국과 솔직한 의견을 나누고 그것을 보도하였으면 반공 시민을 더 많이 구출할 수 있지 않았을까 생각합니다. 나아가 이러한 기억은 언론 생활 30년을 돌아볼 때 가장 암담하고 죄송스런 시기가 아니었나 그리고 정말 괴뢰군이 당장 서울에 들어올 형세라는 것을 보도했다면 괴뢰군에게 아무것도 모르고 있다가 학살당하는 사태는 최소한도로 줄일 수 있었던 것이 아닌가 합니다."

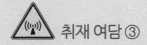 취재 여담 ③

## 외신 종군기자 맹활약한 한국전쟁

　6·25전쟁이 터지자 외신 기자들이 한반도로 대거 몰려왔다. 미군과 유엔군이 참전하면서 2차 세계대전 이후 대규모 국제분쟁으로 비화됐기 때문이다. 3년간 한국전 취재에 참여한 외국 종군기자는 6백여 명에 달했다.[118] 평균 175~250명의 종군기자가 동경과 한국에 상주했고 평균 40~60명 정도가 전방의 전황을 직접 보도했다.(한국언론연구원, 1990) 이들은 "한국전쟁을 그 당시의 미국 신문 사상 '가장 철저하게 보도된 전쟁'으로 만들었다"는 평가를 받았다.[119] 한국전쟁 기간 중 퓰리처상을 외신 기자들이 휩쓸었고, 17명의 외국 기자들이 순직했을 정도로 한국전은 외국 종군취재기자들의 열띤 경쟁 무대였다.(조양욱, 1993)[120] 한국전 발발의 제1보 특종은 UP통신의 잭 제임스(Jack James) 서울 특파원이 했다. 그는 6월 25일 일요일인데도 서울 반도호텔 1층에 있던 미국 대사관 기자실에 나왔다가 전쟁 발발 사실을 알고 제일 먼저 보도했다.[121]

　6·25 전쟁터를 누빈 종군기자 중에는 마가렛 히긴스(Marguerite Higgins)라는 여기자도 있다. 히긴스는 전쟁 발발 이틀만인 6월 27일 김포공항으로 날아와 한강 인도교 폭파로 인한 민간인 피해 상황을 보도했고, 인천상륙작전 성공 기사 등 많은 특종을 남겼다.[122] 한국전 취재를 기록한 'War in Korea(한국에서의 전쟁)'을 집필해 퓰리처상을 수상했다. 6·25전쟁기념사업위원회는 2010년 한국전 60주년을 맞아 히긴스 유족들을 한국

파주시 통일공원에 있는 한국전 순직 종군기자 추념비

에 초청했다.

재미교포 여기자인 사라 박(Sarah Park)도 전쟁으로 고통받는 고국의 실상을 세계에 알린 한국계 언론인이다. 하와이 태생인 사라 박은 로이터 통신 기자로 6·25 전쟁을 취재했다.[123] 조선일보는 "당시 그가 한국군과 미군이 불빛도 없는 참호 속에서 공산주의에 맞서고 있다는 사실을 보도한 후 '한국에 초를 보내자'는 캠페인이 시작됐다. 순식간에 하와이에서 15만개의 초가 걷혀 전방에 전달됐다"고 전했다. 사라 박은 1957년 비행기 추락사고로 29세의 짧은 생을 마감했다. 사라 박은 2009년 워싱턴 D.C.의 언론박물관 뉴지엄(Newseum)에 전시되는 첫 한국계 여기자가 됐다고 조선일보는 전했다. 종군기자 중에는 북한 측에서 종군한 기자도 있다. 영국 공산당 기관지인 '데일리 워커'의 앨런 위닝턴(Alan Winnington) 기자와 파리 공산당 기관지인 '스 스와르(Ce Soir)'의 윌프레드 버체트(Wilfred Burchett) 기자이다.(문정식, 314~315쪽)[124] 버체트 기자는 북한군에 포로로 잡혔던 미군 24사단장 윌리엄 딘 소장의 포로생활을 보도했다.

해방 이후 이 땅에서 물러간 일본 기자들이 슬그머니 유엔군 종군기자의 일원으로 한국전을 취재하기도 했다.(조양욱)[125] 1951년 정전회담 취재를 하던 국내 기자들이 문산에서 일본 기자들을 목격하고 즉각 항의를 했다고 한다. 유엔군사령부는 결국 허가를 받지 않고 온 교도통신 특파원 2명에 대해 출국을 명령했다.(정진석, 2010)[126]

한국전 종군기자 중 18명이 순직했다. 이 중 17명은 외신 기자이고, 1명은 서울신문 한규호 기자이다. 순직 외신 기자는 미국 10명, 영국 4명, 프랑스 2명, 필리핀 1명이다. 희생된 미국기자 10명 중 8명은 총탄에 희생됐고, 2명은 비행기 추락사고로 사망했다.[127] 외국 종군기자들의 회고를 보면 이들도 치밀한 계획이나 준비 없이 한국에 투입돼 희생이 컸다. 또 한국의 험준한 산악지대를 따라 취재하는 것은 외국 기자들에게는 육체적으로 매우 힘든 일이었다.(문정식, 1999)[128]

국내 원로 언론인은 외국 종군기자들의 희생이 컸던 배경을 다음과 같이 설명했다.[129] 즉 한국 기자들은 군 당국의 통제로 최일선에 나가 취재를 할 수 없었던 반면, 외국 기자들은 나름 취재의 자율성을 보장받았다. 또 외신 기자들은 한국말을 잘 몰라 전쟁터에서 상황파악이 제대로 안 돼 위급상황시 적절한 대처를 할 수 없었다. 국군과 북한군 구분도 어려웠을 정도라고 한다. 한국기자협회는 지난 1977년 파주 임진각 통일공원에 '한국전 순직 종군기자 추념비'를 세우고 매년 추모행사를 갖는다. 아래는 한국전 순직 종군기자 명단이다.(한국언론연구원, 1990)[130]

- ■ 한규호(한국/ 서울신문)

- ■ 어니 필러(Ernie Peeler 미국/ Stars & Stripes)

- 레이 리처드스(Ray Richards 미국/ INS)

- 윌슨 필더(Wilson Fielder 미국/ Time, Life)

- 막시밀리앙 필로넨코(Maximilien Pilonenko 프랑스/ AFP)

- 엘버트 힌튼(Albert Hinton 미국/ Journal & Guide)

- 스티븐 시몬스(Stephen Simmons 영국/ Picture Post)

- 윌리엄 무어(William R. Moore 미국/ AP)

- 크리스토퍼 버클리(Christopher Buckley 영국/ The Daily Telegraph)

- 이언 모리슨(Ian Morrison 영국/ The Times)

- 제임스 서플(James O. Supple 미국/ Chicago Sun Times)

- 찰스 로즈크랜스 2세(Charles Rosecrans 미국/ INS)

- 켄 이노우에(Ken Inouye 미국/ INS)

- 프랭크 에머리(Frank Emery 미국/ INS)

- 장 마리 드 프레몽빌(Jean Marie de Fremonville 프랑스/ AFP)

- 윌리엄 그레이엄(William H. Graham 미국/ NY Journal of Commerce)

- 데릭 퍼시(Derek Pearcy 영국/ Reuters)

- 호르헤 테오도르(Jorge T. Teodoro 필리핀/ UN DEPT. Public Information)

## '애국 저널리즘' 과잉 베트남전 보도

  베트남전쟁은 초기 미군 당국이 기사검열이나 취재를 제한하지 않아 전쟁저널리즘의 황금기로 평가받는다. 또 전쟁 상황이 텔레비전 뉴스로 시청자들에게 상세하게 전달된 전쟁이었다.(김현식, 2012)[131] 외국 언론이 대거 베트남전 취재에 나선 가운데 한국 기자들도 한국군의 첫 해외 파병을 계기로 종군취재에 합류했다. 1965년 2천 명 규모의 비전투, 건설공병 부대인 비둘기 부대가 처음 파병되자 우리 언론도 종군기자를 파견했다. 당시 첫 종군기자는 경향신문 손주환, 조선일보 이규태, 한국일보 장정호, 동아일보 이정석 등 신문기자 4명, 동양통신 이지웅, 합동통신 심상중 등 통신기자 2명, 사진기자 2명, 방송기자 2명 등 모두 10명으로 구성됐다.(손주환, 1965)[132] 또 전투부대인 육군 맹호부대, 해병 청룡부대가 월남 전에 투입되면서 12명의 기자들이 추가로 파견됐다. 이후 10여 년간 연 50 여 명의 특파원이 월남전을 취재했다. 각종 시찰단이나 고위관리 수행 취재 등의 명목으로 월남을 찾는 경우도 많아 당시 월남을 갔다 오지 못하면 기자 축에도 끼지 못한다는 소리를 들었을 정도라고 한다.(양평, 1975)[133]

  월남에 파견된 기자들은 당시 어려운 경제 사정으로 충분한 지원을 받지 못했다. 정부는 월남 종군기자들에게 하루 15불 한도의 외화를 배당했다. 이는 숙박비, 취재비, 교통비 등이 모두 포함된 것이었으니 기본적인 생활을 위해서도 턱없이 부족한 것이었다.(손주환, 1965)[134] 특파원들은 당시 본사로 기사를 송고할 때 텔렉스센터를 이용했다. 문제는 이 센터에도 직원들의 비리가 심해 당시 월남 화폐로 5백 피아스타(약 4백 원)의 뒷돈을 주지 않으면 기사를 전송하지 않거나 뒤로 밀리는 경우가 잦았다고 한다.[135] 월남전 취재 도중 숨진 기자도 있었다. 동아일보의 백광남 기자는

1966년 11월 28일 비둘기부대를 취재하고 사이공으로 귀환하다 교통사고로 숨졌다. 베트남 전선에서 숨진 유일한 한국인 기자라고 동아일보는 전한다.[136] 월남전 종군기자들은 1973년 한국군이 모두 철수하면서 모두 귀국해 1975년 4월 30일 사이공 함락 순간에는 한국일보 안병찬 특파원만 남아 취재를 했다. 조순환(1975)은 월남이 패망하는 현장에 특파원 한 명만 있었던 점에는 반성을[137] 촉구했다. 한마디로 한국군 철수로 월남전 관련 기사 수요가 급감하자 특파원이나 종군기자를 철수시키는 '소방보도 관행'이 당시에도 존재했던 셈이다.

월남전 종군기자들은 박정희 권위주의 정권 시절이라 취재 보도 과정에서 많은 제약을 받았다. 특히 한국군의 전과만을 집중 보도해야 했고 전사자의 수는 보도를 할 수 없었다. 안병찬(2003)은 베트남전쟁 보도를 할 때 언론의 역할과 이른바 '안보상의 국익'이 충돌하는 경험을 자주했다고 회고했다.[138] 그는 "베트남전쟁의 본질은 외세가 개입한 '더러운 전쟁'이었다. 그렇지만 한국군은 베트남 정글에서 '불패의 용맹'을 떨치는 상승 군대가 되어야 했다. 이는 압축경제개발정책을 도모하며 베트남 파병을 결정한 집권세력의 요구에 따른 것이었다. 한국군 불패의 신화는 정권 안보용의 '레종데타'(국가적 동기)로 치장되었고, 언론은 그런 권력의 논리를 추수했다"고 부연했다.(안병찬, 21쪽) 당시 사이공에 파견됐던 한 언론사 특파원은 국가이익이란 커다란 테두리 속에 어쩔 수 없는 자제력을 요구받았다고 고백했다. 그는 월남 대중 속으로 파고들지 못했고, 편집자의 성화에 못 이겨 취재의 초점을 전체적인 전황보다 우리 병사 쪽에 제한했다고 반성했다. 이에 따라 'xx사단 ㅇㅇ성 석권'이나 '베트콩 00명을 사살' 등 무용담 위주의 취재를 했고, 전과에만 치중한 안이한 보도를 했다고 고백했

다.(심재훈, 1967)[139]

베트남전 보도의 문제점은 학술적 분석을 통해서도 지적된다. 김우성 (2005)은 〈베트남 참전 시기 한국의 전쟁 선전과 보도〉 논문에서 우리 언론의 종군 보도를 심층적으로 분석했다.[140] 그는 "한국 언론의 종군기는 거의 전쟁의 비판이나 비극적 면모를 보여주지 않는다. 한국군의 용맹함과 뛰어남을 소개하기 위한 기사들이 주류를 이루고 있으며 그 대부분은 결국 무패의 기적이 반복된다"면서 "대부분의 구도는 고난을 만난 한국군이 용맹함과 뛰어남으로 극복하고 심지어는 적에게 인자함을 베풀기도 한다는 완벽성을 갖게 한다"고 꼬집었다. 특히 종군기나 연재 기획기사 보도 주제 대부분이 '작전 승리'의 전과나 개별 한국군의 '무용담'을 취재했고, 그 내용 역시 영웅의 창조나 무적의 신화를 구성하는 내용이었다고 지적했다.(103쪽)

## 한국의 전쟁 · 분쟁 전문기자

최초의 근대신문 한성순보부터 전쟁 보도를 시작한 우리 언론의 전통은 면면히 이어져 전쟁이나 분쟁지역을 발로 누비며 생생한 전황을 보도해온 언론인을 다수 배출했다. 전쟁 현장을 직접 찾아 취재 보도한 종군기자로는 동아일보 장덕준 기자를 우선 들 수 있다. 장 기자는 1920년 만주에서 간도참변(間島慘變) 실태를 취재하다가 숨졌는데 우리 언론사상 첫 종군기자로 평가된다. 장 기자의 활약상을 학술적으로 분석한 최상원과 한혜경(2012)[141]은 "경신참변은 군대와 군대의 전투는 아니었으나, 한국 독립군과 일본군의 전투 후속물이고, 일본군에 의해 일어난 것이기 때문에 이를 취재하는 것은 '종군기자 활동'이라 할 것이다. 따라서 장덕준은 한국

언론 사상 첫 종군기자로 보는 것이 타당하다"고 평가했다.(160쪽) 한국신문편집인협회는 1957년 4월 8일 제1회 신문주간을 맞아 장덕준을 한국인 최초의 종군 신문기자이자 순직 기자로 인정했다.[142] 국가보훈처와 독립기념관은 장 기자를 2017년 6월의 독립운동가로 선정했다.

장 기자가 순직한 만주 등 중국 동북 3성과 두만강 주변 지역은 100여 년의 세월이 흘렀지만, 취재여건이 아직도 열악해 우리 언론인들의 희생이 계속됐다. 2008년 12월 2일 연합뉴스 조계창 선양특파원이 옌볜 조선족자치주의 투먼으로 취재차 가던 중 교통사고로 숨졌다. 2006년 6월 한국언론 최초의 동북 3성 주재 특파원으로 부임한 조 특파원은 북한과 인접한 북·중 국경지대에도 자주 취재를 가서 북한 관련 뉴스를 심층 보도했다.[143] 연합뉴스와 한국기자협회는 2010년부터 '조계창국제보도상'을 제정해 국제보도나 북한뉴스 보도에 앞장선 언론인들을 시상하고 있다. 앞서 1997년 7월 5일 동아일보 신동아부 이기혁 기자가 중국 훈춘시 두만강변에서 접경지역 취재 중 교통사고로 숨졌다.[144]

6·25 전쟁 당시 우리 언론인 중에서도 필명을 날린 기자가 적지 않았다. AP통신 신화봉(필명 빌 신) 기자는 인천상륙작전이 개시된 사실을 유엔군의 공식 발표에 앞서 보도하는 등 특종을 많이 해서 별명이 '스쿠프 신'이었다.[145](조양욱, 1993)

분쟁 현장에서 순직한 언론인 중에는 최병우 기자(1924~1958)도 있다. 그는 해방 직후 미 군정 시절 외교관으로 일본에서 근무를 하다가 신문기자로 변신했다.(정달영, 2002)[146] 능통한 영어 실력을 배경으로 판문점 정전협상 등 6·25 전쟁을 취재했다.[147] 이어 1958년 8월 대만의 진먼다오(금문도)가 국제적인 분쟁지역으로 부상하자 한국일보 논설위원 겸 코리아타임스 편집국장이던 최 기자는 현지 취재에 나섰다. 중국 대륙에서 6km 정도 떨어진 이 섬에 중공은 1958년 8월 23일부터 40여 일간 수십 만발의 폭탄 공격을 퍼부었다. 최 기자는 진먼다오에서 포격으로 부상을 당해 입원했다가 다시 취재를 위해 탔던 배가 전복되면서 실종됐다. 관훈클럽은 최 기자의 숭고한 기자정신을 계승하기 위해 1989년 '최병우 기자 기념 국제보도상'을 제정해 매년 시상하고 있다.

베트남 전장을 누빈 이요섭 기자(1935~1992)도 대표적인 분쟁 전문기자중 한 명이다. 김재영의 〈한국언론 인물사화 2001〉에 따르면 서울신문 사진기자였던 이요섭은 1965년 국내 사진기자로는 처음으로 월남에 특파됐고[148] 이어 미국 ABC-TV로 전직해 종군취재를 계속했다. 베트콩에 생포돼 14일간 포로 생활을 하기도 했고, 1977년 태국 정부의 공산 게릴라 소탕 작전을 취재하다가 지뢰를 밟아 중상을 입었다. 후배 사진기자인 전민조 씨는[149] "사진과 글을 잘 쓰는 기자로 그의 물불을 가리지 않는 취재정신은 미국 기자들도 인정할 정도였다"면서 "이요섭 기자는 진정 한국의 로버트 카파"라고 회고했다.

김용택 동아일보 사진기자도 1967년 4월부터 1년여간 베트남전을 취재했다.[150] AP통신 에디 애덤스(Eddie Adams) 기자가 보도사진 퓰리처상을 수상한 베트남 경찰서장이 베트콩을 처형하는 현장에 김 기자도 함께 있었다. 김 기자는 옆에 있던 군인이 팔을 치는 바람에 총을 맞고 쓰러진 장면만 찍을 수 있었다고 한다. 김 기자는 1988년부터 고엽제 후유증으로 시력을 잃어 종군기자로서는 유일하게 정부 보상금을 받았다. 이를 토대로 광주 무등일보에 '김용택보도사진상'을 제정했다. 베트남전 종군취재를 했던 한국일보 안병찬 특파원은 1975년 4월 30일 사이공이 함락되는 순간에

아웅산테러 당시 현장에 있던 연합통신 최금영 사진부장의 카메라와 장비 그리고 사건 수초 전 찍힌 순국 사절들의 마지막 도열 모습 사진(연합뉴스빌딩 1층 현관에 비치된 장면)

도 현지에 남아있던 유일한 한국 언론인이다. 우리 외교관들이 대사관 건물에 게양됐던 태극기를 내리고 탈출하는 모습 등 베트남 패망의 마지막 순간을 생생하게 보도했다.[151] 그는 "전진할 때는 선봉 부대와, 후퇴할 때는 최후미 부대와 같이 행동하는 것이 기자"라는 말을 늘 인용하며 강조해왔다.[152] 안 특파원은 "종군기자의 위치는 오늘도 변함없다. 정보혁명 시대의 뉴미디어는 전파월경(스필오버)으로 지구를 하나의 통신권으로 묶어버렸다. 그렇지만 기자는 여전히 전쟁과 소용돌이의 한복판에 자리를 잡지 않으면 안 된다"고 역설한다.

프리랜서 정문태는 30여 년간 국제분쟁 지역을 전문적으로 취재해오며 독보적인 위상을 다져온 저널리스트이다. 특히 취재 대상이 미얀마의 산악 정글을 누비는 버마학생민주전선 혁명군을 비롯해 코소보전쟁, 동티모르, 아체 등 40여 곳을 취재한 것으로 유명하다.[153] 1997년 아흐마드 샤 마수드 아프가니스탄 전 국방부 장관을 인터뷰했고, 탈레반이 원천 봉쇄해 외신 기자들도 접근이 불허된 아프가니스탄의 바미얀 석불을 헬리콥터를 타고 근접 촬영을 했다. 그는 전쟁의 참상보다 이를 취재하는 기자들의 활약상이 부각되는 점을 매우 경계한다. 그는[154] "전쟁은 종군기자들이 화장하고 나설 만한 패션쇼 무대가 아닌데도, 종군기자에 눈길이 쏠리다 보니 '주인공'인 전쟁 자체가 뒤로 밀려나는 데 동의하지 않기 때문"이라고 그 이유를 설명했다.

프리랜서인 김영미 피디도 분쟁지역 취재 전문이다.[155] 필자는 김 피디를 2004년 6월 바그다드에서 처음 만났다. 당시 이라크에는 김 피디 외에 강경란 피디 등 프리랜서 피디들이 전쟁 상황을 취재했다. 미국 등 선진국의 경우 언론사와 프리랜서들 간에 유기적인 취재 협조 관계가 잘 이루어져 프리랜서 프로듀서들이 독자적으로 취재 보도를 하는 게 어렵지 않다. 하지만 국내는 이러한 협업 시스템이 제대로 형성되지 않아 김 피디 등은 외국 언론사와 계약을 맺고 취재에 나서는 등 어려운 환경 속에서 취재에 나서는 경우가 많았다. 김 피디는 자이툰부대의 아르빌 파병지에 체류하면서 관련 프로그램을 제작했고, 2006년 소말리아 해적에 납치된 동원호 선원들의 실상을 단독으로 보도했다. 최근에는 2017년 3월 남대서양에서 침몰한 스텔라데이지호의 생존자 찾기와 블랙박스 수색 등을 집중 취재 보도했다.

한편 1983년 10월 9일 미얀마 수도 양곤의 아웅산 묘소에서 당시 미얀마를 공식 방문한 전두환 대통령을 북한 공작원이 암살하려는 폭파사건이 발생했다. 당시 공식 수행원과 보도진 17명이 숨지고 10여 명이 부상을 입었다. 당시 동아일보 박중현 사진기자가 숨졌고, 연합통신 김기성 기자와 최금영 사진부장 등 언론사 기자 6명이 중경상을 입었다.

제4장

# 전쟁 보도 가이드라인과 주요 논란

## 전쟁 보도의 특징과 기본원칙

전쟁은 국가 간 대립과 갈등이 무력충돌로 나타나는 국제분쟁의 극단적인 형태로 정의된다.(송종길)[156] 전쟁의 발발 원인과 경과 등을 정확하게 전달하는 것도 언론의 중요한 역할 중 하나라고 할 수 있다.(황근, 2011)[157] 전쟁과 평화에 관한 보도는 전쟁과 평화의 극적인 성격, 국가와 시민에게 지니는 중요성 그리고 언론사들이 투자하는 시간과 돈 때문에 특별히 중요하고 매력적인 일이 되고 있다는 평가도 있다.[158] 국가 간 무력충돌 속에 대규모 파괴와 엄청난 인적, 물적 피해가 수반되는 등 전쟁이 내포한 여러 특수성 때문에 전쟁 보도 또한 몇 가지 특징을 갖고 있다.

전쟁 보도의 특징에 관한 언론학자들의 견해를 살펴보자. 서정우 (1991)는 전쟁 보도가 기본적으로 국제적인 사건에 관한 보도이기에 진실과 국가이해 사이의 갈등 속에서 이뤄지는 특징이 있다고 봤다.[159] 그러면서 전쟁 보도의 일차적 역할이 전쟁에 관한 진실을 전달하는 것이지만 국가이익을 무시하기 어려워지면서 딜레마가 발생한다고 분석했다. 송종길과 이동훈(2003)[160]도 전쟁 보도가 전쟁 당사국 간 진실과 국가이해라는 상충되는 가치 간의 갈등 속에서 이뤄지는 특성이 있다며 서정우 분석에 동의한다. 송종길 등은 여기에 두 가지를 추가한다. 하나는 언론에 대한 정보통제가 전쟁보도시스템과 내용에 한계를 가져온다는 점이고, 다른 하나는 전쟁 보도가 현장중계 중심의 보도 경향으로 흐르기 쉬워 오락화, 게임화를 부추기는 요인이 된다는 것이다.

황근(2011)은 "전쟁의 첫 번째 희생자는 진실이다"는 경구가 전쟁 보도의 특징을 압축적으로 설명한다고 본다. 즉 전쟁이라는 특수한 현상이 미디어 보도의 객관성과 중립성을 위협할 수 있다는 것이다.[161] 그러면서 전쟁 보도의 일반적 공통점을 다음과 같이 분석한다.[162] 첫째, 전쟁 보도는 전쟁을 수행하는 국가의 이익과 갈등을 유발한다고 본다. 국가는 전쟁 승리에 최우선 목표를 두는 반면, 언론은 정부 입장과 전쟁 수행과정의 문제점을 지적하는 이중적 책무를 부여받아 충돌 가능성을 내포하고 있다는 것이다. 이 분석은 서정우의 분석과도 맥을 같이한다. 둘째, 자국 중심 보도 범주를 본질적으로 벗어날 수 없고, 셋째, 신화 창조적 보도성향을 내포하고 있다고 부연한다.

전쟁 보도의 특징을 정부의 언론통제 측면에서 분석하는 시각도 있다. 김창룡(2001)은 전쟁이 특수재난 상황으로 분류되기도 하지만 재난 보도와 전쟁 보도를 구분하는 가장 큰 요소는 정부의 대 언론정책과 검열권 행사에 있다고 분석했다.[163] 그는 전시에는 보도준칙이나 취재기자의 윤리 문제보다 정부의 언론통제전략이 더 영향력이 크다고 강조한다. 일부 학자는 월남전 이래 현대전에서 대언론전략은 성공적 군사전략의 중요한 부분이 됐고, 언론을 효율적으로 통제하고 우호적인 여론 조성의 수단으로 이용하려는 정부의 시도가 일반적인 현상으로 자리 잡은 것으로 분석한다.(안민호, 2001)[164] 학자들의 주장을 종합해보면 전쟁 보도는 기본적으로 자국중심주의 경향을 띠는 가운데 전쟁에 관한 진실을 추구하는 언론과 국익우선주의를 고수하는 정부간의 갈등이라는 구조적 특징을 내포하고 있다고 할 수 있다. 정부는 특히 전쟁과정에서 검열권 행사 등 언론통제를 시도할 개연성이 높고, 언론은 진실 보도라는 본연의 기능이 훼손되지 않도록 모색하는 과정에서 갈등상황이 조성될 개연성이 높아진다고 할 수 있다. 일부 학자는 이를 "정부는 국가안보를 내세워 기밀주의를 강조하면서 언론자유를 통제하려 드는 반면, 언론은 국민의 알 권리를 앞세워 전쟁 관련 총체적 사실을 보도하고, 정부의 역할을 감시하고자 한다"(송종길, 2003)[165]로 요약하기도 한다.

전쟁 양상을 보도하는 과정에서 정부의 언론통제 등 여러 요인으로 인해서 언론의 기본원칙이 흔들리거나 침해될 여지가 크다고 할 수 있다. 그런 맥락에서 전쟁 보도가 견지해야 할 몇 가지 원칙이 있을 수 있다. 전쟁보도가 갖춰야 할 기본원칙에 대해 송종길(2003)은 사실성, 중립성, 보도의 심층성을 강조한다.[166] 그는 먼저 전쟁과 같이 전황 및 이를 둘러싼 국제적인 파급효과가 큰 사건의 경우 '정확한 사실에 기반을 둔 보도'가 무엇보다 중요하다고 강조한다. 둘째는 다양한 정보원에 기반을 두고 균형적인 보도가 이뤄져야 한다는 중립성을 든다. 이라크전쟁 등 미국과 같은 강대국이 개입된 전쟁의 경우 뉴스의 정보원이 서방에 편중되는 경향이 있는 점을 지적하는 것이다. 셋째는 보도의 심층성으로, 전쟁과 관련된 보도가 사회적 맥락(context)이 생략되고 파편화될 때 시청자에게 잘못된 함의를 전달할 수 있는 만큼 치밀한 분석과 대안까지 모색하는 심층보도가 중요하다는 것이다.

전쟁이나 분쟁을 다루는 국제 뉴스는 그러나 국내 뉴스와는 달리 공정성과 객관성 측면에서 본질적으로 여러 장애를 안고 있다. 이에 관한 김헌식(2012)의 분석[167]을 보면 ▲우리나라에서 가까운 곳에서 발생한 뉴스일수록 집중 조명을 받는 '지리적 장애' ▲특파원 파견이나 해외지국 운영 경비가 만만치 않아 제약을 받는 '경제적 장애' ▲한국군이 개입하거나 등장하는 전쟁 관련 뉴스가 주목을 더 끄는 '문화적 장애'가 있다. 김헌식은 "전쟁이나 분쟁을 다루면서 자국민의 개입이나 생사여부, 국익에 대한 고려, 그리고 아군이냐 적군이냐의 이분법적 구분을 바탕으로 뉴스 가치를 판단하고 보도 여부를 결정하는 언론의 근본적 속성을 인식한다면 전쟁과 국제분쟁 보도가 항상 객관적이거나 실체적 진실을 다룬다고 주장하기 어렵다"고 지적했다.(김헌식, 2012, 30쪽)

이런 분석을 입증하듯 그간의 전쟁 보도는 잘못된 관행들도 많이 노정해왔다. 서정우(1991)는 이를 6가지로 분석했다.[168] 즉, ▲전쟁이 발생하면 기자들이 몰려왔다가 사건이 끝나면 떠나버리는 '소방보도의 관행' ▲특파원들이 현지 정부의 정치적 정략에 편승하는 '정략 편승 보도 관행' ▲특파원들이 자국 정부의 외교정책 수행 도구로서 보도하는 관행 ▲특파원들이 현지 언론 기사를 빌려와서 보도하는 관행 ▲전쟁의 극적, 신화적 요소를 지나치게 강조해 보도하는 관행 ▲자민족 우월주의나 자국가 제일주의를 지나치게 강조하는 관행 등이다. 이같은 분석은 걸프전이 끝난 직후인 30년 전의 분석이지만 최근 상황에 대입해도 큰 차이가 없을 정도로 보인다. 특히 소방보도 관행이나 자국 정부의 외교정책 수행 도구로 보도하는 관행 등은 현재까지도 개선되지 않고 있는 문제들이다. 그만큼 우리 언론의 전쟁 보도 관행이 과거의 틀에서 벗어나지 못하고 있다고 할 수 있다.

해외 학계에서는 전쟁 보도를 전쟁저널리즘과 평화저널리즘으로 구분해 비교하면서 그 특징을 분석하는 시각도 있다. 김헌식은 국립 싱가포르대학교 리 샤우팅(Lee Seow Ting) 교수가 분석한 기존 전쟁저널리즘의 특징을 소개하고 있다. 이를 보면 기존 전쟁저널리즘은 ▲겉으로 드러나는 전쟁의 여파나 결과를 중심으로 보도하며 ▲정치인이나 군 고위층 등 엘리트들을 주요 취재원으로 삼고 ▲전쟁 당사자들을 선한 자와 악한 자로 양분해 보도하며 ▲전투가 끝나고 평화나 휴전협정이 체결되면 보도를 중단하고 또 다른 전쟁을 찾아 나서는 특징이 있다고 분석했다.[169]

위에서 살펴본 바와 같이 전쟁 보도는 기본적으로 국가이익과 전쟁에 관한 진실 보도라는 상충되는 가치를 어떻게 조화시켜 나가느냐의 문제를 취재기자에게 숙제로 제시한다. 특히 전쟁 보도의 역사가 길지 않은 우리 언론 입장에서는 자국 우선주의 보도와 자국 정부의 외교정책 수행 도구로 기능하는 관행 등 시정해야 할 문제들도 적지 않은 만큼 기본원칙들을 먼저 되새겨 볼 필요가 있을 듯하다. 동시에 엘리트 중심 취재와 이분법적인 보도태도 등 기존 전쟁저널리즘의 문법에 우리가 너무 길들여져 있는 게 아닌지 한번쯤 숙고해볼 필요가 있다고 본다.

## 전쟁 보도 가이드라인-BBC를 중심으로

선진국 언론들은 전쟁을 취재 보도하는 과정에서 준수해야 할 가이드라인이나 준칙을 마련해 시행하고 있다. 영국 BBC의 전쟁 보도는 제2차 세계대전 당시 독일 군부도 이를 참고해 전황을 파악했다는 일화가 있을 정도로 객관성을 인정받고 있다. 영국이 아르헨티나와 포클랜드 전쟁을 벌일 당시 자국의 국방부 장관뿐만 아니라 적국인 아르헨티나 국방부 장관을 동시에 인터뷰해 균형 잡힌 보도를 위해 노력했다는 평가를 받았다.(황근, 2009)[170] 그런 차원에서 BBC의 지침은 전쟁 보도와 관련한 명확한 기준이나 원칙이 정립돼 있지 않은 우리 언론 입장에서는 참고로 삼을 만하다.

BBC 편집 가이드라인(Editorial Guidelines) 중 전쟁 보도와 관련이 있는 대목은 제11장 전쟁, 테러, 비상사태(war, terror and emergencies)이다. BBC 홈페이지에서 주요 내용을 살펴보면 다음과 같다.[171] BBC는 먼저 "전쟁과 테러행위, 포위 작전이나 비상사태 등 갈등상황을 보도할 때 영국은 물론 외국 시청자들에게 특별한 책임감을 갖고 보도를 해야 한다"고 강조한다. 특히 "시청자들이 신뢰할만한 뉴스와 정보를 기대하며 우리에게 접근하고, 사건에 대한 맥락과 분석 그리고 폭넓은 식견과 의견을 제공해 주기를 원하는 만큼 정확성과 불편 부당성을 견지하는데 좀 더 세심할 필요가 있다"며 정확성과 불편 부당성을 강조한다. BBC의 보도로 인해 특정 개인이 위험에 놓이거나 해를 입게 해서는 안 되며, 불필요하게 타인의 감정을 상하게 하지 않도록 주의를 당부한다. 그러면서도 사건의 실체를 있는 그대로 전하도록 노력하고 과도하게 미화하는 보도를 하지 않도록 해야 한다는 점도 동시에 권고한다.

가이드라인은 특히 전쟁 보도의 정확성과 공정성도 강조한다. 테러, 재난 등 국내외 비상사태나 전쟁 등을 보도하는 과정에서 서로 상충되는 주장을 보도할 때는 제삼자가 주장하는 근거나 정보의 출처를 밝히는 게 무엇보다 중요하다고 강조한다. 또 보도가 검열이나 모니터를 거친 것이거나, 어떤 압박에 의해 정보를 밝힐 수 없는 상황이라면 가급적 어떤 상황에서 보도를 하는지 시청자들에게 설명해야 한다고 BBC는 강조한다.

전쟁을 반대하는 시위나 여론도 보도해 시청자들이 이를 검증할 수 있게 하라고 규정하고 있다.

BBC 가이드라인에 대해서는 언론학자들도 몇몇 대목을 특히 주목하면서 의미를 소개한다. 이연(2004)은 BBC 가이드라인이 전쟁이나 테러, 인질 사건에 대해 엄격하게 중립을 지킬 것과 명확한 사실 보도를 원칙으로 하고 있다면서 몇 가지 예를 든다.[172] 예를 보면 '우리군(our troops)'이 아니라 삼인칭인 '영국군(British troops)'이라는 용어를 사용하며, 비록 영국군에는 적이 되더라도 '적(enemy)'이라는 표현은 사용하지 못하도록 한다는 것이다. 테러 보도 시 가치판단을 수반하는 용어 사용에 주의할 것을 요구하면서 '테러리스트'라는 용어를 사용하는데 신중한 입장을 견지한다는 분석도 있다.(홍남희, 2017)[173] 2017년 9월 15일 런던 지하철 폭발 테러 사건이 발생했을 당시 용의자를 '테러리스트'로 지칭하지 않고 '폭파범(bomber)' '폭발 용의자(bombing suspect)' 혹은 '공격자(attacker)' 등으로 기술했다는 것이다. 홍남희는 "BBC는 '테러리스트'라는 용어의 사용과 그에 포함된 가치판단이 BBC가 견지하는 일관성과 불편 부당성에 대한 의심을 키울 우려가 있다고 본다"고 배경을 설명했다.[174] 또 전투지역에 있는 기자나 특파원은 직접 목격하지 않은 것을 전할 때는 정보원을 명시해야 한다고 규정하고 있다. 그러면서 특정 정보나 영상의 출처가 불명확한 경우에는 그 사실을 명시해야만 한다고 부연한다.(신윤진, 2004년)[175]

## 가이드라인 없는 한국 언론의 현실

한국 언론계에는 BBC 가이드라인과 같은 전쟁 보도와 관련된 보도준칙이 없는 실정이다. 이에 따라 전쟁이나 분쟁 관련 보도를 하면서도 많은 문제점을 드러내 왔다. 이창호(2010)는 이라크전쟁 등 전쟁취재 경험이 있는 국내 방송 및 신문기자 11명을 심층 인터뷰해 전쟁취재 현황과 문제점을 진단했다.[176] 그 결과를 보면 전쟁취재에 대한 체계적인 규칙이나 노하우가 매우 부족했고, 외국 언론에 비해 전쟁취재 경험이 적은 기자들을 소규모로 파견하는데 그쳤다. 이에 따라 현지에 출장 간 기자들은 자신이 처한 환경과 개인적 경험만을 토대로 전쟁 상황을 생색내기 식으로 보도하는 경우가 있었다. 또 상당수 언론들은 분쟁지역에 특파원을 보냈다는 사실 하나만으로 위안을 삼고 있는 실정이라고 꼬집었다.

한국신문협회의 윤리강령 등을 보면 재난 보도 등에 관한 규정은 간략하게라도 있지만 전쟁 보도와 관련한 내용은 한 줄도 없다. 1996년 강릉 잠수함 사건 이후 합동참모본부에서 공보예규를 만들었으나 이는 북한의 국지도발과 같은 사태가 발생했을 경우 취재 제한이나 풀 기자단 구성 등에 관한 것이었다.[177] 이후 국방부와 한국기자협회는 2012년 9월 24일 북한의 국지도발 등 국가안보 위기상황에서 군의 취재 지원과 언론의 작전 보안 준수의무를 규정한 '국가안보 위기 시 군 취재 · 보도기준'을 마련해 서명했다.[178](표 3 참조) 이는 연평도 포격 도발 등 국지도발 상황이 발생했을 때 군과 언론이 갈등을 빚지 않도록 상호 지켜야 할 의무 등을 부과한 것이다.[179] 그 내용을 보면 군 당국은 국가안보상의 비상상황이 발생하면 충실한 브리핑 등을 통해 관련 정보를 언론에 신속, 정확하게 제공하도록 규정했다. 또 보호장비 대여 등 언론의 취재 · 보도 활동을 지원해야 한다. 언론도 작전 사항이나 기밀 사항 등을 보도해 적을 이롭게 하지 않도록 신중하게 보도해야 함을 명시했다. 동시에 현장 작전부대가 요청하는 취재 기본 규칙과 작전부대의 접근 통제선을 준수해야 하는 의무도 부과했다.

## 〈표 3〉 국가안보 위기 시, 군 취재·보도 기준

### 서문
이 기준은 북한의 군사도발과 외부세력 침입으로 군사작전이 전개되는 등 국가안보상의 중대한 위기가 발생했을 때 언론과 군이 갈등 소지를 방지하고 양측의 원활한 협조 필요성에 대한 공감대에 바탕을 둔 것이다. 국민의 알 권리를 위한 언론의 보도 행위와 군의 국가 보위 및 국민 보호 임무가 조화로운 균형을 이루어야 한다. 군은 국민 알 권리 충족을 위해 신속하고 충분한 정보를 제공하고 언론은 국가안보와 작전에 임하는 장병의 안전을 고려하여 신중하게 보도해야 한다. 각 언론사는 군 작전지역 등 위험지역 취재 시 군 당국과 사전에 협의하고 군은 취재진의 안전한 취재 활동 보장을 위해 최선을 다해야 한다.

### 본문
#### 제1장 총칙
제1조 목적

이 기준은 북한의 군사도발과 외부세력 침입 등에 의해 군 비상상황이 발생하였을 경우 군의 작전을 보장하면서 정확하고 신속한 취재 보도에 대한 기본적인 방향과 실천 요강을 제공하는 데 있다.

제2조(적용 범위)

이 기준은 군은 물론 한국기자협회 소속 회원사와 회원, 작전지역 취재에 참여하는 모든 매체에게 적용된다. 다만, 한국에서 활동하는 외신에 대해서는 한국기자협회가 외신 기자협회에 이 기준을 준수하도록 협조를 구한다.

제3조(용어의 정의)

이 기준에서 '국가안보위기'란 북한 및 외부세력이 대한민국의 주권과 국민의 생존에 중대한 위협을 가하는 도발 행위를 감행하여 군이 작전을 수행하는 경우를 말한다.

#### 제2장 군의 취재 보도 지원 및 정보 공개
제4조(취재 지원 원칙)

군은 비상상황과 관련한 정보가 '사실에 입각하여, 신속하고, 정확하게' 국민들에게 전달되도록 언론의 취재 및 보도 활동을 적극적으로 지원한다.

제5조(신변안전 대책)

작전지역 부대는 취재 보도진에 대한 신변안전 대책을 강구한다.

제6조(작전지역 출입)

군 작전지역에 출입하는 취재진은 군 당국이 정하는 정해진 절차에 따라 서면으로 출입등록을 하고 안전조치에 협조해야 한다.

제7조(정보제공방법)

군은 국민들에게 브리핑, 보도자료 등 올바른 정보를 알리기 위한 방법을 강구하고 가용 여건을 고려 작전 현장 부근에 보도본부를 설치해 취재 및 보도를 지원한다.

## 제3장 언론의 취재 보도 준수사항

### 제8조(군사기밀 보호)

언론은 작전상황과 관련된 장비 배치와 수량, 군부대의 특정한 위치를 드러내는 정보나 사진, 적 정보수집 방법 등에 대한 사항을 보도하는 것이 적을 이롭게 할 수 있다는 점을 유념해야 한다.

### 제9조(통제구역 준수)

취재진이 작전 현장에 대한 취재를 할 경우 작전부대에서 제시하는 접근 통제선을 준수해야 한다.

### 제10조(안전조치 협조)

군과 언론사는 현장 취재진의 안전대책 강구에 최대한 협조해야 한다.

### 제11조(작전 현장 갈등 조정)

군 작전 현장에서 군 관계관 및 취재 보도진 사이에 갈등이나 마찰 상황이 발생할 경우에는 군과 언론이 국방부 대변인실과 해당 언론매체 담당 데스크와의 협의를 통해 합리적 조정방안을 강구한다.

## 제4장 전·사상자 보도 및 행정 사항

### 제12조(인권 존중 보도)

군 작전 수행 중 전·사상자, 입원환자, 가족 및 장례 등에 관한 취재는 개인의 사생활과 인권을 존중하고 숭고한 희생이 폄훼되지 않도록 한다

### 제13조(보호장비 대여 및 비용부담)

군은 취재진의 신변안전을 위한 보호장비를 대여하거나 대피 장소 및 숙식, 이동수단을 제공할 수 있다. 현장 접근이 어려운 도서 지역에서 비상사태가 발생했을 때는 군에서 기본적 이동수단 등을 제공할 수 있으나 숙식에 따른 경비와 추가적인 장비 운용에 따른 비용은 해당 언론사에서 부담한다.

## 실천수칙

① 군은 비상상황 발생 시 '사실에 입각하여, 신속하고, 정확한' 정보제공 및 브리핑을 한다.

② 군은 현장취재가 승인된 취재 보도진의 신변안전을 위해 최대한 안전조치를 마련한다.

③ 군은 비상상황 조치의 일환으로 필요시 현장 보도본부를 설치하여 브리핑 및 취재 활동을 지원한다.

④ 언론은 진행 중인 작전 사항, 작전계획, 기밀 사항은 사전에 동의한 절차와 현장 작전부대가 요청하는 취재 기본규칙(ground rules)을 준수한다.

⑤ 언론은 현장취재나 브리핑이 있을 때 군 당국이 정한 기본적인 절차를 준수한다.

⑥ 언론은 작전 현장여건에 따라 공동취재단 구성을 원칙으로 하며, 공동취재단은 국방부 출입등록 매체를 중심으로 한다.

⑦ 언론은 작전 중 전사 또는 순직하거나 부상을 당한 장병의 인권을 존중하고, 그들의 희생이 폄훼되지 않도록 보도한다

출처: 한국기자협회 홈페이지

특히 언론은 작전 중 전사 또는 부상한 장병의 인권을 존중하고 그들의 희생이 폄훼되지 않도록 하는 인권 보도원칙을 담았다. 이 지침은 다만 국지적 도발 등의 상황 발생 시 군과 언론의 상호관계에 대한 추상적 원칙을 주로 담고 있어 좀 더 세부적인 기준을 마련할 필요가 있다고 본다. 특히 우리나라는 북한의 핵무기 실험과 장거리 미사일 발사 등 북한의 도발로 인한 안보상의 위기가 지속적으로 발생하고 있는 만큼 국가안보 위기상황 등에 대비한 언론 보도 가이드라인 마련을 서둘러야 한다.

## '추측 보도' 난무한 연평도 포격 사건 보도

2010년은 북한이 서해상에서 잇따라 무력도발을 감행해 한반도에 긴장이 한층 고조됐던 해로 평가된다. 3월 26일 백령도 근처 해상에서 해군 초계함 천안함이 피격 침몰해 장병 46명이 숨졌다. 이어 11월 23일 북한이 연평도에 100여 발의 포탄을 발사해 해병대원과 민간인 4명이 사망했다. 당시 심각한 군사적 도발 상황이 발생하자 언론은 긴급 속보체제를 가동했다.(김귀근, 2011)[180] 천안함 피격과 연평도 포격 사건 관련 언론 보도는 당시의 긴박한 상황과 정부의 대응조치를 국민들에게 알리고, 국가안보의 중요성을 일깨워 주는 등 긍정적 기능도 많았다. 하지만 아쉬운 점도 적지 않았다는 평가를 받았다. 윤영철(2011)은 "전시에서나 겪을만한 군사적 도발 행위로 비롯된 전쟁에 준하는 상황을 맞아 군 당국과 언론은 기밀 보호와 국민의 알 권리 사이에서 타협점을 제대로 찾지 못해 불협화음과 혼선을 빚었다"고 평가했다.[181] 정확한 사실에 근거하지 않은 추측성 보도와 군사기밀의 무분별한 보도 등도 문제로 지적됐다. 당시 취재기자 좌담회를 보면 "통제가 풀려 막상 연평도에 들어가서는 군의 통제가 거의 없었거든요. 일부 군사시설 정도? 포인트가 되는 북한이 보이는 곳도 한미연합 훈련 전에는 이렇게 마구 다녀도 되나 싶을 정도로 자유롭게 오갈 수 있었다"면서 "보안도 지켜지지 않는 것 같고, 취재진 안전도 담보되지 않은 상황이었다"며 당시 현장의 혼란스런 상황을 설명했다.(이창호, 2006)[182]

이민규(2010)는 천안함 사건이 발생한 3월 26일부터 사건을 마무리하는 이명박 대통령의 대국민담화가 나온 5월 25일까지 천안함 관련 10개 종합 일간지 보도와 KBS, MBC, SBS 등 3개 공중파방송 메인뉴스 보도를 분석했다.[183] 그는 "사고 원인에 대한 근거 없는 일방적 추측성 기사 남발, 이념과 정치적 이해관계에 따른 사실 왜곡 등 언론이 당연히 지켜야 할 기본원칙을 어긴 사례가 많이 발생하였다"고 지적했다. 특히 정확한 취재결과나 사실 전달보다는 '경마 저널리즘'에 급급했고, 선정적인 제목으로 독자들의 이목을 끄는 '황색 저널리즘'이 드러났다고 비판했다. 김동규(2010)도 불확실한 정보에 바탕을 둔 추측성 보도의 남발과 지면과 뉴스 분량을 과다하게 배정·편성하는 '물량공세식 보도'를 최우선으로 지적했다.[184] 침몰원인이 정확하지 않은 상황에서 희생자들을 무작정 '영웅', '고귀한 희생' 등으로 수식하는 '감상주의의 과잉' 그리고 사고현장의 처참한 모습을 그대로 보여주는 등 피해자 등의 인격권 보호에 대한 배려가 부족했다는 지적도 빼놓지 않았다.

당시 국방부를 출입한 뉴스통신사 기자는 언론학자들의 이 같은 비판에 동의하면서 "특히 경쟁적인 취재 경쟁으로 민감한 무기배치 현황 등 각종 기밀이 여과 없이 보도되기도 했다"고 말했다.(김귀근, 2011)[185] 정부의 언론대응 문제점을 지적하는 견해도 나왔다. 김철우(2010)는 "정부 당국이 '사태 발생 초기의 메시지 관리, 군의 즉응태세 적정성 논란, 대언론 발표

연평도 포격사건 취재를 마친 외신기자들이 철수를 위해 인천으로 향하는 배에 오르기 전 수색을 받는 모습

일관성 시비 등'에 휩싸여 언론을 이끌고 나갈 여력이 없었다"고 지적했다.[186] 하지만 당시 보도의 문제가 언론의 탓만은 아니라는 반론도 나온다. 국방부 기자들은 기자실, 공보실 그리고 화장실 등 3실만 출입이 가능하다는 농담이 전설처럼 내려올 정도로 국방 당국은 정보 공개에 인색하다. 천안함 피격사건 등에서도 마찬가지였다. 김민석(2010)은 천안함 사건은 언론이 폭발적 관심을 가질 수밖에 없는 사안이었는데도 군 당국이 언론에 충분한 정보를 제공하지 못한 측면이 있다고 지적했다.[187] 그는 "군과 정부가 제공하는 정보와 국민의 궁금증 사이의 공백은 언론의 특종보도와 전문가를 동원한 추정 및 분석 보도, 과잉보도 또는 오보, 심지어 의혹 제기로 메워졌다"고 평가했다.

이러한 문제점의 개선을 위해서는 앞에서도 지적했듯이 국가안보 위기상황에서의 취재 보도 가이드라인이나 보도준칙 등이 제정돼야 한다고 본다. 전문가들도 가칭 '국가 비상상황 취재 보도준칙' 등과 같은 '국익과 알 권리'를 조화시키는 취재 보도 가이드라인(김철우)[188]을 만들거나 '국지전 발발 시 취재 보도 가이드라인'을 제정하는(김귀근)[189] 등 적극적인 대책이 필요하다고 제안한다. 동시에 국방부나 군 당국도 정보 공개에 폐쇄적이거나 소극적인 태도에서 탈피해서 좀 더 과감하게 국민들이 원하는 정보를 제공해야 한다고 촉구한다.

　이와 관련해 군사기밀보호법과 국방부 홍보훈령의 개정 필요성이 우선적으로 제기된다. 윤영철은 한 토론회에서 "(군 당국의) 보도통제 조치의 근거가 되는 군사기밀보호법에서 군사기밀을 너무 광범위하고 모호한 표현으로 규정하고 있어 군의 주관적, 자의적 적용에 따라 국민의 알 권리가 지나치게 제한될 수 있다"고 지적하고 군사기밀정책의 재검토 필요성을 제기했다.[190] 일각에서는 군 당국이 중요한 사안을 공개하지 않은 것은 대부분 국방부 홍보훈령의 대외공개 금지조항인 11조, 23조, 24조에 해당했기 때문이라며 이의 개정을 촉구하는 견해도 나왔다.(김민석)[191] 한마디로 국방부가 국방이나 안보 관련 정보를 좀 더 적극적으로 공개하는 태도전환이 필요하다고 본다. 이와 함께 군과 언론이 2012년 마련한 '국가안보 위기 시 군 취재·보도기준'을 좀 더 보완하는 노력을 전개해 나가야 할 것으로 보인다.

## '외신 과다의존' 이라크전 보도

　한국 언론은 북한의 국지적 도발 외에도 해외에서 발생한 전쟁이나 테러 사건 등을 적극 보도해왔다. 특히 걸프전과 이라크전 등 중동에서 발생하는 전쟁은 유가 급등 등 우리 경제에도 엄청난 영향을 미쳐 비중 있게 보도했다. 2003년 3월 20일 시작된 이라크전쟁과 관련해 한국 언론은 전쟁 발발을 전후해 쿠웨이트, 요르단 등 인접 지역에 기자와 특파원을 보내 취재했다. 바그다드가 미군에 함락된 이후에는 대거 이라크로 들어가 보도를 이어갔다. 미국의 종전선언 이후에도 현지에서 이라크전쟁을 미국의 시각이 아니라 우리의 독자적인 시각에서 보도하기 위해 나름 노력해 왔다.

　하지만 여러 제약으로 외신이나 미국의 CNN 방송 등에 지나치게 의존하는 보도 양태도 보였다. 미군의 바그다드 공습으로 전쟁이 시작됐을 때 CNN 방송을 동시통역해 그대로 보도하는 행태와 미군 군사작전을 마치 컴퓨터 게임하듯이 보도하는 행태가 도마 위에 올랐다. 백선기(2003)는 미국의 이라크 침공과 관련한 국내언론의 보도 경향을 분석해 문제점을 집중 지적했다.[192] 그는 우리 언론이 미군 공습을 보도하면서 미국 방송이나 뉴스 통신에 지나치게 의존한 반면, 공습 대상자인 이라크의 입장에는 극도로 제한적이거나 부정적으로 묘사하는 경향이 많았다고 비판했다. 최경진(2003)은 전쟁 보도의 의미는 전쟁 발발 원인과 과정에 대한 분석과 전장의 참상을 사실대로 알리는 것인데 이라크전쟁 보도에서 "전쟁의 참상은 과연 어디에 존재하는가"라고 반문했다.[193] 이라크전 보도와 관련한 토론회에서도 전쟁 보도가 지나치게 미국의 시각으로 다뤄지고, 민간인 피해 등 전쟁의 참상을 보도하는 데 인색하다는 지적이 제기됐다.[194] 토론회에서는 또 전쟁 초기 수많은 오보를 양산했지만 사과나 정정 보도를 않은 점과 국내의 반전여론 등 시민사회의 목소리를 외면한 것도 문제점으로 지적됐다.(오마이뉴스, 2003)

이라크전쟁 관련 보도가 서방 외신에 과도하게 의존했다는 지적에는 일부 반론도 나온다. 신경민(2003)은 "알자지라 방송과 중동의 위성방송들이 최근 왕성하게 범세계적으로 활동하면서 이를 무시할 수 없게 됐다. 서구매체들이 알자지라 방송을 비롯한 중동 각국의 매체들을 거의 즉각적으로 담아내면서 이를 인용 보도했고, 우리도 이를 친절하게 전했다"고 반박했다.[195] 그러면서 "미국에 불리하고 이라크에 유리한 보도의 경우도 예외 없이 전파를 탈 수밖에 없는 여건과 인식의 전환이 마련된 것"이라고 평가했다. 안민호(2003)도 이라크전쟁 보도를 '전 세계 24시간 전일 위성 생중계

TV 보도 전쟁'으로 평가하면서 "여러 문제점에도 불구하고 알자지라 TV의 등장으로 인해 부족하나마 과거에 비해 양적으로 균형 잡힌 전쟁 보도가 이루어졌음을 우리는 평가해 줄 필요가 있다"고 말했다.[196]

외신기사 보도와 관련해 다른 측면의 문제점도 제기됐다. 김창룡 (2003)은 9 · 11 테러에 관한 조선, 한겨레 등 국내 4개 신문 외신 보도와 2003년 이라크 침공 시 KBS,

2004년 6월 이라크파병협협단을 따라 아르빌 취재를 마치고 바그다드로 귀환하는 도중 미군헬기 앞에서 포즈를 취한 필자

MBC, SBS 등 국내 지상파 3사 외신보도를 분석했다.[197] 먼저 국내 언론사들이 대체적으로 외신 표기를 제대로 하지 않거나 자의적으로 외신 보도에다 자사 특파원의 이름을 갖다 붙이는 관행이 여전하다고 비판했다. 또 국내신문과 방송은 '후세인 사망설' '이라크 51사단 8천 명 전원 투항' 등 수많은 오보와 왜곡 보도를 하고도 해명이나 정정 보도를 하지 않았다고 비판했다.[198]

2004년 한국군이 이라크 북부 아르빌에 파병되는 과정에서의 보도 행태가 논란이 되기도 했다. 국내 언론들은 2004년 8월 자이툰부대의 이라크 파병과 경유 일정 등에 관해 국방부의 보도제한 요청을 받아들여 9월 말 아르빌에 도착하기까지 보도를 하지 않았다.[199] 이는 당시 미군 군납업체에 근무하던 김선일 씨가 이라크 테러조직에 납치돼 살해된 사건이 발생한 직후였고, 이에 따라 국방부의 보도자제 요청을 언론사 사장단이 수용

했기 때문이다. 하지만 자이툰부대 1진 출발 환송식마저도 보도하지 않은 것은 너무 과도한 통제 아니었냐는 비판론도 제기됐다.(조대근, 2004)[200] 한 국군이 무사히 현지에 도착한 이후에는 홍보성 위주의 보도가 잇따라 비판 을 받기도 했다.

이라크전보다 10여 년 전인 1991년 1월 17일 다국적군의 공습으로 시 작된 걸프전은 TV를 통해 전쟁 상황이 생중계된 최초의 전쟁으로 평가받 는다. CNN은 최첨단 장비를 동원해 바그다드 현지에서 전쟁 상황을 매 일 생중계하다시피 했다. 한국 언론도 당시 전쟁 개시 직전 바그다드, 암 만 등에 기자를 파견해 상황을 보도했다. 걸프전 보도는 다국적군이나 미 국 측을 취재원으로 삼는 기사에 많이 의존해 균형감각을 잃었고, 첨단무 기 소개 등 전쟁의 첨단기술적 측면을 과도하게 부각시켜 전쟁의 본질을 간과하는데 기여했다는 비판을 받았다.(윤영철, 1991)[201]

이라크전 개전을 전후로 급상승한 언론의 관심이 종전 선언 이후에는 시들해진 점을 지적하는 시각도 있다. 유신모(2004)는 "국내 언론은 첨단 무기를 동원한 전쟁의 모습을 서바이벌 게임 중계하듯 그대로 보여주었다 가 정작 중요한 미국의 이라크 점령 이후의 상황 보도에서는 그 규모가 크 게 축소했다"고 지적했다.[202] 바그다드가 미군에 함락된 뒤 많은 한국 취재 진이 철수했지만 2004년 한국군의 추가파병 문제가 제기되자 연합뉴스와 KBS, MBC 등 일부 언론은 바그다드 순회특파원이나 기자를 파견해 보도 를 계속했다. 한국군 파병에 대한 이라크의 비우호적인 여론이나 파병 후 보지의 문제점을 계속 지적했다. 정부는 일각의 반대 여론에도 불구하고 결국 추가파병을 강행했지만 애초 후보로 거론됐던 중부의 나자프, 북부 의 키르쿠크, 티크리트 등은 저항세력과의 충돌 위험성 등을 언론이 계속

취재 여담 ④

## 국제적 테러 사건 김선일 피랍 취재기[203]

바그다드에 종군 특파원으로 체류한 지 두 달이 다 돼가던 2004년 6월 20일. 일주일 뒤면 교대할 후임자가 올 예정이어서 모처럼 '말년 병장'의 여유를 즐기고 있었다. 오후에 바그다드 시내의 한국대사관을 방문했다. 당시 대사관은 경호상의 이유로 단독 저택을 임대해 사무실 겸 숙소로 사용하고 있었다. 외교관들도 다른 지역과는 달리 가족을 동반하지 않고 단신 부임했다. 처지가 비슷한 외교관들과 저녁을 같이 하고 잠시 족구도 함께한 뒤 숙소로 돌아왔다. 잠자리에 들려던 순간 전화가 걸려왔다. 통신 사정이 열악해 시내전화도 잘 안 터지던 상황이라 야간의 전화벨은 범상치 않아 보였다. 서울에서 6월 21일 월요일 새벽 조근 근무 중인 본사 국제부 데스크였다. "알자지라 방송이 한국인으로 추정되는 사람이 이라크 무장 세력에 억류된 모습을 담은 영상을 방송했다는 AP 기사가 긴급으로 입전됐다"며 확인을 지시했다. 대사관에 전화를 했더니 모두 통화 중이거나 연결이 안 됐다. 어렵게 통화된 핵심 관계자는 "가나무역 소속 김선일로 보인다"고 귀띔을 해줬다. 미군 군납업체 가나무역 직원 김선일 씨(당시 33세) 피랍사건은 이렇게 시작됐다.

바그다드에 체류하는 동안 몇 차례 만난 적이 있는 김 씨가 피랍됐다는 말을 듣고 놀랄 수밖에 없었다. 당시 가나무역은 현지에 진출한 거의 유일한 한국 기업이어서 가끔씩 방문해 김천호 사장이나 직원들과 대화를 나누고 점심을 함께한 적이 있다. 대학에서 아랍어를 공부한 김 씨는 현지 직원들과도 잘 어울렸다. 김 씨를 납치한 테러단체는 알-카에다의 2인 자였던 아부 무사브 알-자르카위가 이끄는 '알 타우히드 왈 지하드(유일신과 성전)'이란 조직이었다. 이들은 "24시간 이내에 이라크에서 한국군을 철수하라"고 요구했다. 알자지라 방송도 서울에서 나오는 한국 정부의 대책 등을 긴급 속보로 계속 보도했다. 서울에서는 한때 김 씨의 석방 가능성도 거론되기도 했다지만, 바그다드 현지 분위기는 전혀 그렇지 않았다.

　피랍사건이 발생함에 따라 당시 이라크 북부 모술에 출장 중이던 가나무역 김천호 사장과 전화 인터뷰를 시도했다. 전쟁으로 통신시설이 모두 파괴돼 통신 사정이 열악한 바그다드에서 시외전화는 위성 전화로만 가능했다. '수라야' 위성 전화로 10여 차례 통화를 시도한 끝에 어렵게 김 사장과 통화에 성공했다. 김 씨 납치 경위와 석방 협상 등에 관해 취재해 기사를 송고했다. 당시 김 사장은 석방 협상에 나섰던 현지 관계자의 말을 인용해 김선일 씨가 미국 회사 핼리버튼 계열의 KBR 소속 제3국인 직원 및 유럽 기자들과 함께 팔루자 지역에 억류돼 있는 것으로 알고 있다고 밝혔다. 하지만 외국인들의 억류는 나중에 사실이 아닌 것으로 드러나 기사를 긴급하게 수정하는 촌극도 빚었다. 김 사장은 또 김 씨 피랍시점이 6월 중순이 아니라 그보다 20여 일 이전인 5월 31일 전후였다는 사실도 인터뷰에서는 공개하지 않았다. 김 사장은 김 씨 피랍사건이 공개되기 전에 가끔 필자를 찾아와 대화를 나눈 적이 있었다. 당시 대화를 하면서도 눈빛은 다른 곳에 두고, 안절부절 하지 못하는 모습도 보였다. 당시 김선일 씨가 납치된 상황에서 대사관에 신고하지 않고 혼자서 해결하려 노심초사하던 상황이었기에 그랬던 게 아닌가 하는 생각이 든다.

　꼭 살아 돌아오라는 국민 염원에도 불구하고 안타깝게도 김선일 씨는

2004년 당시 이라크주재 한국대사관 전경

팔루자 인근에서 살해된 채 발견됐다. 김 씨 사건이 이라크에서도 크게 보도되면서 외국인을 납치해 테러단체에 넘기면 돈을 벌 수도 있다는 인식도 퍼지는 기미도 나타났다. 그동안 무겁고 거추장스러워 이용하지 않던 방탄조끼와 안전모를 다시 꺼내 착용하게 됐을 정도로 공포감도 커갔다. 이후 외교통상부에서 이라크 거주 교민과 언론인 등에 대한 철수령이 내려졌고 회사도 기자의 안전을 우려해 귀국을 명했다. 후임 특파원을 당분간 파견하지 않을 방침이어서 바그다드 지국 사무실 문을 닫고, 귀국길에 올랐다. 6월 25일 오후 바그다드를 출발, 암만을 거쳐 26일 새벽 3시 두바이에 도착했다. 두바이 공항에서 인천행 대한항공 여객기에 오르는 순간 김선일 씨의 유해도 같은 여객기로 운구된다는 사실을 알고 그와의 인연이 이어지고 있음을 알 수 있었다.

제기함에 따라 후보지에서 제외됐다. 결국 치안이 안정된 쿠르드 자치지역 아르빌로 낙착됐다. 자이툰 부대의 파병지가 아르빌로 결정된 데는 이처럼 언론의 역할도 적지 않았다고 본다.

## 김선일 피랍사건 신상정보 보도 논란

김선일 씨 피랍사건은 해외에서 한국인이 테러조직에 납치돼 살해된 충격적 사건이었다. 앞서 이라크에서는 2003년 11월 오무전기 소속 직원 2명이 티크리트 고속도로에서 피격돼 사망했고, 2004년 4월 8일에는 한국인 목사 7명이 피랍됐다 풀려났다. 납치세력이 추가파병을 검토 중인 한국 정부에 한국군 철수를 요구조건으로 내세우면서 김 씨 피랍사건은 국제적 뉴스가 됐다. 이에 따라 바그다드 현지 상황은 물론이고 서울에서 발표되는 한국 정부의 정책 결정과 동향은 곧바로 세계로 타전됐다. 당시 바그다드에는 체류 중이던 연합뉴스, KBS, MBC 특파원 외에도 서울에서 출장 온 기자들은 납치세력의 정체 및 한국대사관의 구출 협상 노력 등을 집중 보도했다.

김 씨 피랍사건에 대한 우리 언론 보도는 그러나 여러 문제점을 노정했다. 특히 김 씨가 석방되지 않은 상황에서 신상정보를 무분별하게 보도해 거센 비판을 받았다. 김 씨가 미군 군납업체 소속의 직원이며, 선교 목적으로 이라크에 갔다는 내용 등이 그대로 보도된 것이다. 기자협회보 (2004)는 "김선일 씨 납치 피살사건을 보도한 신문, 방송, 인터넷 등 대부분의 언론매체들이 무분별한 김 씨의 신상공개와 같은 신중치 못한 보도를 일삼았다"고 비판했다.[204] 기자협회보는 이어 납치 · 유괴 · 인질 사건에서 피해자 신변 보호와 관련한 기자윤리와 보도준칙이 있음을 강조하면서

"우리 언론의 보도 태도 때문에 구할 수 있었을지 모를 소중한 목숨이 희생당한 것은 아닌지 하는 생각이 머리를 떠나지 않았다"고 질타했다.

언론의 보도 행태에 대해 언론학자들도 강하게 비판했다. 최영재(2004)[205]는 "우리 신문은 갑작스럽게 타전된 국제테러에 의한 최초의 한국인 희생자 발생에 적절히 대응할 수 있는 취재 보도 시스템의 부재를 드러냈다"고 지적했다. 이연(2004)도 "테러리스트들에 의해 납치된 김 씨의 생명이 위급한 상황임에도 불구하고, 국내외의 언론 보도는 정확한 사실에 근거하지 않고, 추측이나 의혹, 자극적인 보도에만 치우치고 있었다"고 비판했다.[206] 한국방송영상산업진흥원(2004)은 〈김선일 씨 피랍 관련 초기 TV 뉴스 보도 분석〉에서 "피랍자의 종교, 직업 등 신변안전에 위험요소로 작용할지도 모를 정보를 그대로 노출하고 있는 점은 그 양의 많고 적음을 떠나 피랍인의 안전을 무엇보다도 최우선으로 고려해야 하는 피랍 인질 사건 보도의 기본적인 요건을 고려하지 않은 무책임한 보도"라고 비판했다.[207] 필자 또한 사건 발생 당시 바그다드에 체류하면서 김 씨 피랍과 관련해 신상정보를 담은 보도를 한 바 있어 무한책임을 느끼며 뼈저리게 반성하고 있다.

이연은 "테러 납치사건이 일어나면 언론사는 피랍자의 생사여부나 프라이버시에 대해 가장 많은 보도 유혹을 느끼게 된다"고 전제하면서 이러한 유혹을 자제하는 게 매우 중요하다고 강조했다. 그러면서 ▲국제적인 납치나 인질, 테러 보도는 신중을 기하고 자제하는 게 바람직하며 ▲인질구출 협상 내용이나 과정은 비(非) 보도를 원칙으로 하고 ▲납치, 테러집단은 문제가 해결될 때까지 가능한 한 자극하지 말며 ▲피해자나 피해자 가족 등 개인적인 신상정보에 대한 보도나 해설은 자제되어야 한다고 말했다.[208]

바그다드에서 김 씨 피랍사건을 취재하면서 우리 정부 대응에도 문제가 많음을 파악할 수 있었다. 납치범들이 한국군의 이라크 파병철회를 요구했는데 사건 발생 직후 정부는 국가안전보장회의(NSC) 회의를 열어 파병방침을 재확인했다. 이는 테러세력의 협박이나 위협에 굴복하지 않겠다는 의지 표시로, 테러와의 전쟁에서 물러서지 않겠다는 정부 방침을 재확인한 것이라 할 수 있다. 문제는 이 같은 방침이 외신과 알자지라 방송을 통해 리얼타임으로 이라크에도 알려졌다는 점이다. 납치범들을 자극할 소지가 컸던 만큼 이를 완충시킬만한 사전 정지작업을 해놓은 뒤에 입장을 표명했어야 하는데 그렇지 않았던 것이다. 당시 우리 대사관은 김 씨 피랍사건이 터지자마자 이라크주재 미국 대사관과 미군 및 중앙정보국(CIA)과 접촉해 김 씨 석방을 위한 협조를 요청했다. 또 김 씨가 피랍되어 있을 것으로 보이는 팔루자 지역의 부족 대표와도 접촉을 갖고 구출을 위한 협조를 요청했다. 하지만 김 씨가 피랍된 지 20여 일이 지난 뒤에야 사건이 공개됐고, 대사관도 김 씨 피랍과 관련한 구체적인 정보가 부족한 상황이어서 구출 노력이 본격화되기도 전에 김 씨는 살해된 채 발견됐다.

당시 김선일 씨의 석방 협상을 주도했던 이라크인 변호사도 우리 정부 방침에 비판적인 시각을 보였다.[209] 이라크인 변호사는 2004년 8월 국회에서 열린 '김선일 국정조사' 특위 청문회에 출석해 "납치방송이 나간 뒤, 한국 정부는 파병방침을 재천명했다. 이는 협상단과 이라크인들에게 김 씨를 죽이라는 것과 다름없이 받아들여졌다"면서 파병원칙을 재천명한 한국 정부의 경직된 협상 방식을 지적했다. 이 변호사는 가나무역 고문 변호사로 김천호 사장이 주도한 독자적인 석방 노력에 동참했던 인사여서 김 씨 죽음에 대한 책임을 돌리려는 의도도 있다고 볼 여지도 있지만, 현지의 분위기를 알려준다는 점에서 참고할 만한 가치가 있다고 본다.

우리 정부가 당시 중동에서 강력한 영향력을 발휘하던 알자지라 방송의 메커니즘 등을 제대로 파악하지 못 했다는 분석도 나온다. 김정명(2004)은 2004년 4월 8일 일본의 비정부기구 관계자 등 3명이 팔루자 근처에서 이라크 무장세력에 납치되는 사건과 김선일 납치 사건에 대한 알자지라 방송의 보도를 비교 분석했다.[210] 이 연구에 따르면 알자지라는 일본인 납치사건 보도에서는 납치자들의 심기를 건드리지 않도록 세심하게 배려한 데 반해 김선일 씨 피랍사건을 다루는 기사에서는 그러한 조심성을 전혀 찾아볼 수 없었다. 김정명은 "알자지라 방송은 일본에게는 약이 되었지만, 한국에게는 독이 되었다"면서 "그 원인은 한국 측이 알자지라를 비롯한 중동 언론의 흐름을 제대로 파악하지 못했고 또 유력한 언론인들과의 연결점을 사전에 구축해 놓지 못한 것에서 찾을 수 있을 것"이라고 진단했다. 우리 외교통상부나 중동지역에 나가 있는 외교관들이 평소 중동지역에서 영향력이 큰 알자지라 방송을 상대로 위급상황에 대비해 협조를 요청할 수 있는 인맥이나 관계를 구축하는 노력을 기울이지 못했다는 점을 지적하는 것이다.

한국 외교는 기본적으로 미·일·중·러 등 4강 외교와 북한 핵 문제 해결에 치중하는 행태를 수십 년간 지속해왔다. 이에 따라 중동이나 아프리카 외교는 그야말로 변방에 머물러왔다. 특히 중동외교도 정무와 자원외교가 중심이 되면서 알자지라와 같은 방송사 접촉 등 문화외교나 교민보호 등 영사업무는 상대적으로 소홀히 되어온 게 현실이다. 이에 따라 김선일 피랍과 같은 분초를 다투는 위급한 상황이 발생할 경우 신속하게 대책을 마련하지 못하는 고질적인 문제점을 노정한 것이라 할 수 있다.

감사원도 김 씨가 숨진 이후 이라크주재 한국대사관 등에 대한 감사결과를 2004년 9월 발표했다. 감사원은 〈재이라크 교민 보호 실태〉에 관한 감사결과를 통해서 외교통상부 등 정부 부처의 문제점을 지적했다.[211] 감사원은 "외교통상부는 테러 사건의 경우 피랍자 개인의 신상 보도, 오보성 추측 보도 등은 사태 해결에 악영향을 줄 수 있으므로 언론사의 보도자제 협조가 필요한데도 이를 미요청했다"고 지적했다. 그러면서 외교통상부 장관에게 테러 사건 발생 시 언론에 협조 요청하는 지침을 '테러 관련 재외국민 보호 매뉴얼'에 반영하도록 촉구했다. 보통 해외에서 한국인 피랍사건 등이 발생하면 외교통상부 등 관계 부처는 인질 석방 협상 등을 고려해 언론에 보도자제(엠바고)를 요청하는 경우가 많고, 언론들도 상당 부분 이를 수용해왔다. 하지만 김 씨 사건의 경우 피랍 사실이 외신을 통해서 먼저 알려져 정부가 이에 대비할 여유가 없었던 데다 언론의 신상정보 노출 보도에도 즉각적으로 대응을 못 해 논란은 더욱 증폭됐다고 할 수 있다.

김선일 씨 피랍사건 이외에도 한국인 목사 7명이 이라크 무장세력에 억류됐다 풀려나는 과정에서 일부 언론의 취재 행태가 논란이 됐다. 목사들은 2004년 4월 8일 요르단에서 고속도로를 통해 이라크로 향하다 바그다드 근처에서 무장세력에 납치됐다. 목사 한 명이 탈출해 팔레스타인호텔에서 한국의 모 언론사 취재진을 만나 급박한 사정을 전했다. 이 취재진은 목사 일행을 현지 한국대사관에 인계하지 않고 호텔 방으로 데려가 시간을 끌면서 저녁 뉴스 시간에 맞춰 단독취재를 시도해 논란이 일기도 했다.(연합뉴스, 2017)[212]

제5장
바람직한 전쟁 보도를
위한 제언

앞에서 살펴본 것처럼 우리 언론은 한성순보 시기부터 전쟁에 관해 높은 관심을 갖고 보도해온 전통을 갖고 있다. 기자들은 생명의 위험을 무릅쓰고 전쟁이나 분쟁지역에서 진실을 전하기 위해 노력했고 이 과정에서 일부 종군기자들은 귀중한 생명을 잃거나 부상을 입기도 했다. 한국 언론의 전쟁 보도는 그러나 저널리즘 기본원칙의 측면에서 볼 때 여러 가지로 보완해야 할 과제들이 적지 않다. 전쟁이나 분쟁지역 취재 보도 과정에서 개선돼야 할 과제들이 무엇인지 전문가들의 의견을 살펴보자.

## 열악한 환경 극복을 위한 사전준비와 연수강화

전쟁이나 분쟁지역은 취재기자들이 위험에 대거 노출될 수 있는 특수한 환경이다. 자연재해나 대형 사건·사고 현장에도 많은 위험이 도사리고 있지만, 전쟁지역은 생명의 위협을 받을 수 있을 만큼 열악하다. 국제기자연맹이 펴낸 《전장에 선 기자─위험지역 취재 가이드북》은 전쟁이나 분쟁지역의 특수한 위험성을 다음과 같이 설명한다.[213] 우선, 총탄 등이 날아다니는 현장이나 지뢰 등의 위험이 상존하는 현장에서 취재를 해야 하고, 정치적 목적 등 어떤 이유로든 유괴나 납치의 표적이 되거나 극단적 테러세력에 의해 참수되는 비극의 위험성도 있다. 또 폭동이나 과격한 시민항쟁, 혹은 시위도 상황이 걷잡을 수 없이 악화될 수도 있어 위험할 수 있다. 이 가이드북은 "안전은 언론인에게 꼭 지켜야 할 의무가 아니라 꼭 필요한 자산"이라며 안전에 관한 지속적인 관심을 당부한다.[214]

전쟁지역 취재기자들은 신변안전을 보장할 수 있는 다양한 안전장비 등을 갖춰야 한다. 하지만 취재기자들의 안전을 보장하기 위한 취재 지원 시스템은 원시적인 수준에 머물고 있는게 우리의 현실이다. 김재명(2010)은 헬멧, 방탄복, 방독면을 비롯한 보호장비도 중요하지만 '사전준비'가 더 중요하다고 강조한다.[215] 위험지역에 대한 상세한 정보를 숙지하고, 현지 취재 도중 비상사태가 일어날 경우 대처방법 등을 미리 고려하라고 조언한다. 특히 BBC, CNN 등 국제적인 메이저 언론사의 '위험지역 취재 매뉴얼' 등을 참고로 해서라도 안전교육을 의무화할 필요가 있다고 말한다. BBC는 1991년 유고슬라비아 내전을 취재하던 기자가 희생된 사건을 계기로 취재보다는 안전이 우선이라는 원칙을 세워놓고 '센츄리언 리스크 서비스'라는 외부업체에 위탁해 교육을 실시하고 있다.(신윤진, 2004)[216]

국내에서는 한국언론재단이 2004년 센추리언 리스크 서비스와 로이터재단 등에 위탁 교육을 실시했다. 또 2008년 유엔난민기구와 공동으로 태국에서 '위험지역 취재 보도 현장교육'을 실시했지만, 그 이후에는 종군 취재에 대비한 연수는 이어지지 않고 있다.(홍은희 · 이승선)[217] 위험지역 취재 연수는 전쟁이나 테러 사건 등이 발생했을 때 갑자기 마련되는 경우가 많아 정작 현장에 투입돼야 할 기자는 연수를 받지 못한 채 출발하는 경우가 많다. 필자도 2004년 3월 초 바그다드 순회특파원으로 내정된 이후 언론재단이 마련한 센추리언 리스크 서비스의 위탁 교육에 참가하는 방안을

이라크전 종군기자 훈련에 참가한 기자들이 2003년 2월 21일 경기도 광주 특전교육단에서 화생방 훈련을 받고 있는 모습

적극 검토했으나 바그다드에 나가 있던 박세진 특파원과의 교대 시한이 임박해 포기해야 했다. 그나마 아랍어 강좌를 한 달 정도 수강해 '앗살라무 알라이쿰'('당신에게 평화가 깃들길 바란다'는 의미의 아랍어 인사) 정도의 생존 인사말 정도를 배우고 떠날 수 있었다. 한국기자협회나 한국언론진흥재단은 매년 한 차례씩이라도 이런 위험지역 취재 보도 연수를 실시하고 아랍어 등 특수어 강좌도 개설해서 언론인들이 평소에도 전쟁 보도에 대비한 준비를 할 수 있도록 지원을 할 필요가 있다고 본다.

전쟁지역에서 취재기자들이 무모하게 과욕을 부리며 취재하는 행태도 화를 부를 수 있다. 국내 언론사의 조직 문화는 남성주의 문화가 지배하는 경향이 있고, 위험을 마다하지 않고 취재하는 것을 칭송하는 분위기도 있다.(홍은희 이승선, 2012)[218] 김헌식은 "위험을 무릅쓰고 적극적으로 취재하는 것도 좋지만 자신의 목숨과 바꿀 만큼 소중한 것은 결코 없다는 사실을 명심하라"면서 "취재 과정에서 과욕을 삼가라"고 당부한다.[219] 국내 언론사 간 과잉 경쟁의식도 경계해야 할 요소 중 하나로 지적된다. 실제로 전쟁지역 등에 파견된 기자들은 특종을 의식해 자신의 동선을 동료 기자들에게 비밀에 부치는 경우도 적지 않다. 유신모(2004)는 "동료 기자와 경쟁하지 말고 친구가 되라는 것은 위험지역에서 활동하는 모든 기자가 지켜야 할 수칙"이라고 강조한다.[220] 만약의 사태에 대비해 취재 동선과 행선지를 동료에게 알려두는 게 필요하다는 것이다.

현지 사정을 잘 아는 가이드나 취재보조원인 스트링어를 고용해 도움을 받는 것도 위험을 줄이는 방법 중 하나이다. 필자도 바그다드 체류 당시 후세인 정권에서 공보담당 관리를 지낸 무라드 씨를 가이드 겸 통역으로 채용해 도움을 받았다. 그는 고속도로 검문소 등을 통과할 때는 차라리 북한 또는 중국에서 왔다고 말을 하라고 조언했다. 미국의 이라크 침공에 반대한 중국 등에 대한 이라크인들의 우호적인 감정을 고려한 조언이었다.

## 전쟁 보도 취재시스템 개선–전문인력 육성

전쟁 관련 뉴스가 외신에 과도하게 의존하고, 서구에 편향된 시각으로 보도되는 관행도 개선해야 할 중요한 과제 중 하나이다. 김성재(2003)는 이라크전쟁 사례 분석을 토대로 개선책을 몇 가지 제시했다.[221] 그는 우선 과열 경쟁으로 인한 비롯된 미디어의 상업화와 전쟁 장면의 극화는 지양되어야 한다고 주장한다. 특히 디지털화된 영상을 이용한 전쟁 상황의 게임화, 오락화는 전쟁의 본질을 왜곡시킬 수 있다고 비판한다. 또 균형적인 보도를 위해 전쟁 당사국의 미디어 보도에 지나치게 의존해서는 안 되며, 동시에 정보원이나 취재원의 출처를 반드시 밝히는 자세가 필요하다고 강조한다. 분쟁취재 전문인력의 육성도 중요한 숙제로 제기된다. 전쟁취재는 낯선 환경에서 상당한 위험을 감수해야 하는 만큼 상당한 배경 지식과 노하우가 필요하다.(이민주, 2009)[222] 그런 맥락에서 분쟁취재 전문인력 양성이 절대적으로 필요하며, 이를 위해 언론사들이 분쟁지역 취재를 담당

할 기자를 선발해 사전에 위험지역 취재 연수를 받게 하며 대비를 할 필요가 있다는 것이다.

필자가 바그다드에 체류하면서 느낀 교훈 중 하나는 이제 우리 언론도 전쟁지역에 기자나 특파원을 보냈다는 점에 자족할 게 아니라 현지에서 어떤 시각에서 어떤 보도를 할 것인지에 좀더 초점을 맞춰야 한다는 점이다. 전쟁이나 분쟁지역에 특파원 등을 파견하면 거창한 제목을 달고 자사 홍보를 한다. 하지만 서구 언론들은 현지에 먼저 도착하는 데 신경을 쓰기보다는 어떤 시각에서 전쟁을 바라보고 어떤 메시지를 전달할지를 더 고민하고 관심을 쏟는다. 전쟁터에 기자를 보냈다는 사실 하나만으로 생색을 내려는 구태는 이제 졸업할 때가 됐다.

전쟁 상황을 미국이나 서방의 시각이 아니라 우리 시각에서 접근하고 전달해야 한다는 측면에서는 국가 기간통신사인 연합뉴스의 역할도 중요하다고 본다. 연합뉴스는 2004년 이라크전쟁이 계속됨에 따라 바그다드에 지국을 개설하고 순회 종군 특파원을 파견해 이라크 저항세력의 공격과 미국의 이라크 점령정책 등을 우리 시각에서 보도했다. 김선일 씨 피랍 살해 사건으로 현지 치안 사정이 악화되고 정부가 이라크를 여행금지 국가로 지정해 순회특파원 제도는 중단됐지만 이를 부활하는 방안을 검토해 볼 필요가 있다. 단기적으로는 카이로, 테헤란 등 중동지역 특파원들이 주기적으로 바그다드를 방문해 순회 취재를 하는 방안이라도 검토해야 한다고 본다.

국제적인 분쟁이나 내전 및 테러 사건이 빈발하는 중동지역에 정통한 전문기자를 양성해야 한다는 제안도 나온다. 이창호(2009)는 김선일 피랍 사건 등을 보도하는 과정에서 사건의 배경 등을 제대로 전달하지 못한 이유는 중동지역에 대한 전문성이 부족하기 때문이라고 진단하고 지역전문가 양성과 중동지역 역사와 문화를 알릴 수 있는 프로그램의 개설을 주장한다.[223] 기자협회 등 언론단체들도 중국이나 베트남 등 동남아에 치우친 기자 교류를 알자지라 방송 등 중동지역으로 확대해 나가는 방안도 검토해 봄 직하다.

한국 언론의 구태 중 하나는 외신기사를 번역한 뒤 현지에 가 있는 기자나 특파원이 취재해 쓴 것처럼 이름을 달아주는 행태이다. 아주 잘못된 관행으로 현지에서 고생하며 취재를 하는 종군기자나 특파원의 신뢰에도 먹칠을 하는 구습이다. 이를 막기 위해 전쟁 보도에 있어서 정보원이나 취재원의 출처를 반드시 밝히는 게 필요하다는 견해도 나온다.[224] 또 지상파 방송의 전쟁뉴스 보도에서 정보원이나 취재원의 출처를 알 수 없는 보도가 상당히 많은 점을 지적하면서 외신 크레디트를 밝히는 것을 규정하는 프로듀서 제작강령의 제정이 필요하다는 주장도 나왔다.[225]

## 평화 저널리즘 지향점을 참고하자

전쟁 보도가 주로 폭력과 파괴적인 측면 그리고 승패에 초점을 맞추는 보도 행태를 개선해 나가야 한다는 주장도 나오고 있다. 특히 평화 저널리즘의 원칙을 참고로 해보자는 제안을 우리 언론은 검토해볼 필요가 있다. 이창호(2007) 등은 전쟁 보도가 지나치게 선정적이고 편향돼 있다는 반성에 기초해서 새로운 형태의 전쟁 보도를 모색하는 차원에서 나온 평화 저널리즘 원칙에 대한 진지한 검토를 제안한다.[226] 이를 구체적으로 보면 정치엘리트와 군 수뇌부에 초점을 맞추지 말고, 시민 지향적인 전쟁 보도를 추구하고, '악랄한', '야만적인' 등의 악의적인 용어와 '대량학살'과 같은 감정적 단어의 사용을 지양하며, 분쟁의 원인과 결과를 설명하라는 원칙들을 새겨보자고 강조한다.[227] 그는 외국 학자인 애너벨 맥골드릭과 제이크 린치(Annabel McGoldrick & Jake Linch)가 주장하는 평화 저널리즘의 원칙을 상세하게 소개한다. 참고 삼아 살펴보면 다음과 같다.[228] ▲전쟁 보도에 미리 대비하라 ▲전쟁의 보이는 영향뿐 아니라 보이지 않는 영향도 보도하라 ▲시민 지향적인 전쟁 보도를 하라 ▲분쟁의 원인과 그 결과를 설명하라 ▲선과 악의 편으로 나누지 마라 ▲비당파적이 되라 ▲악의적 용어를 지양하고 감정적 단어를 삼가라

김헌식(2012)도 노르웨이 사회학자 요한 갈퉁(Johan Galtung)이 제시한 전쟁 보도에 있어서 평화 저널리즘 행동강령을 소개하는데 다음과 같다.[229] 첫째, 평화정착을 위한 노력을 집중 보도하라. 둘째, 종족 간, 종교 간 차이점을 부각시키지 마라. 셋째, 향후 분쟁이 재발하는 것을 막아라. 넷째, 분쟁의 종식과 국가재건 노력, 그리고 분쟁 당사자들 간의 화해를 증진시키도록 노력하라는 것이 핵심 내용이다. 그는 다만 평화 저널리즘의 한계도 동시에 지적한다. 평화 저널리즘이 서방 언론들로부터 강력한 비판을 받은 이유로 전쟁특파원이 목격한 사실을 그대로 보도하기보다 평화정착이라는 특수한 목적을 위해 특정 논리를 내세워 보도하는 것은 언론보도의 대원칙인 '객관성'이나 '중립성'을 저버리는 것이기 때문이라고 분석한다.[230]

평화 저널리즘은 이같은 한계에도 불구하고 전쟁 과정에서 소외되고 고통받는 시민을 우선시하고, 객관적이고 절제 있는 보도를 지향하는 등 기존 전쟁 보도의 문제점을 극복할 수 있는 단초를 많이 제공하고 있다. 특히 전쟁으로 인해 많은 피해를 보면서도 제대로 조명을 받지못하는 어

북한의 연평도 포격도발 사건이 발생한 2010년 11월 23일 국방부에서 합참 관계자가 브리핑을 하는 모습

린이와 여성문제 등도 적극 보도하라는 주문이나 악의적이고 감정적인 단어 사용을 지양하라는 주문 등은 우리 언론이 좀 더 세심하게 참고할 필요가 있다.

## 안보위기 시 보도준칙의 구체화 필요

국지적 도발 등 국가안보 위기상황에서는 언론의 부정확한 보도나 오보 등을 막기 위한 제도적 장치도 필요하다. 이를 위해 먼저 국방부나 군 당국의 비밀주의부터 시정돼야 한다. 군 당국이 국지적 도발 등이 발생했을 때 언론이 필요로 하는 정보는 제공하지 않은 채 차단에만 신경을 쓸 경우 추측성 보도나 오보가 나올 수 있음을 연평도 포격 도발 사건에서 목격했다. 이러한 문제의 재발을 막기 위해서는 우선 군 당국이 공개할 정보와 그렇지 않은 정보를 명확히 구분할 필요가 있다. 그런 맥락에서 합참에서 '진돗개 하나'(국지도발 최고 대비태세)를 발령하는 국지전 발발 시에 대

비한 '취재 보도 가이드라인'을 제정할 필요가 있다는 제안도 나왔다.(김귀근, 2011)[231]

국방부와 한국기자협회는 2012년 9월 '국가안보 위기 시 군 취재 · 보도 기준'에 합의 서명했다.(연합뉴스, 2012)[232] 이는 북한의 국지도발이 발생했을 경우 군의 취재 지원과 언론의 작전보안 준수 의무를 규정한 것이다. 그동안 북한의 국지도발 등이 발생하면 군과 언론 간에 많은 갈등이나 대립이 발생했다는 점에서 이러한 기준이 마련된 것은 다행이 아닐 수 없다. 다만 이 취재 보도 기준은 국가안보 위기상황에서 군과 언론의 일반적인 협력 관계를 규정해 놓았고 추상적인 내용이 많다. 국방 당국과 언론단체는 추가적인 협의를 통해 세부적인 내용을 보완해 구체적인 보도 가이드라인이나 준칙으로 발전시켜 나갈 필요가 있다.

전쟁 보도 특히 우리 군이 참전한 전쟁이나 분쟁 등에 관한 보도에서는 애국주의 보도 경향을 최대한 경계하고 균형을 잡도록 해야 한다는 주장도 제기됐다. 안병찬(2004)은 전쟁저널리즘을 호전적 애국주의, 전쟁을 국외자의 입장에서 보도하는 저널리즘, 목숨을 아끼지 않고 전쟁 보도를 하는 카파주의 저널리즘 등 세 가지로 분류한다.[233] 그러면서 "우리 언론이 징고이즘을 드러낸다고 말할 뚜렷한 증거는 없으나, 어쨌든 애국주의에 너무 함몰되는 것은 문제가 있다고 본다"면서 그것들을 검증하고 균형을 잡아 나갈 필요가 있다고 강조했다.(108쪽) 과거 한국전이나 베트남전쟁 보도에서 우리 언론은 애국주의 보도 경향을 짙게 드러내기도 했고 특히 한국전 초기 정부의 거짓 발표 내용을 그대로 보도하는 과오를 저지른 적도 있는 만큼 이를 경계하자는 원로 언론인의 당부는 되새겨 볼 필요가 있다.

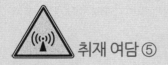 취재 여담 ⑤

## 쿠바 관타나모 수용소와 해리포터[234]

필자는 미국 애틀랜타 특파원으로 활동하면서 이라크전쟁에 관해서도 계속 관심을 갖고 취재를 시도했다. 미국 남부와 카리브해 인근 지역에는 이라크전쟁과 관련이 있는 미군기지나 시설들이 산재해 있다. 대표적으로 플로리다주 탬파에 있는 미 중부군사령부(CENTCOM)는 아프간전과 이라크전을 총괄 지휘하는 사령부이다. 2011년 4월 중부사에 파병된 한국군 협조단을 취재하면서 CENTCOM 사령부도 취재할 수 있었다. 사령부 곳곳은 야자수 나무로 조경이 된 가운데 초현대식 건물로 이뤄져 군 기지라는 느낌을 전혀 받을수 없을 정도였지만 이라크 등에서 미군 전사자가 나올 경우 조기가 게양된다고 했다.

쿠바 관타나모 수용소는 이라크전에서 생포된 핵심 저항세력 요원이나 테러범들이 수용된 핵심 시설이다. 수용소는 적국인 쿠바로부터 임차한 땅에 있고 테러 용의자를 수용하는 핵심 보안시설이라 미군과 가족들에게만 방문이 허용됐다. 기자들이 이곳을 취재하려면 수용소에서 열리는 군사재판 취재를 위해 출장을 가거나 아니면 수용소를 담당하는 미군 합동태스크포스(JTF–GTMO)의 허가를 받아야만 했다.

관타나모 합동태스크포스의 공보 담당자에게 이메일을 보냈더니 취재 목적과 소속 언론사의 보증은 물론이고 기자가 그동안 보도한 기사 포트폴리오를 요구했다. 거의 한 달여간의 까다로운 심사를 거쳐서 어렵게 취재 허가를 받았다. 미군 당국 입장에서는 태평양 건너 낯선 한국 기자가 취재 신청을 했으니 별로 관심을 두지 않을 수도 있었겠지만 2004년 이라 크전쟁을 취재한 경력이 그래도 취재허가를 받는 데 도움이 되지 않았나 생각된다. 출발에 앞서 수감자나 경비병의 얼굴이 나오는 사진은 촬영할 수 없으며 민감한 사진 등은 사전검열을 받아야 한다는 내용 등 13페이지 에 달하는 관타나모 기지 미디어 기본준칙(Media Ground Rules for GTMO) 에 서명을 했다. 이 기본준칙은 수용소를 방문하는 동안 수감자들과 대화 를 하거나 글 또는 기타 어떤 방법으로든 소통을 시도해서는 안 되며, 수 감자가 기자의 출현으로 인해 불안해하거나 동요할 경우에는 기자에게 현 장에서 떠나도록 요구할 수 있다는 규정도 포함돼 있다. 수용소에서 취재 하는 과정에서도 매일 저녁 취재가 끝나면 안내를 해준 와이오밍주 방위 군 소속인 미군 병사에게 카메라 필름을 꺼내 보안시설을 촬영한 사진은 없는지 확인을 받고서야 기지 밖으로 나올 수 있었다.

2011년 4월 25일 플로리다주 포트 로더데일(Fort Lauderdale)에서 선 샤인 항공의 30인승 소형 항공기를 타고 세 시간 비행 끝에 관타나모 리워 드 포인트 공항에 도착했다. 섬 중앙의 산꼭대기에는 전기를 공급하는 4 개의 풍력발전 터빈용 바람개비가 돌고 있었다. 현역 군인과 가족 및 군납 업자들이 주요 거주자이고, 필리핀 건설 근로자들까지 합하면 대략 인구 는 6천여 명이었다. 관타나모 기지는 미국 정부가 100여 년 전부터 쿠바 로부터 영구 임차해 사용 중인 기지로, 미 해군의 해외 기지 중 역사가 가 장 오래됐다. 테러 용의자 수용소는 기지 남동쪽 해변에 자리 잡고 있다. 2002년 1월 아프가니스탄 전쟁에서 체포된 알카에다 요원 20명이 처음 이곳에 도착하면서 테러범 수용소로서의 역사가 시작됐다. 첫 수감자들 이 수용됐던 북동쪽의 캠프 X-레이는 폐쇄돼 잡초만 무성했고 남동쪽에

쿠바 관타나모 수용소 전경

위치한 캠프 델타가 핵심 시설로 사용되고 있다. 필자는 3박 4일간의 방문 기간에 '매우 위험한 테러 용의자'들을 독방에서 관리하는 캠프5를 비롯해 수용소 전반을 둘러봤다. 오렌지색 수의를 입은 수감자들도 먼발치에서나마 볼 수 있었다. 캠프6의 일부 수감자는 유리창을 통해 내부를 들여다보는 기자를 개의치 않고 TV를 시청했다. 수감자들에게는 40여 개국 언어로 된 코란이 제공되고, 아플 경우 최신 시설을 갖춘 병원에서 미군과 같은 치료와 진료 서비스를 받는다. 도서관에서 가장 인기 있는 책은 아랍어로 된 '해리포터'라고 한다. 수용소가 있는 미군기지와 쿠바 영토를 가로지르는 국경선을 따라 선인장과 함께 5만5천 개의 지뢰가 심어져 한국의 비무장지대(DMZ) 다음으로 지뢰가 많은 곳이었지만 빌 클린턴 행정부 시절 대부분 제거됐다. 미군과 쿠바군의 대령급 대표가 매달 정기적으로 회담을 갖고 우발적인 충돌이 발생하지 않도록 협의하는 모습은 마치 판문

점에서의 남북군사회담을 연상시켰다.

　해외에서 전쟁이나 재난 현장을 취재하다 전혀 예상하지 못했던 인사들로부터 도움을 많이 받았다. 그중 한 그룹이 주한미군 출신 인사들이다. 관타나모수용소 취재 때 만난 미군 군의관은 1995년 서울 용산 미군기지에서 근무하고, 1997년 대한항공기 괌 추락사고 때는 괌 해군기지 병원에서 한국인 환자를 치료한 경험이 있다고 소개했다. 수용소에서 만난 미군 병사 중에서도 한국 기자를 보고는 자신도 한국에서 근무한 경험이 있다고 설명하며 친절하게 맞아줬다. 2004년 6월 바그다드 순회특파원 시절에는 북부 모술에 있는 미군 기지를 방문했다가 우연히 한국계 윈클러 중위를 만나 내무반도 둘러볼 수 있었다. 2인 1조로 사용하는 미군 내무반은 비록 컨테이너 막사였지만 방별로 에어컨 시설이 모두 갖춰져 있었고, 인근에는 국제전화장, 인터넷 룸, 영화관까지 있어 초강대국 미국의 힘을 엿볼 수 있었다. 애틀랜타에 체류할 당시에는 이라크전쟁에 투입될 미군의 동원과 훈련, 배치 업무를 수행하는 육군전력사령부(FORSCOM)를 방문했다. 당시 찰스 캠벨 사령관은 2006년 2월까지 3년여간 미8군 사령관으로 근무하였던 지한파 장성이었다. 부사령관인 조지프 피터슨 중장도 주한미군 2사단에서 장교 생활을 했다.

제6장

# 재난 보도와 한국 언론

## 위험 도사린 재난취재 현장

　전쟁·분쟁 지역뿐만 아니라 지진이나 쓰나미, 폭발사고 현장 등 대형 재난재해 현장도 취재기자에게는 위험한 요소가 많다. 지진이 발생한 곳에는 여진이나 건물의 추가 붕괴위험이 있고, 태풍이나 쓰나미가 휩쓸고 간 지역에는 전염병이 발병할 소지도 있다. 원자력 발전소 사고 현장에는 방사성 물질 유출이나 오염 가능성도 배제할 수 없다. 실제로 2011년 3월 11일 동일본 대지진 발생 직후 후쿠시마 제1원자력발전소의 폭발로 방사성 물질이 유출되는 사태가 발생했다. 당시 일본에 파견된 한국 취재진은 갑자기 발생한 원전사고와 방사성 물질 유출로 혼란과 공포에 빠지게 됐다.(최이락, 2011)[235] 귀국한 취재진 가운데 KBS, MBC, 연합뉴스 등 3개 언론사 취재진 30여 명에게서 염색체 이상이 나타난 것으로 파악됐다.(한국기자협회보, 2011)[236] 염색체 이상이 나타난 언론인 중 상당수는 매년 정밀진단을 받고 있고, 2019년 말 현재까지 별다른 이상은 없는 것으로 파악되고 있어 다행이 아닐 수 없다.

　2017년 7월 EBS 다큐멘터리 프로그램 제작을 위해 남아프리카공화국에 출장 간 박환성 · 김광일 등 독립 피디 2명이 교통사고로 숨졌다.[237] 특수한 위험이 내포된 현장에서 취재 도중 숨진 사례도 있다. 1999년 9월 14일 히말라야 칸첸중가봉 등정 생중계를 위해 현지에 파견됐던 KBS 현명근 기자가 눈사태로 숨졌다.[238] 2004년 12월 26일 인도네시아 반다아체 앞해안에서 규모 8.9의 초대형 지진과 함께 쓰나미가 발생해 인도양 연안에서 28만 명 이상이 사망했다. 피해가 가장 큰 반다아체에 투입된 기자들은 어렵게 현장에 도착했지만, 해안 도시 전체가 거대한 무덤으로 변한 상황에서 시신 썩은 냄새 등으로 갖은 고생을 다했다.(권영석, 2017)[239]

국내의 재난 현장을 취재하다 희생된 기자들도 있다. 1993년 전남 해남 아시아나항공 여객기 추락사고를 취재하고 광주로 귀사하던 무등일보 박경완 사진기자가 교통사고로 숨졌다.[240] 또 2010년 8월 11일 부산 민락 어촌계 방파제에서 태풍피해 상황을 취재하던 KNN의 손명환 카메라 기자도 파도에 휩쓸려 순직했다. 한국사진기자협회 광주전남지회는 2006년부터 '박경완기자상'을 제정해 시상하고 있다.

재난재해 현장에는 각종 위험요소가 산재해 있지만, 우리 언론은 보호장비 등 안전대책을 제대로 강구하지 않은 채 기자를 현장에 투입하는 관행에서 못 벗어나고 있다. 현장에 도착하기까지 항공편과 숙소 예약 등을 기자들 스스로 해결해야 하는 경우도 적지 않다. 취재 중 부상을 당할 경우에 대비한 보험문제나 출장 이후 트라우마에 관한 대책도 제대로 갖춰진 언론사가 많지 않다. 홍은희(2012)는 우리 언론의 위험지역 취재 관행에 대해 "극도로 열악한 현지 환경에서 기자 자신의 생존을 위한 일상에서부터 취재, 송고 등 업무 전반을 홀로 해결하며, 타 언론사와 차별화를 꾀하기 위해 통제선 등 행정지도를 무시하고 취재에 임하며, 그날그날 기삿

일본 후쿠시마 원전사고 1년 7개월 뒤인 2012년 10월 후쿠시마 1원전 4호기 앞에서 취재중인 연합뉴스 이충원 도쿄 특파원의 모습

감을 마련해 송고하는 것으로 나타났다"고 분석했다.[241]

　　동일본 대지진을 취재하던 언론인들은 후쿠시마 원자력발전소 폭발사고를 예상하지 못한 탓일 수도 있지만 방사성 물질 농도를 측정할 수 있는 선량계도 지참하지 않은 채 취재에 나섰다. 일본 연수자 등 일본 취재경험이 있는 기자를 우선적으로 선발했지만 일본어를 못하는 사건 기자를 현지에 파견한 경우도 있었다. 일본어로 된 위험경고판을 이해하지 못해 위험에 처할 뻔한 사례도 있었다는 증언이 나올 정도였다.(최이락, 2011)[242] 당시 현지에서 취재한 지상파 방송사 프로듀서는 취재 과정에서 느낀 공포감을 다음과 같이 기술했다.(강민승, 2011)[243]

　　"후쿠시마 원전의 상황은 점점 더 악화돼 가고 있었고, 지진도 수시로 찾아와 취재진은 공포에 떨었다. 우리를 괴롭혔던 건 현지상황으로 인해 취재가 미

진하면 어쩌나 하는 부분이 아니었다……. 우리를 진짜 두렵게 했던 건 이러다 정말 죽을 수도 있겠다는 원초적 공포였다."

당시 보름간 일본에서 지진 피해를 취재한 일간지 기자의 취재기를 보자.[244] 그는 대지진이 발생한 다음 날인 3월 12일 일본으로 가는 비행기 중 가장 빠른 비행기 편으로 후쿠시마 공항에 도착했다. 이후 그는 준비 부족으로 약 48시간을 택시기사가 준 비스킷 한 통, 손가락만 한 롤 케이크 5개로 버텨야 했다고 고백했다. 대형 지진을 취재하러 갈 때는 도로가 파괴돼 물자공급이 원활치 않고, 편의점 음식도 모두 동이 나는 경우에 대비해 반드시 물과 음식을 사전에 준비해야 한다는 조언을 빼놓지 않았다. 그는 또 당시 동행했던 일본 아사히신문 기자의 사례를 거론하며 사전 준비의 중요성을 강조했다. 아사히신문 기자는 부상에 대비해 장화를 꺼내 신고, 주위의 높은 산등성이를 확인해 쓰나미 발생 시 대피 장소로 설정해 놓더라는 것이다. 또 같이 타고 간 택시 운전사에게 명함을 건네면서 7~8시간 이후에도 돌아오지 않을 경우 회사에 전화해 달라고 당부를 했다고 한다.[245]

반다아체 강진과 쓰나미 현장에 투입됐던 한 기자는 고생고생 끝에 현장에 접근하는 데 성공했지만, 정전과 통신 마비로 기사를 송고할 수 없었다. 결국, 함께 취재 중이던 글로벌 통신사 소속 기자의 위성 전화를 잠시 빌려 쓴 경우도 있다고 고백한다.[246] 사전에 통신 마비 등의 어려운 환경에 대비해 위성 전화 등을 준비해 가야 하지만 가격이 비싼 위성 전화를 상시 구비해 놓는 언론사는 많지 않다.

## 한성순보, 창간호부터 장마 · 태풍피해 보도

　　자연재난에 관한 보도가 본격적으로 시작된 시기는 언제일까? 학자들은 과학 저널리즘이 저널리즘의 영역으로 본격적으로 간주된 시기를 1830년대로 본다. 당시 미국의 상업적 신문인 페니 신문(penny press)이 1833년 미국 동부에서 발생한 대운석 낙하(great meteor storm) 사건을 크게 보도한 것을 과학 저널리즘의 시작으로 본다.(진달용, 2015)[247] 우리나라에서 발생한 자연재해와 관련해서는 사료나 문헌에도 기록이 남아있다. 한 예로 우리나라 최초의 해일은 '고려사'와 '증보문헌비고'에 나타난 1088년 5월에 발생한 해일이다. 또 조선왕조실록에는 조선 시대 발생한 해일 기록이 있다.(이상균, 2019)[248]

　　이러한 자연재난이 언론에서 본격적으로 다뤄진 것은 최초의 근대신문인 한성순보 때부터 인 것으로 분석된다. 한성순보는 1883년 10월 1일(음력)부터 통리아문 박문국에서 월 3회 발간했다. 국민들에게 세계정세를 알리고, 선진국가의 제도와 과학지식을 소개해 나라를 문명개화의 단계로 이끌어 보려는 목적에서 창간했다.(정진석, 2013)[249] 발행 부수가 매호 3천 부로, 당시로는 적지 않은 규모였다. 한성순보 창간호는 황해도 지역의 장마 피해와 전라남도 해안의 태풍피해 사실을 보도했다.(진달용, 2015)[250] 그 내용을 한성순보 영인본을 통해 구체적으로 살펴보자. 두 기사는 각각 임금의 지시를 기록한다는 의미인 '칙유공록(勅諭恭錄)' 그리고 관리가 지방에 내려가 민정을 파악하고 올린 보고라는 뜻인 '전감장계(全監狀啓)'라는 설명을 달고 시작한다.(한성순보 영인본, 1쪽)[251] 이는 당시 한성순보가 현재와 같은 신문기사체가 아니라 관공서의 공문서 형식으로 발행됐음을 보여준다.

"칙유공록(勅諭恭錄)〔2〕 동월 13일 황해감사 심동신이 해주·문화 두 고을에 장마가 져서 인가가 떠내려가고, 쓰러졌으며, 민명(民命)도 압상(壓傷) 당했음을 치계(馳啓)하니, 상(上)이 정부에 칙유(勅諭)하기를『지금 해백(海伯)의 장계(狀啓)를 보건대 각 읍에 떠내려가고 쓰러진 민호와 피해가 있은 전답이 매우 많다니, 가난한 백성들이 성난 흙탕물 속에서 갈 곳을 잃고, 방황하고 있음을 생각하매 잠자리가 편치 못하고 마음을 어떻게 안정시켜야 할지 모르겠다. 안악군수 김문현을 위유사(慰諭使)로 특차하노니 지방관과 함께 방방곡곡을 두루 돌면서 백성들을 위로하고 안집(安集)시켜 한 백성도 이산하는 슬픔이 없도록 하고, 원(元) 휼전(恤典) 이외에 영읍에서도 각별히 돌보아 집을 짓고 다시 들어가 살 수 있게 할 것이며, 압사한 사람의 장례 절차는 전례에 구애하지 말고 조급(助給)할 뿐만 아니라 만약 생전에 신환포(身還布)가 있을 경우 모두 탕감할 것이다. 그리고 돈 5천 냥을 특별히 하사하니 실정에 맞도록 나누어 주어 조가(朝家)에서 민휼(悶恤)하는 뜻을 보이라』고 하고, 조당에서는 공문을 작성하여, 행회(行會)하게 하였다. 삼가 기록한다."

또 전남 무안에서 발생한 태풍피해에 대해 다음과 같이 보도했다.(한성순보 영인본)[252]

"전감장계(全監狀啓)〔2〕 동월 20일 감사 김성근이 무안의 전세를 실은 배 한 척이 무장현 부근 동호 뒷바다에서 침몰한 건 때문에 부안 현감 조동협을 시켜 그 포구로 가 정형(情形)을 자세히 조사하게 하였던바, 본선이 3월 17일 경사(京司)에 바쳐야 할 쌀과 콩 8백여 석을 싣고 4월 19일 위도진의 형제도 앞바다에 정박하고 있었는데, 그날 밤 큰 비바람에 거센 파도가 일어 배가 심히

흔들리고 돛대가 부러지면서 끝내 전복되는 바람에 격군(格軍) 세 명이 물에 빠져 숨지고, 곡식도 겨우 여섯 포만을 건졌다는 사실을 치계(馳啓) 하였다."

최초의 근대신문 한성순보가 창간호에서 장마와 태풍으로 인한 피해를 집중 보도한 만큼 우리 언론의 재난 보도의 효시로 볼 수 있을 듯하다. 자연재해에 관한 우리 언론의 관심은 일제 강점기에서도 이어졌다. 1923년 9월 1일 일본 도쿄 등 관동지방에서 진도 7.9의 강진이 발생했고, 일제는 민심 수습을 위해 조선인 폭동설을 유포해 6천여 명의 조선인을 학살했다. 당시 상해 임시정부 기관지 '독립신문'은 지진 발생 3일 후인 9월 4일 지진 피해에 관한 호외를 발행했고, 이후 특파원을 일본에 파견했다.(정운현, 2018)[253] 1925년 한강 유역에서 4차례에 걸친 을축년 대홍수가 발생해 전국에서 사망자가 647명에 달했다. 당시 조선일보와 동아일보는 호외를 발행하며 치열하게 사세 경쟁을 했다.(정운현, 2018)[254] 1934년 7월 영산강 유역과 김해지역 등 삼남 지방에 수재가 발생했을 때는 조선일보가 우리 언론 역사상 처음으로 일제 살무손 2A2형 쌍엽기라는 항공기를 투입해 수해상황을 보도했다.[255]

조선일보는 또 1936년 8월 취재기자와 학계 인사 등으로 백두산 탐방단을 구성해 11박 12일간 백두산을 탐험했다. 백두산 정상 등정 소식을 신속하게 보도하기 위해 귀소본능이 강한 비둘기를 이용했다. 정상에서 작성한 기사를 비둘기 다리에 붙들어 매어 날리면 130km 떨어진 함경북도 무주로 날아갔고, 거기서 대기하던 기자가 전화로 경성 본사로 송고했다. 백두산 탐방기를 독자들에게 신속하게 전달하기 위해 비둘기의 귀소본능에 착안한 전서구(傳書鳩) 통신을 활용한 셈이다.[256]

대형 재난재해를 호외로 보도하는 사례는 해방 이후에도 이어졌지만 1970년대 이후 TV 보급이 확대되면서 급격하게 줄어들었다. 다만 1994년 10월 성수대교 붕괴, 1995년 4월 대구 지하철 가스폭발, 1995년 7월 삼풍백화점 붕괴 사고 때는 호외가 다시 등장해[257] 당시 참사가 얼마나 컸는지를 보여준다.

## 대형 재난재해 보도를 둘러싼 논란들

대형 재난재해가 발생할 때마다 우리 언론은 이를 집중 보도해왔다. 신속한 구조작업이나 복구 작업의 필요성을 알려 인적, 물적 피해를 최소화하도록 유도하거나 정부의 늑장 대처 등 재난재해의 원인을 구체적으로 밝히고, 개선책을 제시하는 긍정적 역할도 했다. 하지만 선정적이고 자극적인 보도, 피해자의 인격권을 존중하지 않는 취재 태도는 물론이고 대형 오보까지 내어 비판을 받았다.

1993년 10월 10일 전라북도 부안군 위도 부근에서 여객선 서해페리호가 침몰해 292명이 숨지는 참사가 발생했다. 이는 2014년 세월호 침몰사고가 발생하기 전까지 최악의 해상 사고였다. 우리 언론은 사고가 난 서해페리호 백운두 선장의 생존설이라는 초대형 오보를 냈다.[258] 당시 사고 발생 하루 뒤 지방신문에 선장 백 씨의 생존설이 나돈다는 보도가 나오자 주요 전국 일간지들도 이를 따라가는 보도를 했다. 당시 사고를 수사했던 검찰의 석연치 않은 브리핑과 수배 조치도 오보를 낸 한 요인으로 작용했다. 침몰사고 원인 등을 수사하던 전주지검 정읍지청은 10월 12일 백 선장 등을 전국에 지명 수배했고, 백 선장 등이 생존해 있다는 주민 제보를 접수해 위도에 수사관을 보냈다고 브리핑을 했다.[259] 브리핑 내용은 검찰이 이

미 백 선장의 신병을 확보했거나 생존해 있음을 입증할 수 있는 증거를 확보한 게 아니냐는 추측을 가능케 하는 수준이었다. 당시 세계일보 법조 출입 기자였던 필자도 정읍지청에서 브리핑을 듣고 사회부 사건데스크에게 이를 보고했다. 사건데스크는 그러나 위도에 나가 있는 사건팀 기자들은 생존설이 신빙성이 높지 않다고 본다며 검찰 브리핑에 의구심을 표시했다. 사고 발생 5일 후인 10월 15일 백 선장의 시신이 배 안에서 발견돼 언론의 생존설은 모두 오보로 판명 났다. 초대형 오보로 숨진 선장의 명예는 물론이고 유가족들에게도 엄청난 정신적 고통과 피해를 가한 것이다.

1995년 6월 29일 서울 강남의 삼풍백화점이 붕괴되는 사고가 발생했다. 사망자가 500여 명을 넘어 6·25전쟁 이후 최대 규모의 인명피해를 낸 비극적 참사에 언론들은 대규모 취재진을 투입해 사고 경위와 원인, 생존자 구조작업 등 관련 기사를 쏟아냈다. 언론의 과열경쟁이 계속되면서 당국의 통제선을 무시하고 보호장비도 갖추지 않은 채 붕괴현장에 들어가거나, 붕괴된 건물더미 속에 무인카메라를 설치해 구조작업을 방해했다는 비판도 받았다.[260] 김정탁(1995)은 "이번처럼 알 권리와 매몰자의 살 권리가 상충된 경우는 전례를 찾아보기 힘들었다"면서 언론사 간의 과잉 취재 경쟁을 비판했다.[261] 부상자 사진을 그대로 게재하거나 생존자가 구조돼 나올 때 카메라 플래시를 마구 터뜨려 시력에 손상을 가할 우려가 컸다는 비판도 받았다. 우병동(1995)은 "언론의 선정적인 보도 태도는 사실을 전달하고자 하는 언론의 기능과 목적으로 넘어서는 비정상적인 것"이라고 비판했다.[262] 당시 취재에 나선 현장 기자도 대형사건이 발생할 경우 신문들이 일단 지면을 마련해놓고 기사를 채워 넣는 식으로 취재에 임하는 관행, 극적 생환자들을 지나치게 미화하는 보도 태도는 지양해야 할 태도라고 지적했다.[263] 하지만 이 같은 관행이나 보도 태도는 20여 년이 지난 현재까지도 시정되지 않고 있는 실정이다.

2003년 2월 18일 오전 대구시 중앙로역 구내에서 50대 남자가 불을 질러 12량의 지하철 객차가 모두 타면서 192명이 숨졌다. 대구 지하철 방화 참사 당시 지상파 방송들은 특보 형식으로 집중 보도를 했지만, 일부 방송사는 중간에 프로농구 경기를 생중계하거나 드라마를 재방송해 비판을 받았다. 최경진(2003)은 미국의 CNN 등이 긴급 뉴스로 보도하는 상황에서 일부 지상파 방송들의 늑장 보도와 안이한 편성은 쉽게 납득되지 않는다고 꼬집었다.[264]

2007년 12월 7일 충남 태안군 만리포 해상에서 유조선인 허베이 스피릿호와 삼성중공업의 크레인선이 충돌해 원유 1만여 톤이 유출되는 대형 해상 사고가 발생했다. 언론은 이를 '태안반도 기름유출사고' 또는 '태안 앞바다 유조선 충돌사고'로 보도했다. 하지만 언론학자들은 유조선 사고 등 해난사고는 통상 기름 유출 선박의 이름을 따서 명명해 보도하는 게 관행(이연, 2008)이란 측면에서 이번 사건은 '허베이 스피릿호 기름유출사고'로 명명했어야 했다고 지적했다.[265] 사고가 난 지역 이름을 사건명에 붙여서 해당 지역과 주민들에게 부정적 이미지를 남겼다는 게 비판의 골자이다. 같은 맥락에서 2014년 1월 발생한 '여수 기름유출사고'는 '우이산호 기름유출사고', 같은 해 2월 15일 발생한 '부산 앞바다 기름유출사고'는 '캡틴 방글리스호 기름유출사고'로 명명했어야 한다는 게 학자들의 지적이다.(국민안전처 2015)[266] 해난사고의 명칭에 지역명을 사용할 경우 부정적 낙인효과를 초래할 수 있다는 지적은 충분히 경청해봐야 할 것으로 본다. 다만 유조선 이름 등을 쓰면 정확한 사고지역 등을 독자들에게 알리는 데는 한계가 있을 수 있다는 점에서 양쪽 입장의 절충도 모색할 필요가 있다고 본다.

## 한국 언론의 재난 보도 문제점

과거 발생한 대형 재난재해에 관한 우리 언론의 보도를 분석해보면 몇 가지 단골로 지적되는 문제점들이 나타난다. 정연구(1996, 송종길·이동훈, 2003 재인용)는 우리 언론의 재난 보도가 공통적으로 반복하는 문제점을 대략 7가지로 정리했다.[267] 이를 보면 ▲재난에 의한 사상자가 있을 때의 뉴스가 사상자 없을 때의 뉴스보다 더 깊이, 더 두드러지게 묘사되며 ▲새로 발생한 재난은 다른 것보다 더 길고 눈에 띄게 기사화되는 경향이 있고 ▲사회 부유층이나 권력층에 영향을 주는 재난에 지나치게 관심을 집중하며 ▲지리적, 문화적 위치의 근접성은 재난 취재 범위에 영향을 미치며 ▲언론은 심각하더라도 극적이지 않은 재난에는 관심을 두지 않으며 ▲이슈보다는 사건에 대해, 장기간의 고려보다는 즉각적인 결과에 대해, 위험보다는 피해를 보도하는 경향이 있고 ▲사건에만 주로 초점을 맞추기 때문에 사적인 그룹을 포함한 개개인 행위자에게는 지나칠 정도로 책임을 전가시키는 경향이 있다고 진단했다. 이중 사상자가 있을 때 그리고 새로 발생한 재난에 더 관심을 갖는 경향은 언론의 기본적 속성으로, 이를 심각한 문제점으로까지 보는 데는 견해를 달리한다. 다만 나머지 문제점은 현재도 되풀이되는 경향이 없지 않다는 점에서 재난 보도의 관행에 대해 되돌아볼 필요가 있을 듯하다.

재난재해가 발생하면 정확한 진단을 토대로 구체적인 사고 원인과 책임을 규명하기보다는 초기부터 정부 비판부터 하는 행태도 단골 문제점

중 하나로 지적된다. 이연(2006)은 2006년 7월 태풍 '에위니아' 피해 관련 신문기사 분석을 통해 재난 보도라기보다는 오히려 당시 노무현 정권에 대한 분노와 화풀이성 기사가 많았다고 지적했다.[268] 행정당국의 늑장 대처나 안일한 행정 등에 대한 비판은 언론 본연의 기능이지만 화풀이성 보도가 주류를 이뤄서는 안 된다는 지적인 것이다. 그는 재난 발생 시 언론의 사명은 흥분한 주민들을 진정시키고 차분하고 침착하게 대응하도록 유도하는 게 우선이라고 부연했다.

재난이 발생했을 때 이를 시민의 관점에서 너무 과도하게 받아들이고 갈등을 증폭시키려는 보도 태도를 지적하는 견해도 있다. 김정탁(1995)은 1995년 1월 일본 고베 대지진 당시 일본 국민과 언론의 대응태세를 분석한 뒤 이를 한국과 비교했다.[269] 그는 "우리나라에서는 언론인들이 일반인들과 갖는 공모(共謀) 관계가 매우 높다"면서 "재난에 대해 기자는 시민들과 동일한 관점을 갖는 경우가 많다. 언론인들은 함께 분노하고, 슬퍼하며, 피해자와 피해의 원인 제공자를 우리와 그들의 대립구조로 몰고 감으로써 시민들과의 정서적 유대를 강화한다"고 지적했다. 그는 이어 "우리나라 언론 보도는 사건 초기부터 물리적 재난을 사회적 위기로 급속히 확산시키는 측면이 있다. 재난의 갈등을 증폭시키는 보도 패턴"이라면서 "그러나 갈등은 구조적인 차원이 아니고 관련 인사의 책임소재에 초점이 맞추어지는 식의 개인적 갈등구조로 머무는 경우가 많다. 이런 점에서 더욱 두드러진 점은 이런 증폭된 위기가 사고 책임자의 처벌로 해소될 수 있다는 점"이라고 비판했다.(김정탁, 103쪽) 기자들의 이 같은 태도는 힘없는 민초들을 대변하려는 우리 언론의 전통과 사회의 부정과 부조리를 앞장서서 비판하려는 언론 본연의 기능을 수행하려는 행태가 복합적으로 작용했기 때문으로 보인다. 하지만 시민들의 아픔을 대변하려는 정서가 과잉으로 흐를 경우 객관성을 최대한 유지하며 균형 있게 보도해야 하는 저널리즘의 기본원칙을 훼손할 수 있는 만큼 세심한 주의가 필요하다고 본다.

우리 언론의 재난 보도 문제점에 대한 학자들의 지적은 이어진다. 송종길과 이동훈(2003)은 6가지로 정리했다.[270] 이를 세부적으로 보면 첫째, 재난 보도의 기본방향 부재로, 정확성보다 속보성이 강조되어 오보와 추측기사로 불안을 증폭시키거나 사고 수습과정 단계별로 적절한 뉴스를 공급하지 못한다는 것이다. 둘째, 축소와 과대포장의 문제로, 삼풍백화점 붕괴사고에서 생환자들의 스타 만들기는 대표적인 예로 지적했다. 셋째, 객관적 사실과 의견 또는 판단을 엄격하게 구분하지 않고 혼동해서 보도하는 경향이 있고, 넷째, 무차별적 상업주의와 선정주의적 보도로, 피해자들의 처참한 모습이나 구조 장면을 여과 없이 보도하는 경향이 예이다. 다섯째, 취재진이 구조작업을 방해하는 등 취재체계와 보도원칙이 부재한 문제점이 있고, 여섯째, 언론의 '냄비저널리즘'으로 이는 특정 사건의 중요성을 부각시키기도 하지만 건전한 여론형성을 막는 부정적 기능을 갖고 있다고 지적했다. 위에서 지적된 재난 보도 문제점 가운데 냄비저널리즘을 비롯해 상업주의와 선정주의 보도 경향, 재난 보도의 기본방향 부재 등은 현재까지도 개선되지 않고 있는 대표적인 고질적 문제로 보여진다.

## '재난 보도의 참사' 세월호 참사 보도

재난 보도에 대한 비판은 2014년 4월 16일 발생한 세월호 침몰 참사 보도를 계기로 분출했다. 세월호 참사 보도 과정에서 우리 언론은 '학생 전원구조' 오보 등 재난 보도의 고질적 문제점을 총체적, 압축적으로 드러냈다는 지적을 받을 정도로 호된 비판을 받았다. 세월호 참사 보도의 문제점을 크게 3가지 유형으로 나누는 견해도 있다.(방문신, 2014)[271] 첫째, 정보의 일방적 전달로 인한 것으로 정부 발표의 무비판적 인용과 이에 따른 결과적 오보이다. '학생 전원 구조'나 '잠수부 200명 포함 사상 최대 수색' 보도가 그 예이다. 둘째, 피해자의 입장을 고려하지 않은 '무배려 무공감' 보도로, 유가족이나 실종자 가족을 불필요하게 자극하는 태도가 예이다. 셋째, 미확인 선정성 보도이다.

세월호 참사 보도에 대한 언론학자들의 비판은 더욱 매섭다. 우리 언론이 교훈으로 삼기 위해서라도 학자들의 분석과 비판을 상세하게 살펴보자. 김춘식·유홍식·정낙원·이영화(2014)는 〈재난 보도 현황 및 개선방안 연구〉 논문을 통해 세월호 참사에 관한 보도 내용분석을 시도했다.[272] 이 연구결과를 보면 다음과 같다.[273] 우선 SNS 괴담, 유언비어, 부적절한 언행 등 사회적 갈등을 확대하고 재생산하는 보도가 많았고, 둘째, 세월호 사고와 직접적 관련이 없는 유병언 개인과 구원파, 다이빙벨 등에 대한 보도 비율이 매우 높았던 점도 문제점으로 지적됐다. 셋째, 기사의 헤드라인에 선정적, 자극적인 표현이 많았고, 넷째, 특종과 단독, 신속한 보도에 지나치게 역점을 두면서 희생자, 유가족들을 배려하지 못한 보도 행태가 나타났다.

논문은 또 한국기자협회가 세월호 참사 발생 직후 발표한 '재난 보도 가이드라인'에 근거해 언론매체들의 보도를 평가했다.[274] 그 결과를 보면 첫째, 오보에 대한 정정 보도는 매우 미흡했고, 둘째, 정보의 출처가 정확하게 확인되지 않은 기사들, 특히 익명의 취재원을 활용한 기사들이 많았다. 셋째, 희생자 유가족 등 사고 관련자와 인터뷰한 대상자들의 얼굴이나 실명을 그대로 보도하는 사례가 다반사였고, 넷째, 자극적인 모습을 여과 없이 처리한 기사들이 적지 않았다. 또 불확실한 내용을 검증하기보다는 소문이나 유언비어를 확대 재생산하는 기사들이 적지 않았다고 지적했다.

세월호 재난 보도의 프레임과 공정성에 관해 구체적으로 분석한 연구도 있다. 김영욱·안현의·함승경(2015)은 〈언론의 세월호 참사보도 구성: 프레임, 정보원, 재난보도준칙 분석을 중심으로〉 논문에서 이 같은 분석을 시도했다.[275] 이 연구결과를 보면[276] 세월호 참사 보도 프레임은 원인·책임규명, 인간적 관심, 갈등, 사후대책 프레임이 빈번하게 사용한 것으로 나타난 반면, 공동체 속죄, 도덕성 프레임은 상대적으로 낮게 분석됐다. 진보적 성향의 한겨레는 세월호 참사의 원인과 책임을 규명하고, 인간적 관심을 넘어서 공동체의 성찰 문제로 프레이밍 하는 경향이 높은 반면, 보수적 성향의 조선일보는 세월호 참사를 둘러싼 갈등, 경제적 손실, 참사 종결과 대책 관점에서 보도하는 경향이 높았다. 김영욱 등은 결론적으로 언론이 세월호 침몰을 둘러싼 다양한 의견들이 개진되는 공론장 기능을 충분히 수행하지 못했으며, 또 재난보도준칙을 자주 위반하는 실태를 지적하며 언론인의 직업윤리의식을 비롯한 재난 보도 시스템의 근본적인 변화가 필요하다고 강조했다.[277]

임연희(2014)는 세월호 침몰사고와 관련한 지상파 3사의 텔레비전 뉴스 보도를 집중 분석했다.[278] 이 논문의 분석결과[279]를 보면 첫째, 재난방송 보도체계가 제대로 갖춰지지 못해 많은 기자가 현장에서 속보 경쟁만 벌였지 사고의 원인과 대안을 찾는 노력은 미흡했다. 또 사건을 종합적으로 분석해 보여주기보다 단편적 보도에 치중했고, 언론의 기본 역할과 저널리즘의 의무를 망각했다고 비판했다. 진실추구라는 저널리즘의 첫째 의무를 버리고 흥미 위주의 개인적 문제에 집중했고 단편적 사안들만 다룬 채 우리 사회의 구조적 문제와 책임을 규명해내지 못했다고 부연했다.

재난방송 측면에서 세월호 참사에 관한 방송 보도의 문제점을 분석한 연구도 있다. 김균수(2014)가 세월호 참사 직후 9일간의 국내 6개 방송사 보도를 분석한 결과를 보면[280] ▲전반적으로 앵커와 기자의 말실수가 비교적 잦았고 ▲오보가 많았지만, 사과는 거의 없었으며 ▲방송에 활용한 전문가 선정기준이 모호했고 ▲피해자의 슬픔과 비판의 모습을 화면에 많이 담았고 ▲부정적 내용의 보도를 주로 한 것으로 나타났다.

학자들은 이러한 분석을 토대로 세월호 보도 참사가 빚어진 원인을 진단하고 대책도 제시했다. 정수영(2015)은 세월호 보도의 대참사 원인을 대형재난이라는 특수성이나 재난 보도 가이드라인의 부재에서 발생한 것이 아니라고 봤다. 그는 오히려 '저널리즘 규범'에 대한 자각과 고민, 그리고 실천적 노력의 부재 속에서 비윤리적이고 무책임한 취재 보도 관행이 축적되어 언론문화로서의 '보편성'을 획득하고, 임계점에 도달해 폭발한 것으로 진단했다.[281] 이 같은 지적은 언론계가 그동안 공정 보도와 투철한 직업윤리 및 책임감 등을 강조한 기자협회 윤리강령 및 실천 요강의 정신을 망각한 채 관성적인 보도 행태를 계속해온 문제가 한꺼번에 분출한 것이라는 해석으로 읽혀진다.

김춘식 등은 재난보도준칙 세부 가이드라인과 언론인 교육의 필요성을 제기하면서 몇 가지 제언을 한다.[282] 첫째, 재난 보도는 신속성이 아닌 정확성을 더 중요시해야 하며, 둘째, 재난방송은 선정적인 보도를 지양하고, '냉정한' 정보 중심의 방송으로 전환돼야 하고, 셋째, 희생자 또는 희생자 가족의 안타까운 '사연', '스토리', '비운' 등에 주목하는 보도, 그리고 이들의 감정에 초점을 맞추는 보도를 지양해야 한다고 강조했다. 홍은희 (2014)[283]는 세월호 침몰 사건 보도에서 한국 재난 보도의 고질적 병폐가 적잖게 드러났다고 비판했다. 다만 관련 보도가 오랜 기간 집중적으로 이어지면서 관−업계 간의 유착관계, 재난대책기구의 문제 등 안전시스템에 관한 본질적 문제를 제기해 대책수립을 위한 여론형성에 기여했다는 점은 긍정 평가를 했다. 하지만 취재기자들이 유가족들로부터 불신을 받게 된 사유는 언론인들의 잘못된 혹은 부족한 직업윤리의식에 있다고 진단하고 올바른 직업윤리의식의 함양이 절실하다는 것을 숙제로 남겼다고 강조했다.[284]

취재 여담 ⑥

## 고생길의 아이티 대지진 취재

2010년 1월 12일 카리브해의 섬나라 아이티에서 규모 7.0의 강진이 발생했다. 규모 7.0은 최고 규모의 강진은 아니었지만 31만 명의 사상자와 150만 명의 이재민 등 피해는 엄청 컸다. 인구가 밀집한 수도 포르토프랭스 인근에서 지진이 발생했고, 최빈국이라 지진에 대비해 설계된 건물이 거의 없었던 점이 복합적으로 작용했다. 애틀랜타 특파원으로 있던 필자는 지진 발생 초기 현지에 투입된 김지훈 뉴욕 특파원과 교대를 위해 1월 17일 출장길에 올랐다. 포르토프랭스 공항이 마비돼 일단 이웃 나라 도미니카의 수도 산토도밍고로 갔다. 다음날 현지로 구호품을 갖고 출발하는 한인 기업체 승용차에 간신히 빈자리가 있어 동승할 수 있었다. 새벽 5시에 출발해 6시간 만에 국경도시인 히마니를 거쳐 포르토프랭스에 도착했다. 우리나라 119구조대원 40여 명이 숙영지로 쓰고 있는 수도 인근 시티 솔레이의 발전소 건설현장에 짐을 풀었다. 119 구조대는 건설현장 간이 건물을 사무실로 하고, 들판에 텐트를 설치해 숙영 중이었다. 강진으로 몬태나호텔 등 대부분의 호텔들이 붕괴돼 숙소도 구할 수 없었다. 결국, 119 구조대 사무실 바닥에 신문지를 깔고 잠을 청했지만, 모기떼에 시달려 도저히 잠을 잘 수 없었다. 새벽에는 여진으로 건물이 흔들려 기겁을 하고 밖으로 뛰쳐나와야 했다. 다음날 건물이 반파됐지만, 시내에서 거의 유일하게 문을 연 호텔 빌라 크레올을 찾았다. AP통신은 이 호텔을 베이스캠프로 활용하고 있었다. 호텔 야외 수영장 주변에 매트리스만을 제공해 잠

지진으로 반파된 아이티 한 호텔에 마련된 텐트촌

을 자는 상품도 70달러였지만 동이 난 상태였다. 필자와 주영진 특파원 등 SBS 취재진은 수영장 옆에서 새우잠을 잤지만, 모기떼로부터 해방된 것만 해도 다행이었다.

지진으로 폐허가 된 지역에서는 식량이나 물이 부족한 경우가 많아 외국인이 강도들의 표적이 될 수도 있다. 실제로 한인 선교사들이 소형 버스를 타고 아이티 빈민촌인 시티 솔레이에 다녀오다가 강도를 만나기도 했다. 한 일간지 특파원은 "선교사들이 가져간 구호물자들을 배분하기 위해 난민촌을 방문했었는데 수백 명의 인파가 한꺼번에 몰려들어 신변의 위협을 느끼고 구호품 배분을 포기하는 일도 있었다"고 회고했다. (신치영, 2010)[285] 필자는 아이티 취재를 마치고 철수하는 과정에서도 교통편이 마땅치 않아 고생을 했다. 다행히 현지를 방문한 강성주 도미니카 대사가 승용차 편으로 돌아가는 길이어서 이 차량에 동승을 했지만, 국경을 넘을 때까지 강도를 만나지 않을까 노심초사해야 했다. 아이티 대지진 취재 시 한국 기자들은 대부분 숙박은 물론이고 비상식량, 모기장 등 기본적인 장비도 갖추지 않은 채 투입된 경우가 많았다. 이에 따라 119구조대원들의 식사자리에 끼어 끼니를 해결하거나 선교사 집 등에서 신세를 져야 하는 경우가 많았는데 이런 관행은 사라져야 할 것이다.

지진 발생 지역 취재와 관련해 주의할 사항도 적지 않다. 한국언론진흥재단이 펴낸 〈분쟁지역 취재매뉴얼〉은[286] 지진이 일어나면 밖으로 뛰쳐나가지 말고 우선 현관문을 열어두고 대피소로 이동하라고 조언한다. 또 빌딩이나 대형 수목, 건축물에 접근할 때 위에서 떨어지는 낙하물이 없는지도 살피라고 당부한다. 차량이나 오토바이로 이동할 때는 속도를 줄이고, 주위를 세심하게 살펴야 한다. 지진 발생 지역에서의 헬리콥터 취재는 소음이나 진동으로 재난수습에 지장을 주는 만큼 가급적 300m 이상 상공에서 취재해야 한다고 제안한다. 필자의 경험으로 보면 외국 재난재해 취재 시에는 현지에 파견돼 있는 한인 동포나 선교사 및 구호단체의 협조를 얻는 방법도 고려해 봄 직하다. 아프리카 오지 등 세계 곳곳에 한국 선교사들이 나가 있는 경우가 많다. 또 미국에는 1960~1970년대 국제결혼이나 이민을 와서 정착한 한인 동포들이 미국 전역에 산재해 있어 취재 과정에 많은 도움을 얻었다. 미주한인총연합회 홈페이지(http://www.koreanfedus.org/main/) 등에 들어가면 미국 내 지역 한인회 연락처 등을 파악할 수 있다.

 취재 여담 ⑦

## 미국에서의 재난 취재와 임베딩[287]

    미국은 국토가 넓어 허리케인, 토네이도, 산불 등 대형 자연재해가 자주 발생한다. 워싱턴이나 뉴욕 특파원은 미국의 정치, 외교 안보나 경제뉴스를 취재 보도하느라 바쁜 만큼 재난이 발생하면 애틀랜타 특파원이 기동타격대 역할을 주로 했다. 2008년 9월 1일 허리케인 구스타프가 남부 뉴올리언스를 강타했다. 허리케인이 이미 뉴올리언스 근처로 북상 중이어서 인근 공항은 모두 폐쇄됐다. 결국, 그보다 북쪽에 위치한 미시시피주 메르디앙 공항으로 가서 뉴올리언스로 남하하는 코스를 택했다. 렌터카를 한 시간 정도 운전하는 내내 수문을 열어 빗물을 방류하듯 폭우가 계속되고 강풍까지 겹쳐 차가 크게 흔들릴 정도였다. 북상 중인 허리케인의 한가운데로 들어간 것이었다. 직감적으로 폭풍우 속에서 비명횡사할 수도 있다는 위기감을 느껴 59번 고속도로를 빠져나와 호텔을 찾았다.

    다음날 찾은 뉴올리언스 시내는 구스타프가 할퀸 상처가 곳곳에 그대로 노출돼 있었다. 밤늦게 도착한 루이지애나주 주도인 배턴루지 시내 전역은 정전으로 암흑세계를 방불케 했다. 허리케인에 대비해 일부 발전기를 준비해놓은 가정을 제외하곤 촛불을 켜놓고 생활을 했다. 정전으로 냉장고 가동이 안 돼 저장했던 식품들은 모두 부패했다. 미국에서 허리케인 시즌은 6월 1일부터 시작해 11월 30일까지 계속된다. 허리케인 시즌 시작 직전인 5월 마지막 주를 '허리케인 대비주간'으로 정해놓고 있다. 이때는 판매세가 면제돼 주민들도 발전기, 라디오, 양초, 건전지, 방수 외투 등 필요한 물품을 구입한다. 선진국인 미국 내에서 발생한 재난재해 취재 과정에서도 문명의 이기를 이용하지 못하는 경우를 상정한 대비가 필요하다. 허리케인이나 토네이도가 할퀴고 지나간 지역은 기본적으로 정전상태가 지속될 공산이 크다. 정전으로 상점에서는 신용카드 거래가 안 되는 경우가 있어 현금을 지참할 필요가 있다. 주유소가 문을 닫는 경우도 많아 재난지역에 진입하기 전에 주유를 하고, 비상용 경유를 트렁크에 싣고 다니는 준비가 꼭 필요하다. 인터넷이 불통돼 기사 전송이 안 되는 경우도 많은 만큼 대책을 미리 강구해야 한다.

미국에서 허리케인과 함께 많은 피해를 내는 재해가 토네이도이다. 미 중남부는 특히 로키산맥에서 불어오는 차고 건조한 북서풍과 멕시코만의 따뜻하고 습한 바람이 만나면서 토네이도가 빈발한다. 2011년 4월 27일 발생한 토네이도로 초토화된 앨라배마주 터스칼루사와 버밍햄에 출장을 갔다. 앨라배마주립대학이 있는 지방 대학도시인 터스칼루사 시내는 거의 1km에 달하는 구간에서 마치 도심 전체에 대형 폭발이 발생한 듯했다. 도심 내에 있던 대형 몰과 상가 및 레스토랑 건물들이 거의 모두 붕괴되거나 반파된 몰골을 내보인 채 처참한 모습이었다.

2010년 4월 20일 미국 역사상 최악의 원유 유출 사고인 멕시코만 원유 유출 사고가 발생했다. 영국 석유회사 BP가 멕시코만 마콘도 유정에 설치한 원유시추 시설 '디프 워터 호라이즌'이 폭발해 근로자 11명이 숨지고 1억7천만 갤런의 원유가 유출돼 심각한 해양 환경오염을 일으켰다. 사고 발생 3주 뒤 미국 국무부 공보국이 운영하는 워싱턴의 외신기자클럽(FPC)이 원유유출 사고현장에 대한 임베드 프로그램을 실시했다. 필자를 비롯해 월스트리트 저널, NBC방송, 유로 프레스 등 10명의 기자가 참가

토네이도가 휩쓸고 간 터스칼루사 지역

했다. 루이지애나주 남부의 호마공항에서 미 해안경비대의 HC-144A 해상초계기를 타고 멕시코만 사고해역을 둘러봤다. 안내를 맡은 레흐만 하사는 "임베드 프로그램에 한국 기자가 참여한 것은 처음"이라며 환영했다. 초계기를 타고 둘러본 사고해역 주변의 오염실태와 방제작업 상황을 보도했다. 당시 미국 언론은 버락 오바마 행정부의 반응과 대책보다는 사고의 책임소재를 밝히고, 책임 주체인 BP의 역할과 대응을 보도하는 데 초점을 맞추었다. 이것이 관련 보도가 정치적, 이념적 논쟁 사안으로 변질되지 않고 충분한 의제설정 기능을 수행할 수 있었던 배경이 됐다는 평가를 받기도 했다.(국민대통합위원회, 2015)[288] 국무부 공보국은 재난재해가 발생하면 이 같은 프로그램을 운영하는 만큼 적극 활용할 필요가 있다. 미국무부 공보국 외신기자센터의 홈페이지(https://www.state.gov/bureaus-offices/under-secretary-for-public-diplomacy-and-public-affairs/bureau-of-global-public-affairs/foreign-press-centers/)에 가면 다양한 취재 정보를 얻을 수 있다.

# 제7장
# 재난 보도의 기본원칙과 보도준칙

## 재난 보도의 원칙과 특징

재난 보도(disaster reporting)는 통상 "특정한 시점에 발생되어 특정 지역에 인적, 물적, 정신적 피해를 초래하는 인재 또는 자연적 재해에 관련된 정보를 제공하는 언론의 활동"으로 정의된다.(송종길·이동훈, 2003)[289] 재난 보도는 재난의 규모나 피해 상황을 전달하는 단순한 보도 기능에만 그치지 말고 혼란에 빠진 국민들을 신속하게 대피시키고 침착하게 대응하도록 생활 정보 등을 전달하는 방재의 기능도 수반해야 한다.(이연, 2011)[290] 갑자기 재난 상황에 처한 국민들을 안심시키고 신속히 대응할 수 있는 다양한 정보제공 필요성을 강조하는 것이다. 또 재난 발생의 문제점 등을 추적 보도하고, 신속한 복구나 새로운 도시 건설 등을 꾀하는 부흥의 기능도 수행해야 한다고 강조한다. 이연은 ▲재난 정보의 신속·정확한 (quickness and accuracy) 전달의 원칙 ▲피해자를 도와 구조하고 복구하는 피해자 중심(victim-oriented)의 원칙 ▲피해자의 인권침해나 명예훼손, 사생활 보호 등에 유념하는 인권 보호(protection of human rights) 원칙을 재난 보도 3원칙으로 정리한다.(이연, 2014)[291]

재난 보도는 이에 따라 일상적인 사건·사고 보도와는 달라야 한다.

백선기와 이옥기(2012)는 그 이유를 다음과 같이 설명한다.[292] 첫째, 대형 재난 시 피해 당사자와 가족들이 정보제공자로서뿐만 아니라 정보 소비자로도 등장해 구조, 구호, 보상, 안부 등의 피해를 입지 않은 사람들의 움직임에 대해 알고 싶어 하는 구도가 형성된다. 둘째, 피해 범위나 규모가 상시체제의 해결능력을 넘어서는 경우가 많아 언론은 구조작업 전반을 지켜보고 보도해야 한다. 셋째, 대형 재난 시 경보 및 예보체제로서의 언론기능뿐만 아니라 피해 규모 축소의 실제적인 집행자의 역할도 요구되어 언론 보도 태도에 따라 피해 규모가 달라질 수 있다는 것이다. 유승관(2018)은 재난 관련 취재 보도는 사실성, 접근성, 흥미성과 같은 기존의 저널리즘 보도기준과는 달리 전문성, 정확성, 그리고 계몽성과 예방성이 전제되지 않으면 안 된다고 강조한다.[293] 특히 재난 관련 보도는 사실과 의견을 분리하지 않는 보도양식이나 상업적이고 선정적인 보도양식을 자제하고, 취재 경쟁으로 인해 구조 활동이 방해받지 않는 취재체계의 확립이 필요하다고 부연한다.

재난 상황에서 언론의 역할은 단순한 정보 전달자 이상이어야 한다는 주장은 다른 학자들도 동의한다. 송종길과 이동훈(2003)은 재난 상황에서 언론은 단순한 전달자 역할을 넘어서 구호 활동 전반까지 폭넓게 이루어져야 한다면서 키니와 윈터펠트(Keeny & Winterfeldt)가 제기한 6가지 원칙을 소개한다.[294] 즉, ▲위험에 대한 계몽 및 위험분석의 결과와 위험관리의 신뢰성 ▲위험 예방과 위험감소를 위한 당국의 개선된 대응정책 ▲위험에 대처하기 위한 개인적 대응 조처들의 증진 ▲공중의 가치들과 우려들에 대한 전문가의 개선된 이해 ▲상호 간의 신뢰 극대화 ▲위험의 규정과 대응정책에 따른 이익집단 간의 갈등, 논쟁의 해소 등이다.

한국언론진흥재단이 펴낸 《취재기자를 위한 재난 보도 매뉴얼》은 '위기보도 요령(reporting a crisis)'을 상세하게 설명한다. 우선 "침착하게 대처한다. 명확하고 확실하게 그리고 본인의 일처럼 대한다. 사태를 악화시키거나 불필요한 혼란 및 긴장을 야기하는 일이 없도록 단어 선택에 신중을 기한다"고 당부하면서 특히 아래 사항들을 강조한다.[295]

▲ 정보는 가급적 충실히 제공하되, 확인되지 않은 목격자의 증언은 조심한다.

▲ 추측은 자제하며, 모든 정보는 그 출처를 확실히 밝히거나 출처가 신뢰성을 가질 수 있도록 설명을 붙인다.

▲ 정부 기관에만 의존하기보다는 독립적인 전문가 및 업계 관계자와 같은 다양한 출처를 이용한다.

▲ 과도한 단순화 또는 동일화는 사실 왜곡의 위험이 있으므로 유의하며, 배경설명을 통해 이해를 돕는다.

▲ 공손하고 전문가답게 행동하되 효율적으로 대응한다.

▲ 질문 시 신중한 어휘 선택을 한다.

▲ 지면이나 온라인을 통해 피해지역 지도를 제공해 피해 규모에 대한 이해를 돕는다.

▲ 영상을 이용하면 재난의 영향을 더욱 생생하게 전달할 수 있는 만큼 중요지역에는 라이브 웹캠과 스트림 비디오를 설치한다.

▲ 온라인상에 발 빠르게 정보를 제공할 뿐만 아니라 페이스북이나 트위터와 같은 소셜미디어를 이용해 최신정보를 퍼뜨린다.

재난 보도가 올바른 기능을 수행하도록 현장 언론인들이 명심해야 할 사항들도 적지 않다. 김영욱(2016)은 재난 보도를 포함한 위험 보도 문제점을 개선하고 수준을 향상시키기 위해 다음과 같이 제안을 한다.[296] 첫째, 위험에 대한 예민성으로, 언론은 위험을 지적하는 목소리나 사회적 현상 및 신호에 좀 더 민감할 필요가 있다. 둘째, 신중성으로, 확인되지 않았거나 시선을 끌기 위한 과장된 보도가 자칫 과잉 위험 인식과 그에 따른 비합리적 행동을 유발할 수 있다는 점을 염두에 두라는 것이다. 셋째, 투명성으로, 보도의 계기, 정보습득 과정, 정보원 및 이해관계를 투명하게 밝혀야 한다. 넷째, 전문성으로, 우리 언론은 위험 보도를 사건 보도로 다루는 경우가 많은데 전문가들의 상세한 의견을 담은 보도가 필요하다는 지적이다. 다섯째, 국민의 과학적 읽기 능력(Scientific Literacy)으로, 언론이 일상의 과학 보도를 통해서 대중의 과학적 읽기 능력이나 과학적 이해의 수준을 높일 필요가 있다는 지적이다.

유승관(2014)은 비영리 공익단체인 '저널리스트를 위한 국제센터(ICFJ)'의 가이드라인 일부를 원용해 재난 보도에 관한 구체적인 보도준칙을 다음과 같이 제언한다.[297] 취재 단계에서는 ▲가능한 가장 상세한 정보를 제공한다 ▲추측성 보도를 금해야 한다 ▲복수의 소스를 사용해야 한다 ▲맥락을 제공해야 한다 ▲주의 깊은 질문을 만들어야 한다 ▲지도를 제공해라 ▲소셜미디어 등 모든 미디어를 활용하라. 또 사후단계에서는 ▲관련 서류 및 기록 등을 조사해야 한다 ▲전문가와 협의하라 ▲스토리를 계속 업데이트하고 추적해야 한다 ▲재난방지 대책과 예방 등에 대해 정밀보도를 해야 한다 ▲재난의 패턴을 조사해라 ▲향후 예방과 미래의 준비사항에 대해 보도하라.

한편 전쟁 및 재난 보도와 관련해 나름 균형 잡힌 보도로 유명한 영국

BBC도 편집 가이드라인(Editorial Guidelines)에 재난 보도 시 참고할만한 구체적인 지침들을 담고 있다. 구체적으로 보면 "사고, 재난, 소요, 개인에 대한 폭력이나 전쟁을 보도할 때 온전하고 정확한 보도의 공익과 피해자의 입장을 배려하고 프라이버시의 부당한 침해를 방지하기 위한 필요 사이에 항상 균형을 유지해야 한다"며 사생활과 공익의 균형을 강조한다.[298] 또 사고의 사망자나 희생자의 가족이 해당 사건을 인지했음이 확인될 때까지는 사망자나 희생자의 신원을 공개해서는 안 된다는 규정[299]도 우리 언론은 되새겨볼 필요가 있다.

## 재난 보도의 국제적 비교 – 한미일 3국을 중심으로

미국, 일본 등 외국 언론의 재난 보도는 어떠한 특징이 있을까? 외국 언론의 재난 보도 행태에 대한 학자들의 비교분석을 통해 한국 언론의 재난 보도의 특징과 문제점을 진단해 보자. 이민규는 2011년 3월 일본에서 발생한 동일본 대지진과 같은 해 5월 22일 미국 미주리주 조플린에서 발생한 토네이도 재난에 대한 미일 양국 언론의 보도 특징을 분석했다.[300] 이 분석에 따르면 재난 주관방송사인 NHK 등 일본 언론은 대지진과 이로 인한 쓰나미 참사를 겪은 혼란스러운 상황에서도 냉정하고 침착하게 보도했다. 일본 언론은 보도의 프레임을 재난정보 제공과 피해복구에 맞추고 시민들의 질서정연한 모습에 초점을 둔 것으로 분석됐다. 그는 또 조플린의 지역신문 '조플린 글로브'가 페이스북에 토네이도 피해자들이 서로 소통할 수 있는 페이지를 만들어 운영한 점을 "소셜미디어가 피해자들의 중심에 우뚝 자리매김한 사례"로 평가했다. 보도의 초점도 복구와 주위로부터의 격려와 도움을 촉구하는 분석적 프레임이었다고 진단했다. 이에 반해 한국 언론은 유사한 재난 발생시 단발성 소나기식 '소방보도'나 자극적이고 사건에 앞서가는 속보성 선정 보도, 시신 노출 같은 피해자의 인권을 무시한 보도를 했다고 비판했다.(이민규, 2011, 12쪽)

김춘식(2011)은 2011년 발생한 동일본 대지진에 관한 한 · 미 · 일 3국 신문의 보도를 비교 분석했다.[301] 이 논문은 기사 유형을 단순 사실 보도, 분석형 사실 보도, 기획 · 연재, 인터뷰의 4가지로 구분해 분석했다. 그 결과, 단순 사실 보도의 비율은 한국 신문이 가장 높았고(동아일보 93.3%, 중앙일보 87.5%), 일본 신문(아사히신문 86.1%)이 뒤를 이은 반면, 미국 신문(뉴욕타임스 47.4%)이 가장 낮았다. 반면 분석형 사실 보도의 비율은 미국 신문(뉴욕타임스 52.6%)이 가장 높았던 반면, 한국(한겨레신문 18.5%)과 일본(요미우리신문 16.4%) 신문은 낮았다.[302] 사진에 나타난 시각적 프레이밍을 분석한 결과에서는 일본 신문은 '물질적 · 산업적 피해 프레임'을 강조했고, 뉴욕타임스는 '감성 프레임'을 중요하게 다룬 반면, 한국 신문은 '감성 프레임'을 가장 빈번하게 사용했다. 제목의 선정성 측면에서는 한국 신문이 가장 높았던 반면, 뉴욕타임스가 가장 낮은 것으로 분석됐다.[303] 김춘식은 "우리 신문의 보도 태도는 분석형 사실 보도가 아닌 단순 사실 보도에 머무르고, 사진의 크기를 중요시하고, 선정적이고 자극적인 헤드라인을 사용함으로써 객관 보도와는 거리가 있다"고 지적했다.[304]

백선기와 이옥기(2013)는 동일본 대지진과 관련한 한국 KBS, 일본 NHK, 미국 CNN 방송 보도의 내용분석을 시도했다. 그 결과[305]를 보면 KBS는 재난방송 가이드라인이 있었지만, 실제로 가이드라인대로 방송이 이뤄지지 못한 것으로 분석됐다. NHK는 가이드라인에 따라 재난방송이 이루어졌고 내용도 구체적이었다. 반면 CNN은 가이드라인이 부재했고,

내용은 피해 현상을 전 세계에 알리는데 중점을 둔 것으로 드러났다. 백선기 등은 이 결과를 토대로 재난방송은 속보성보다는 정확성을 중시해야 하며, 인권이나 초상권 등의 기본권을 보호해야 하고, 피해자의 심리적 안정 등 피해자를 고려해 보도해야 한다고 강조했다.[306]

잠시 이웃 나라 일본의 재난 보도 실태를 구체적으로 살펴보자. 일본은 화산폭발과 지진 등 역사적으로 자연재해가 끊이지 않아 재난 보도에서도 앞서간다는 평가를 받는다. 1995년 1월 17일 일본 간사이 지방을 강타한 대지진으로 6천300여 명이 사망했다. 당시 NHK방송은 부서진 고속도로나 건물 등을 주로 방송한 반면, 유족들이 오열하는 모습 등은 거의 보도하지 않았다.(김정탁, 1995)[307] 대형 재난사고가 발생할 때마다 피해자 가족이나 유족들이 슬픔에 잠겨 오열하는 장면을 자주 보도하는 우리 언론과는 사뭇 대조되는 측면이다.

2011년 3월 11일 규모 9.0의 강진이 일본 동북지방을 강타했다. 이때에도 일본 주요 신문은 냉정을 잃지 않고 상호 격려해 갈 것을 유도하는 데 치중했다.(채성혜, 2011)[308] 김경환은 "부정확하고 신뢰할 수 없는 정보가 인터넷에 넘치는 가운데 일본 방송사들은 객관적이고 검증된 정보만을 전달했다"면서 "재해 시 국민의 생명과 안전을 지킬 수 있는 정보전달과 국민들의 혼란과 불안을 조장하지 않는다는 재해방송 원칙에 충실했다"고 평가했다.(김경환, 2011)[309] 일본 언론은 취재 과정에서도 구조작업 등을 방해하지 않도록 최대한 노력한다. 대형 지진 등이 발생하면 언론사들이 경쟁적으로 취재 헬기를 띄우는데 구조 활동을 방해할 우려가 제기되자 일본 언론사들은 교대로 띄우거나 공동 운영으로 전환했다.(김경환, 2011)[310] 구조 활동을 방해하지 않으려는 일본 언론이 이 같은 노력은 우리 언론도

본받아야 할 대목이다.

재난 보도에서 앞서가는 일본 언론이지만 동일본 대지진 보도와 관련해서는 일부 문제점을 노정하기도 했다. 후쿠시마 원전의 방사성 물질 유출에 관한 당시 TV 보도가 정부의 견해를 비판이나 검증 없이 그대로 보도했고, 원자력 사고에 대한 정보전달은 데이터에 근거한 정합성 있는 설명이 중요한데 이를 지키지 못했다는 지적을 받았던 점은 대표적인 예이다.(문연주, 2014)[311]

공영방송 NHK가 재난재해 보도에 쏟는 노력도 참고할만하다. 전국에 73개의 진도계, 460여 대의 '재난 감시용 무인카메라' 등 자체 지진 감지시설을 설치해 지진이 감지되면 자동적으로 정규방송 중 자막이 흐른다.(김승일, 2003)[312] 전문성을 높이기 위해 보도국 내에 기상재해센터를 두고 있고, 재해 보도 책임자는 비상상황시 즉각 방송할 수 있도록 방송국 근처에 거주한다. 김대홍(2011)은 "일본 국민들이 NHK를 신뢰하는 이유는 단순히 뛰어난 장비와 우수한 인력 때문만은 아니다. 어떠한 상황에서도 놀라지 않고 차분하게 보도하는 NHK의 저력을 믿기 때문"이라고 강조했다.[313]

위에서 살펴봤듯이 한·미·일 3국의 재난 보도 행태에 대한 학자들의 비교분석 결과를 종합해 보면 한국은 감성적 프레임을 가장 빈번하게 사용했고, 선정적이고 자극적인 제목 등을 많이 사용하는 등 많은 문제점을 노출했다. 반면 일본은 갑작스러운 재난 상황에서도 냉정하고 차분한 보도 태도를 유지하면서 재난극복을 위한 다양한 정보를 제공하고 있다. 특히 유족들의 오열하는 모습을 거의 보도하지 않는 일본 언론의 자세나 재난주관방송사인 NHK가 기울이는 대규모 투자와 비상상황에 대비한 사전준비는 우리도 배울 필요가 있다는 생각이다.

## 재난보도준칙의 제정과 의미

세월호 참사에 관한 우리 언론 보도가 각종 오보와 선정적인 보도 등으로 비판여론이 비등해지자 언론단체들은 개선책 마련에 들어갔다. 한국기자협회는 2014년 4월 20일 세월호 보도와 관련해 대국민 사과를 하고 '세월호 보도 가이드라인'을 발표했다. 당시 나온 가이드라인은 다음과 같다.[314] ▲참사 보도는 신속함에 앞서 무엇보다 정확해야 한다 ▲피해 통계나 명단은 구조기관의 공식발표에 따라 보도한다 ▲현장 취재나 인터뷰는 가족의 입장을 충분히 배려해 보도한다 ▲생존 학생이나 아동에 대한 취재는 엄격히 제한한다 ▲보도 내용이 오보로 드러나면 신속히 정정 보도를 하고 사과한다 ▲자극적 영상이나 선정적 어휘 사용을 자제한다 ▲불확실한 내용은 검증 보도를 통해 유언비어 발생을 막는다 ▲영상취재는 구조 활동을 방해하지 않아야 하며, 근접촬영을 삼간다 ▲개인적 감정이 반영된 보도나 논평을 자제한다 ▲가족과 국민들에게 희망과 위로의 메시지 전달에 노력한다.

동시에 한국기자협회는 재난보도준칙의 제정을 추진하겠다고 공표했다. 재난보도준칙이 마련되지 않았더라도 세월호 참사 취재 과정에서 신문윤리실천요강만이라도 지켰다면 시민들의 거센 비판을 피할 수 있었을 것이란 지적도 나온다. 1996년 개정된 신문윤리실천요강 제2조(취재준칙) 제2항은 "기자는 재난이나 사고를 취재할 때 인간의 존엄성을 침해하거나 피해자의 치료를 방해해서는 안 되며, 재난 및 사고의 피해자, 희생자와 그 가족에게 적절한 예의를 갖추어야 한다"고 규정했다. 또 제3조(보도준칙) 제5항은 "재난이나 대형사건 등을 보도할 때 상황과 상관없는 흥미 위주의 보도를 지양하고 자극적이거나 선정적인 용어는 사용하지 않는다. 재난 및 사고의 피해자, 희생자 및 그 가족의 명예나 사생활 등 개인의 인권을 침해하는 일이 없도록 유의해야 한다"고 규정하고 있다. 언론계는 20여 년 전부터 대형재난이 발생할 때마다 재난보도준칙 제정문제를 논의했다. 한국언론연구원은 1996년 '한국 언론의 재난보도준칙과 보도 시스템 구축에 관한 연구' 보고서를 발간했고, 2003년 2월 대구 지하철 방화 참사 직후에도 한국기자협회 중심으로 재난보도준칙 제정문제가 논의됐다가 흐지부지됐다.[315]

세월호 참사를 계기로 기자협회는 재난보도준칙 제정위원회를 구성해 논의를 시작했고, 2014년 9월 16일 프레스센터에서 재난보도준칙을 선포했다. 이 준칙은 한국방송협회, 한국신문협회, 한국신문방송편집인협회, 한국기자협회, 한국신문윤리위원회 등 5개 단체가 주관을 했다. 또 방송기자연합회 등 10개 언론단체가 참여했다.[316] 당시 제정안 검토위원회에 참여했던 심규선(2014)은 세월호 보도는 ▲대형 재난에 대한 전문성 부족 ▲속보 경쟁에 희생된 정확성 ▲취재원에 대한 검증 결여 ▲피해자에 대한 배려부족 ▲현장과 데스크의 불협화음 ▲각개 약진에 따른 현장의 혼란 ▲초기 취재 준비 부족 등의 문제점을 드러냈다고 진단했다. 이어 "이 때문에 한국 언론은 불신을 받았고, 재발 방지의 의지를 밝히지 않으면 안 될 상황에 처하게 된 것"이라고 설명했다.[317] 보도준칙의 제정에 참여한 이연(2014)은 "재난보도준칙은 언론단체들이 제정한 세계 최초의 재난보도준칙(Guideline)"이라며 영국의 BBC나 미국의 CNN, 일본의 NHK 등의 경우는 개별 언론사별 편집 보도 정책 속에 재난 보도 가이드라인(Editorial

## 〈표 4〉 한국기자협회가 발표한 재난보도준칙

재난이 발생했을 때 정확하고 신속하게 재난 정보를 제공해 국민의 생명과 재산을 지키는 것도 언론의 기본 사명 중 하나이다. 언론의 재난 보도에는 방재와 복구 기능도 있음을 유념해 피해의 확산을 방지하고 피해자와 피해지역이 어려움을 극복하고 하루빨리 일상으로 돌아갈 수 있도록 기능해야 한다. 재난 보도는 사회적 혼란이나 불안을 야기하지 않도록 노력해야 하며, 재난 수습에 지장을 주거나 피해자의 명예나 사생활 등 개인의 인권을 침해하는 일이 없도록 각별히 유의해야 한다. 2014년 4월 16일 세월호 침몰 참사를 계기로 우리 언론인은 이런 의지를 담아 재난보도준칙을 제정하고 이를 성실하게 실천할 것을 다짐한다.

### 제1장 목적과 적용
**제1조(목적)** 이 준칙은 재난이 발생했을 때 언론의 취재와 보도에 관한 세부 기준을 제시함으로써 취재 현장의 혼란을 방지하고 언론의 원활한 공적 기능 수행에 기여함을 목적으로 한다.

**제2조(적용)** 이 준칙은 다음과 같은 재난으로 대규모 인명피해나 재산피해가 발생하거나 발생할 가능성이 있을 경우에 적용한다. 전쟁이나 국방 분야는 제외한다. ① 태풍, 홍수, 호우, 산사태, 강풍, 풍랑, 해일, 대설, 낙뢰, 가뭄, 지진 등과 이에 준하는 자연 재난 ② 화재, 붕괴, 폭발, 육상과 해상의 교통사고 및 항공 사고, 화생방 사고, 환경오염, 원전 사고 등과 이에 준하는 인적 재난 ③ 전기, 가스, 통신, 교통, 금융, 의료, 식수 등 국가기반체계의 마비나 이에 대한 테러 ④ 급성 감염병, 인수공통전염병, 신종인플루엔자, 조류인플루엔자(AI)의 창궐 등 질병재난 ⑤ 위에 준하는 대형 사건 사고 등 사회적 재난

### 제2장 취재와 보도
#### 1. 일반준칙
**제3조(정확한 보도)** 언론은 재난 발생 사실과 피해 및 구조상황 등 재난 관련 정보를 국민에게 최대한 정확하고 신속하게 보도해야 한다.

**제4조(인명구조와 수습 우선)** 재난현장 취재는 긴급한 인명구조와 보호, 사후수습 등의 활동에 지장을 주지 않는 범위 안에서 이루어져야 한다. 재난관리 당국이 설정한 폴리스라인, 포토라인 등 취재제한은 특별한 사유가 없는 한 준수한다.

**제5조(피해의 최소화)** 언론의 역할 중에는 방재와 복구기능도 있음을 유념해 재난 피해를 최소화하는 데 기여해야 한다.

**제6조(예방 정보 제공)** 언론은 사실 전달뿐만 아니라 새로 발생할지도 모르는 피해를 예방하기 위해 안내와 사전 정보를 제공하고, 피해자 및 지역주민에게 필요한 생활정보나 행동요령 등을 전달하는 데도 노력해야 한다.

**제7조(비윤리적 취재 금지)** 취재를 할 때는 신분을 밝혀야 한다. 신분 사칭이나 비밀 촬영 및 녹음 등 비윤리적인 수단과 방법을 통한 취재는 하지 않는다.

**제8조(통제지역 취재)** 병원, 피난처, 수사기관 등 출입을 통제하는 곳에서의 취재는 특별한 사유가 없는 한 관

계기관의 동의를 얻어야 한다.

**제9조(현장 데스크 운영)** 언론사는 충실한 재난 보도를 위해 가급적 현장 데스크를 두며, 본사 데스크는 현장 상황이 왜곡돼 보도되지 않도록 현장 데스크와 취재기자의 의견을 최대한 존중한다.

**제10조(무리한 보도 경쟁 자제)** 언론사와 제작책임자는 속보 경쟁에 치우쳐 현장기자에게 무리한 취재나 제작을 요구함으로써 정확성을 소홀히 하도록 해서는 안 된다.

**제11조(공적 정보의 취급)** 피해 규모나 피해자 명단, 사고 원인과 수사 상황 등 중요한 정보에 관한 보도는 책임 있는 재난관리당국이나 관련기관의 공식 발표에 따르되 공식발표의 진위와 정확성에 대해서도 최대한 검증해야 한다. 공식 발표가 늦어지거나 발표 내용이 의심스러울 때는 자체적으로 취재한 내용을 보도하되 정확성과 객관성을 최대한 검증하고 자체 취재임을 밝혀야 한다.

**제12조(취재원에 대한 검증)** 재난과 관련해 인터뷰나 코멘트를 하는 인물에 대해서는 사전에 신뢰성과 전문성을 충분히 검증해야 한다. 재난 발생시 급박한 취재여건상 충실한 검증이 어려운 점을 감안해 평소 검증된 재난 전문가들의 명단을 확보해 놓고 수시로 검증하여 활용하도록 한다. 취재원을 검증할 때는 다음과 같은 사항들을 확인하기 위한 노력을 기울여야 한다.

　　① 취재원의 전문성은 충분하며, 믿을 만한가

　　② 취재원이 고의, 또는 실수로 사실과 다른 발언을 할 가능성은 없는가

　　③ 취재원은 어떤 경위로 그런 정보를 입수했는가

　　④ 취재원의 정보는 다른 취재원을 통해서도 확인할 수 있는가

　　⑤ 취재원의 정보는 문서나 자료 등을 통해서도 검증할 수 있는가

**제13조(유언비어 방지)** 모든 정보는 출처를 공개하고 실명으로 보도하는 것을 원칙으로 한다. 확인되지 않거나 불확실한 정보는 보도를 자제함으로써 유언비어의 발생이나 확산을 막아야 한다.

**제14조(단편적인 정보의 보도)** 사건 사고의 전체상이 파악되지 않은 상황에서 불가피하게 단편적이고 단락적인 정보를 보도할 때는 부족하거나 더 확인돼야 할 사실이 무엇인지를 함께 언급함으로써 독자나 시청자가 정보의 한계를 인식할 수 있도록 노력한다.

**제15조(선정적 보도 지양)** 피해자 가족의 오열 등 과도한 감정 표현, 부적절한 신체 노출, 재난 상황의 본질과 관련이 없는 흥미위주의 보도 등은 하지 않는다. 자극적인 장면의 단순 반복 보도는 지양한다. 불필요한 반발이나 불쾌감을 유발할 수 있는 지나친 근접 취재도 자제한다.

**제16조(감정적 표현 자제)** 개인적인 감정이 들어간 즉흥적인 보도나 논평은 하지 않으며 냉정하고 침착한 보도 태도를 유지한다. 자극적이거나 선정적인 용어, 공포심이나 불쾌감을 줄 수 있는 용어는 사용하지 않는다.

**제17조(정정과 반론 보도)** 보도한 내용이 사실과 다를 경우에는 독자나 시청자가 납득할 수 있는 적절한 방법으로 신속하고 분명하게 바로잡아야 한다. 반론 보도 요구가 타당하다고 판단될 때는 전향적으로 수용해야 한다.

## 2. 피해자 인권 보호

**제18조(피해자 보호)** 취재 보도 과정에서 사망자와 부상자 등 피해자와 그 가족, 주변 사람들의 의견이나 희망

사항을 존중하고, 그들의 명예나 사생활, 심리적 안정 등을 침해해서는 안 된다.

**제19조(신상공개 주의)** 피해자와 그 가족, 주변 사람들의 상세한 신상 공개는 인격권이나 초상권, 사생활 침해 등의 우려가 있으므로 최대한 신중해야 한다.

**제20조(피해자 인터뷰)** 피해자와 그 가족, 주변 사람들에게 인터뷰를 강요해서는 안 된다. 인터뷰를 원치 않을 경우에는 그 의사를 존중해야 하며 비밀 촬영이나 녹음 등은 하지 않는다. 인터뷰에 응한다 할지라도 질문 내용과 질문 방법, 인터뷰 시간 등을 세심하게 배려해 피해자의 심리적 육체적 안정을 해치지 않도록 각별히 유의해야 한다.

**제21조(미성년자 취재)** 13세 이하의 미성년자는 원칙적으로 취재를 하지 않는다. 꼭 필요하다고 판단될 경우에는 부모나 보호자의 동의를 얻어야 한다.

**제22조(피해자 대표와의 접촉)** 피해자와 그 가족들이 대표자를 정했을 경우에는 이들의 의견을 적절히 수용하고 보도에 반영함으로써 피해자와 언론 사이에 불필요한 마찰이나 갈등, 오해가 생기지 않도록 노력한다. 자원봉사자와의 접촉도 이와 같다.

**제23조(과거 자료 사용 자제)** 과거에 발생했던 유사한 사건 사고의 기사 사진 영상 음성 등을 사용하는 것은 해당 사건 사고와 관련된 사람의 아픈 기억을 되살리고 불필요한 불안감을 부추길 수 있으므로 가급적 자제한다. 부득이 사용할 경우에는 과거 자료라는 점을 분명히 밝힌다.

## 3. 취재진의 안전 확보

**제24조(안전 조치 강구)** 언론사와 취재진은 취재 현장이 취재진의 생명과 안전을 위협할 수 있다고 판단될 경우에는 취재에 앞서 적절한 안전 조치를 강구해야 한다.

**제25조(안전 장비 준비)** 언론사는 재난 취재에 대비해 언제든지 취재진에게 지급할 수 있도록 기본적인 안전 보호 장비를 준비해두어야 한다. 취재진은 반드시 안전 장비를 갖추고 취재에 임해야 한다.

**제26조(재난 법규의 숙지)** 재난 현장에 투입되는 취재진은 사내외에서 사전 교육을 받거나 회사가 제정한 준칙 등을 통해 재난 관련 법규를 숙지해야 하며 반드시 안전지침을 준수해야 한다.

**제27조(충분한 취재 지원)** 언론사는 재난 현장 취재진의 안전 교통 숙박 식사 휴식 교대 보상 등을 충분히 지원해야 하며, 사후 심리치료나 건강검진 등의 기회를 제공해야 한다.

## 4. 현장 취재협의체 운영

**제28조(구성)** 각 언론사는 이 준칙이 제대로 지켜질 수 있도록 협의하고 협력하기 위해 필요한 경우 현장 데스크 등 각사의 대표가 참여하는 '재난현장 취재협의체'(이하 취재협의체)를 구성할 수 있다. 각 언론사는 취재협의체가 현장의 여러 문제를 줄이고, 재난보도준칙의 효과를 기대할 수 있는 현실적이고도 유효한 대안이라는 점에 유념해 취재협의체 구성에 적극 협력하고 그 결정을 존중한다.

사전에 이 준칙에 대한 동의 의사를 밝힌 사실이 없는 언론사라 하더라도 취재협의체에 참여하게 되면 준칙 준수에 동의한 것으로 간주한다.

제29조(권한) 취재협의체는 이 준칙에 따라 원활한 취재와 보도를 할 수 있도록 재난관리 당국에 현장 브리핑룸 설치, 브리핑 주기 결정, 브리핑 담당자 지명, 필요한 정보의 공개, 기타 취재에 필요한 사항 등과 관련해 협조를 요구할 수 있다.

제30조(의견 개진) 취재협의체는 재난관리 당국이 폴리스라인이나 포토라인 설정 등 취재에 직간접적인 영향을 주는 사안을 결정할 경우 사전에 의견을 개진하고 사후 운영 방법에 대해서도 개선이나 협의를 요청할 수 있다.

제31조(대표 취재) 취재협의체는 재난 현장에 대한 접근이 제한받을 경우, 과도한 취재인원으로 피해자의 인권을 침해하거나 구조작업 등에 지장을 줄 우려가 있을 경우, 기타 필요하다고 판단될 경우에는 논의를 거쳐 대표 취재를 할 수 있다.

제32조(초기 취재 지원) 취재협의체는 취재 초기에 취재진이 미처 준비하지 못한 생활용품이나 단기간의 숙박 장소, 전기 · 통신 · 이동수단 등을 확보하기 위해 현장의 관계당국이나 자원봉사단체 등과 협의할 수 있다. 취재협의체는 사후 정산을 제안하거나 수용할 수 있으며 언론사가 소요경비를 분담해야 할 경우 각 언론사는 취재협의체의 결정을 존중해야 한다.

제33조(현장 제재) 이 준칙에 따라 취재협의체가 합의한 사항을 위반한 언론사의 취재진에 대해서는 취재협의체 차원에서 공동취재 배제 등의 불이익을 줄 수 있다. 위반 정도에 따라 소속 언론 단체에 추가제재도 요청할 수 있다.


## 제3장 언론사의 의무

제34조(지원 준비와 교육) 언론사는 재난 보도에 관한 교재를 만들어 비치하고 사전 교육을 실시함으로써 취재진의 빠른 현장 적응을 돕는다.

제35조(교육 참여 독려) 언론사는 사내외에서 실시하는 각종 재난교육과 훈련 프로그램에 소속 기자들이 적극적으로 참여하도록 독려한다. 언론사는 가능하면 재난 보도 담당 기자를 사전에 지정해 평소 전문지식을 기르도록 지원한다.

제36조(사후 모니터링) 언론사는 재난 취재에서 돌아온 취재진을 대상으로 설문조사나 의견청취, 보고서 제출 등을 통해 다음 재난 취재시 더 실질적이고 효율적인 지원을 할 수 있는 방안을 강구한다.

제37조(재난취약계층에 대한 배려) 언론사는 노약자, 지체부자유자, 다문화가정, 외국인 등 재난 취약계층에게도 재난정보를 신속하고 정확하게 전달할 수 있는 방안을 마련하는데 힘쓴다.

제38조(언론사별 준칙 제정) 언론사는 필요할 경우 이 준칙을 토대로 각사의 사정에 맞춰 구체적이고 효율적인 자체 준칙을 만들어 시행한다.

제39조(재난관리당국과의 협조체제) 언론사는 회사별로, 또는 소속 언론사 단체를 통해 재난관리당국 및 유관기관과의 상시적인 협조체제를 구축함으로써 효율적인 방재와 사후수습, 신속 정확한 보도를 위해 노력한다.

제40조(준칙 준수 의사의 공표) 이 준칙의 제정에 참여했거나 준칙에 동의하는 언론사는 자체 매체를 통해 적절한 방법으로 준칙 준수 의사를 밝힌다.

**제41조(자율 심의)** 이 준칙의 제정에 참여했거나 준칙에 동의하는 언론사는 각 언론사별, 또는 소속 언론사 단체별로 자율심의기구를 만들어 준칙 준수 여부를 심의하도록 한다.

**제42조(사후 조치)** 이 준칙의 제정에 참여했거나 준칙에 동의하는 언론사의 특정 기사나 보도가 준칙을 어겼다고 판단될 경우에는 심의기구별로 적절한 제재조치를 취한다. 구체적인 제재 절차와 방법, 제재 종류 등은 심의기구별로 자체 규정을 만들어 운영한다.

① 한국방송협회 회원사, 또는 방송사업자는 방송법에 따라 방송통신심의위원회의 사후 심의를 받는다.

② 한국신문협회 회원사와 한국온라인신문협회 회원사, 신문윤리강령 준수를 서약한 신문사는 기존의 자체 심의기구인 한국신문윤리위원회의 신문윤리강령 및 실천요강과 이 준칙에 따라 심의를 받는다.

③ 한국인터넷신문협회 회원사와 인터넷신문위원회 서약사는 기존의 자체 심의기구인 인터넷신문위원회의 인터넷신문윤리강령과 이 준칙에 따라 심의를 받는다.

## 부칙

**제43조(시행일)** 이 준칙은 2014년 9월 16일부터 시행한다.

**제44조(개정)** 이 준칙을 개정할 경우에는 제정 과정에 참여한 5개 언론 단체 및 이 준칙에 동의한 언론단체로 개정위원회를 만들어 개정한다.

출처: 한국기자협회 홈페이지

Guideline)은 있어도 우리나라와 같이 5개 언론단체가 공동으로 제정해 발표한 사례는 세계적으로도 처음 있는 일이라고 강조했다.[318]

재난보도준칙은 전문과 본문 3장, 그리고 부칙으로 구성돼 있고 조문은 모두 44개이다. 준칙 내용을 세부적으로 살펴보면 우선 언론의 재난 보도시 신속한 정보제공뿐만 아니라 방재와 복구기능도 있음을 강조하고, 재난수습에 지장을 주거나 피해자의 명예나 사생활 등 인권침해가 발생하지 않도록 유의해야 한다는 점을 명시했다.[319] 취재와 보도 과정에서는 ▲정확한 보도 ▲인명구조와 수습 우선 ▲예방정보의 제공 ▲비윤리적 취재의 금지 ▲무리한 경쟁의 자제를 당부했다. 또 취재원에 대한 검증과 불확실한 정보에 대한 보도자제를 통해 유언비어 발생을 방지하기 위해 노력하라고 권고했다.

취재 과정에서 사망자나 부상자 등 피해자와 그 가족들의 의견과 사생활을 존중하는 등 피해자의 인권 보호에 앞장서야 한다는 점도 강조했다. 취재진에 대해서는 적절한 안전조치를 강구할 것을 권고한다. 현장에서 보도준칙의 준수와 협조를 위해 현장 취재협의체를 구성할 수 있다고 적시하고 있다. 언론사에 대해서도 기자들에 대한 취재 지원 준비와 교육의 의무를 부과하고 있고, 언론사별로 준칙을 제정하고, 자율심의를 하도록 하는 등 언론사 차원의 의무도 명시하고 있다.

## 재난보도준칙 제정 이후 언론은 달라졌나

세월호 참사를 계기로 재난보도준칙을 제정하고 실천을 다짐했지만, 언론의 재난 보도는 뚜렷하게 발전된 모습을 보여주지 못하고 있다. 언론의 반성이 구두선에 그치는 게 아니냐는 지적도 나온다. 김현정(2019)의 연구에 따르면 재난보도준칙에 대해 입사 10년차 이상의 기자들은 알고 있었지만 7년 미만의 기자들은 잘 모르고 있는 것으로 나타났다.[320] 정민규(2018)의 연구에서도 언론인을 상대로 한 설문조사 결과, 재난보도준칙을 '잘 알고 있다'는 응답은 6%에 불과했고, '본적도 없다'는 응답이 34%를 차지하는 것으로 나타났다.[321] 또 '한국의 재난 보도는 세월호 참사 이후 개선되었습니까?'라는 설문에 '대체로 아니다'(43%)와 '매우 아니다.'(18%) 등 부정적 응답이 61%를 차지했다.[322] 한마디로 재난보도준칙이 제정됐지만, 현장에서 뛰고 있는 일선기자들에게 이를 주지시키고 지키도록 하는 노력이 부족했음을 알 수 있다. 당장 세월호 인양과 수습과정에서 부터 보도준칙이 제대로 지켜지지 않았다는 비판이 나왔다. 인양작업을 취재한 한 일간지 기자는 다음과 같이 고백했다.(안관옥, 2017)[323]

"속보 경쟁은 종합편성채널 진출 초기인 참사 당시 보다 더욱 심해졌다. 기자들이 현장에서 작성한 기사와 제목을 데스킹 없이 바로 출고하는 체계도 이미 정착됐다. 웬만한 사건은 처음에 제목 한 줄만 보내고 2보, 3보, 종합 등으로 덧씌울 정도로 속도전이 치열해졌다. 일분일초를 다투며 실시간 출고를 하는 만큼 사전에 오류를 바로잡을 수 있는 게이트 키핑은 현저히 줄어들었다."

일선기자들의 반성과 비판은 이어진다. 한국언론진흥재단의 월간 〈신문과 방송〉이 세월호 참사 1년을 맞아 마련한 기획에서 일선기자들은 바뀌지 않은 현장 분위기를 적나라하게 지적했다. 즉 재난을 대하는 근본적인 시각이 언론사 내부적으로 바뀌지 않아서 누가 더 슬프고 안타까운

사연을 취재해 오는지 경쟁하는 분위기는 여전하다고 토로했다.(최훈진, 2015)[324]

2016년 9월 12일 경북 경주에서 규모 5.8의 지진이 발생했을 당시 재난방송 주관사인 KBS는 지진 발생 3분이 지나서야 지진 발생 자막을 내보냈다. 이어 잠시 정규방송을 중단하고 4분간 뉴스특보를 전한 뒤 정규방송을 이어가 비판을 받았다.[325] 경주 지진과 관련한 재난방송의 문제점은 국회 차원에서도 논란이 됐다. 민주당 김성수 의원은 방송통신위원회의 '재난방송 종합 매뉴얼'과 지상파방송사의 방송내용 비교분석 결과, 매뉴얼에서 규정하는 ▲화면 상단 정지자막 ▲10분당 경고음 ▲화면 하단 흘림 자막 ▲대규모 피해 발생 시 계속 방송 등의 지침을 준수하지 않았다고 지적했다. 또 종합편성채널은 재난방송 종합 매뉴얼에는 재난방송의무사업자로 되어 있으나 방송지침에는 빠져있어 재난방송의 송출의무는 없는 것으로 드러났다고 비판했다.[326]

2019년 4월 4일 강원도에서 발생한 대규모 산불로 많은 인명 및 재산 피해가 발생했고 정부는 해당 지역에 국가재난사태를 선포했다. 하지만 언론은 산불피해 보도 과정에서 많은 문제점을 노출했다. 재난주관방송사인 KBS는 산불뉴스를 전하다 정규프로그램을 방영했고, 모 보도 전문채널 케이블 방송은 화약창고가 있는 곳에서 현장 중계를 하다가 비판을 받았다.[327]

2018년 12월 강원도 강릉에서 수학능력시험을 마친 고등학교 3학년생 10명이 펜션에 놀러 갔다가 일산화탄소 가스에 중독돼 숨지는 사건이 발생했다. 당시 언론은 입원한 학생 환자들을 상대로까지 과열 취재 행태를 보여 비판을 받았다. 당시 사고대책본부장은 입원한 학생들은 같이 펜션에 투숙했던 친구들이 사망한 사실을 모르고 있는 만큼 기자들을 통해 친구의 죽음을 알게 될 경우 심리적 동요를 할 수도 있다며 취재 자제를 요청을 했다.[328]

김언경(2019)은 〈재난 피해자 명예훼손 등 보도사례〉에서 2017년 11월 발생한 포항 지진 당시 우리 언론이 이재민의 얼굴을 그대로 보여주고, 밤 늦은 시간까지 대피소 내 인터뷰를 진행했다고 비판했다.[329] 또 2019년 5월 발생한 헝가리 유람선 침몰사고 보도와 관련해서도 비판의 날을 세웠다. 사고 다음 날부터 이틀간 이 침몰사고와 관련해 '보험' 또는 '보험금' 관련 내용이 들어간 기사가 209건이나 되었다면서 "실종자의 생환 여부조차 모르는 상태에서, 사망을 전제로 한 보험금 액수를 논한다는 것은 희생자 가족은 물론이고 국민의 윤리적 감정도 거스르는 비도덕적 행태"라고 비판했다.[330] 헝가리 유람선 침몰사고 당시에는 현지에 파견된 정부 당국자들도 브리핑을 통해 피해자 및 실종자 가족들에 대한 취재 자제를 거듭 당부했다.

## 코로나19와 감염병 보도준칙

신종 감염병이 주기적으로 지구촌을 위협하면서 감염병 관련 재난 보도의 중요성도 갈수록 커가고 있다. 2002년 중국에서 시작해 세계적으로 확산된 신종전염병 사스(중증급성호흡기증후군, SARS), 2012년 신종 플루, 2015년 한국을 강타한 중동호흡기증후군(MERS)이 대표적이다. 2020년 1월에는 중국 우한에서 발병된 '코로나바이러스감염증-19(COVID-19)'가 한국 등 전 세계로 확산하는 사태로 이어졌다. 코로나19 확산에 따른 언론의 보도가 쏟아지면서 감염병 재난 보도와 관련한 문제점들이 다시 지적됐다. 국민들의 불안을 가중시키는 과장 보도나 독자들의 관심을 끌려는 낚시성 기사들로 인해 많은 비판을 받았다.

급기야 한국기자협회는 2020년 1월 31일 ▲감염증 공식 병명을 '신종 코로나바이러스 감염증'으로 하고 ▲인권침해 및 사회적 혐오나 불안 등을 유발할 수 있는 자극적 보도를 자제하고 ▲현장 취재기자들의 안전을 고려할 것 등을 긴급 제안했다.[331] 감염증의 명칭과 관련해서는 감염증 발생 초기 '우한폐렴' 등이 많이 사용됐지만, 세계보건기구(WHO) 결정에 따라 '코로나 19'를 사용하라고 당부했다.[332] 기자협회는 "WHO는 2015년 표준지침을 통해 지리적 위치, 사람 이름, 직업군 등이 포함된 병명을 사용하지 말라고 권고한 바 있다"면서 "지역명을 넣은 'ㅇㅇ폐렴' 등의 사용은 국가·종교·민족 등 특정 집단을 향한 오해나 억측을 낳고, 혐오 및 인종차별적 정서를 불러일으킬 수 있다"고 설명했다.

신종 코로나19 취재 보도와 관련해서는 또 취재기자들의 안전문제도 다시 주목을 받았다. 일례로 연합뉴스 차대운 상하이 특파원은 바이러스가 발생한 중국 우한지역 출장 취재를 다녀온 뒤 중국 보건당국에 의해 일시적으로 격리 수용되기도 했다. 일부 언론사 기자들은 확증 환자가 거쳐간 지역을 비슷한 시각에 다녀온 점을 의식해 스스로 자가 격리를 하기도 했다. 이와 관련해 조동찬 SBS 의학전문기자는 "감염병을 취재할 때 가장 주의해야 할 점은 절대로 기자가 감염원, 매개체가 돼선 안 된다"고 강조했다.[333] 그는 또 감염병 현장을 취재하는 기자는 가이드라인에 한계가 있다는 점도 명심하라고 당부했다.[334] 그는 메르스에 대한 방역 가이드라인에 관한 미국 질병통제예방센터(CDC)와 세계보건기구(WHO)의 기준이 달랐고, 우리 보건당국의 메르스 바이러스 방역 가이드라인 역시 바뀐 점을 지적하며 전문가 가이드라인도 반드시 더블 체크를 하라고 조언했다.

박효정(2015)은 감염병 위기 대응에 있어서는 과도한 불안과 사회 혼란을 막기 위해 그 어느 때보다 효과적인 리스크 및 위기관리 커뮤니케이션이 요구된다면서 "정부의 대응뿐만 아니라 정부와 언론의 협력, 책임감 있는 언론의 역할 또한 중요하다"고 강조했다.[335] 기자협회도 2020년 2월 21일 발표한 보도준칙을 통해서 "유튜브 등을 통해 급속히 퍼지고 있는 코로나19와 관련한 허위 조작 정보의 재인용 보도 및 방송 또는 인권침해 및 사회적 혐오·불안 등을 유발할 수 있는 자극적 보도 및 방송을 자제하고, 이를 요구하는 지시가 이뤄지지 않도록 해 달라"고 당부했다.[336]

감염병 보도와 관련해 우리 언론계는 명확한 가이드라인을 마련하지 못했었다. 2012년 보건복지부 출입기자단과 한국헬스커뮤니케이션학회가 공동으로 마련한 감염병 보도준칙(Media Guideline on Communicable Diseases)이 거의 유일한 참고자료 역할을 해왔다. 7개 항으로 구성된 이 준칙[337] 제1항은 "감염병 보도는 현재 시점에서 사실로 밝혀진 정보를 제공해야 하며, 신뢰할만한 근거가 있어야 한다"고 규정한다. 제2항은 예방법과 행동수칙 등 다양한 정보제공을 강조하고 있고, 제3항은 신종 감염병이 불확실한 점이 많은 만큼 추측, 확대 보도를 자제하라고 당부한다. 제5항은 '감염 가능성'과 관련해 과학적 근거를 토대로 신중한 보도를, 제6항은 감염인에 대한 인권침해가 없도록 주의를 권고한다. 제7항은 감염병의 규모, 증상, 결과에 대한 과장된 표현 자제를 요구한다. 특히 ▲기사 제목에 패닉, 대혼란, 대란, 공포, 창궐 등의 단어를 삼가고 ▲기사 본문에 재앙의 전조, 박테리아 대란 등의 과장된 표현도 삼가라고 요구한다.

하지만 이 감염병 보도준칙은 제정 2년여 뒤 발생한 메르스 사태 당시

미국 애틀랜타에 있는 질병통제예방센터(CDC)에서 신종플루 등 각종 긴급사태에 대처하기 위해 24시간 가동되는 비상작전센터(EOC) 내부 모습

제대로 지켜지지 않았다. 이귀옥(2015)은 감염병 보도준칙을 토대로 메르스 사태에 관한 언론보도의 문제점을 구체적으로 분석했다. 이에 따르면 메르스 사태 초기부터 보건당국은 우리나라 상황을 고려한 의미 있는 정보를 제공하지 못했고, 언론도 이를 재확인하거나 검토하는 과정 없이 단순 전달하거나 오히려 과장 보도하는 경향이 있었다고 분석됐다.[338] 특히 정부가 메르스 확산의 진원지가 된 삼성서울병원의 실명을 공개하지 않은 것을 우리 언론도 그대로 묵인해 언론 본연의 기능인 사회감시견 기능을 포기했다는 비판을 받기도 했다고 지적했다.[339]

감염병 보도와 관련해서는 정부의 적극적인 홍보와 정보 제공도 매우 중요하다. 필자는 애틀랜타 특파원 시절인 2009년 10월말 신종플루가 기승을 부릴 당시 미국에서 신종플루와의 전쟁을 최일선에서 지휘한 질병통제예방센터(CDC)를 방문 취재한 바 있다. 애틀랜타 시내 에모리대학 옆에 위치한 CDC는 전염병 등 각종 질병이나 자연재해 및 테러사건 등 긴급사

태에 대처하기 위해 24시간 가동하는 비상작전센터(EOC)를 통해 신종플루와의 전쟁을 지휘했다. CDC는 신종플루와 같은 유행성 인플루엔자의 예방을 위해서는 대국민 홍보가 매우 중요하다고 보고 다양한 정보를 국민과 언론에 제공했다. 홈페이지에는 신종플루 감염 및 확산 현황에서부터 환자 간호방법 등 국민들이 궁금해 할 정보를 충실히 제공했다. 필요할 경우 CDC 소장이 직접 나서 브리핑을 하는 것은 물론이고 전염병 전문가가 한인신문 등 소수인종계 언론을 상대로 설명회를 가질 정도로 홍보에 총력을 기울였다. 이같은 CDC의 적극적인 홍보 노력은 우리 보건당국도 교훈으로 삼을 필요가 있다고 본다.

메르스 사태 때 감염병 보도준칙이 제대로 준수되지 않은 배경을 김재영(2016)은 다음과 같이 분석했다. 그는 "한국기자협회가 아닌 특정 출입처 출입기자단 주도로 일종의 보도 참고용 가이드라인이 만들어지면서 언론사 전체로의 유포나 홍보가 미진해 존재 자체가 잘 알려지지 않거나 이에 따른 부차적인 교육이 따르지 못했다"고 평가했다.[340] 박효정은 "국민의 알 권리라는 이름으로 포장한 과잉보도나 관심을 끌기 위해 선정적인 표현을 쓴 과장 보도는 불필요한 불안과 공포를 초래하게 된다"고 경고했다.[341]

메르스 사태에서 드러난 언론의 감염병 보도 문제점은 2020년 2월 코로나19 보도 과정에서도 재발했다. 유현재(2020)는 2020년 1월 20일부터 2월 10일까지 네이버에서 신종 코로나로 검색한 18만4천266건의 기사 그리고 지상파 3사, 종편과 연합뉴스 등 5개 언론사의 영상 5천136건을 분석했다. 그 결과, '유령 도시' 등 정쟁 혹은 공포를 조장하는 프레이밍 보도나 중국 우한 시장 메뉴판 기사 등 독자들에게 피로감을 줄 정도로 불필요한 정보를 과도하게 주는 기사 그리고 독자들의 클릭을 유도하려는 '어뷰징' 기사도 적지 않았다고 지적했다.[342] 그는 결론적으로 ▲공신력 있는 정보원을 활용해 루머 확산을 방지하는 등 정확한 정보 제공 ▲현재 상황에 대한 안심할 수 있는 정보 제공 ▲기존 불확실한 정보에 대한 사실적 정보 제공 ▲감염인에 대한 낙인효과를 최대한 배제한 사실적 정보 제공 보도가 늘어나야 한다고 강조했다.[343] 안종주(2020)도 "감염병을 비롯한 재난 보도에서 '약방의 감초'처럼 쓰고 있는 공포 소구는 우리 언론의 고질병"이라고 지적했다. 그러면서 감염병 환자 통계를 반복해서 소개하기보다는 개인위생수칙과 지역사회 전파 가능성 등을 알려 예방의 길잡이가 되고 과잉공포로 인한 일상생활과 경제활동 마비를 막는 것이 중요하다고 강조했다.[344]

감염병 보도준칙의 보완 필요성도 제기됐다. 박건희(2019)는 2015년 메르스 감염병 발병 당시 위기 커뮤니케이션의 중요성이 커지고 2015년 7월 감염병 예방 및 관리에 관한 법률 제34조의 2항(감염병 위기 시 정보 공개)이 신설되면서 기존 보도준칙의 보완 필요성이 대두됐다고 지적했다.[345] 2020년 코로나 19가 확산하면서 다시 감염병 보도준칙의 보완 필요성을 주장하는 목소리는 더욱 커졌다.

결국 한국기자협회와 방송기자연합회 및 한국과학기자협회는 2020년 4월 28일 감염병 보도준칙을 제정해 발표했다. 한국언론진흥재단 후원을 받아 마련된 이 준칙은 전문과 기본원칙 및 권고 사항, 별첨, 부칙으로 구성됐다.(표5 감염병 보도준칙 참고) 전문은 우선 "(감염병과 관련한) 추측성 기사나 과장된 기사는 국민들에게 혼란을 야기한다는 점을 명심하고, 감염병을 퇴치하고 피해 확산을 막는데 우리 언론인도 다 함께 노력한다"고 규

## 〈표 5〉 감염병 보도준칙

■ 전문

감염병이 발생했을 때 정확하고 신속한 정보는 국민의 생명 보호와 안전에 직결되는 만큼 무엇보다 정확한 사실에 근거해 보도해야 한다.

추측성 기사나 과장된 기사는 국민들에게 혼란을 야기한다는 점을 명심하고, 감염병을 퇴치하고 피해 확산을 막는데 우리 언론인도 다 함께 노력한다. 감염병 관련 기사를 작성할 때는 반드시 전문가의 자문을 구한 뒤 작성하도록 하고, 과도한 보도 경쟁으로 피해자들의 사생활이 침해되지 않도록 최대한 노력한다.

우리 언론인은 감염병 관련 기사가 우리 사회에 미치는 영향력과 사회적 파장이 크다는 점을 이해하고 다음과 같이 원칙을 세워 지켜나가고자 한다.

■ 기본원칙

1. 감염병 보도의 기본 내용

　가. 감염병 보도는 해당 병에 취약한 집단을 알려주고, 예방법 및 행동수칙을 우선적, 반복적으로 제공한다.

　나. 감염병 치료에 필요한 의약품이나 장비 등을 갖춘 의료기관, 보건소 등에 대한 정보를 제공한다.

　다. 감염병 관련 의학적 용어는 일반인들이 이해하기 쉽게 전달한다.


2. 신종 감염병의 보도

　가. 발생 원인이나 감염경로 등이 불확실한 신종 감염병의 보도는 현재 의학적으로 밝혀진 것과 밝혀지지 않은 것을 명확하게 구분하여 전달한다.

　나. 현재의 불확실한 상황에 대해 의과학 분야 전문가의 의견을 제시하며, 추측, 과장 보도를 하지 않는다.

　다. 감염병 발생 최초 보도 시 질병관리본부를 포함한 보건당국에 사실여부를 확인하고 보도하며, 정보원 명기를 원칙으로 한다.


3. 감염 가능성에 대한 보도

　가. 감염 가능성은 전문가의 의견이나 연구결과 등 과학적 근거를 바탕으로 보도한다.

　나. 감염병의 발생률, 증가율, 치명률 등 백분율(%) 보도 시 실제 수치(건, 명)를 함께 전달한다.

　다. 감염의 규모를 보도할 때는 지역, 기간, 단위 등을 정확히 전달하고 환자 수, 의심환자 수, 병원체보유자 수(감염인 수), 접촉자 수 등을 구분해 보도한다.


4. 감염병 연구결과 보도

　가. 감염병의 새로운 연구결과 보도 시 학술지 발행기관이나 발표한 연구자의 관점이 연구기관, 의료계, 제약 회사의 특정 이익과 관련이 있는지, 정부의 입장을 일방적으로 지지하는지 확인한다.

나. 감염병 관련 연구결과가 전체 연구 중의 중간 단계인지, 최종 연구결과물인지 여부를 확인한 후 보도한다. (예: 임상시험 중인 약인지, 임상시험이 끝나고 시판 승인을 받은 약인지 구분해 보도)

## 5. 감염인에 대한 취재 · 보도

가. 불확실한 감염병의 경우, 기자를 매개로 한 전파의 우려가 있기 때문에 감염인을 직접 대면 취재하지 않는다.

나. 감염인은 취재만으로도 차별 및 낙인이 발생할 수 있으므로 감염인과 가족의 개인정보를 보호하고 사생활을 존중한다.

다. 감염인에 대한 사진이나 영상을 취재 · 보도에 활용할 경우 본인 동의없이 사용하지 않는다.

## 6. 의료기관 내 감염 보도

의료기관 내 감염 확산에 대한 취재 · 보도 시, 치료환경에 대한 불안감 및 혼란을 고려해 원인과 현장 상황에 대해 감염전문가의 자문과 확인이 필요하다.

## 7. 감염병 보도 시 주의해야 할 표현

가. 기사 제목에 패닉, 대혼란, 대란, 공포, 창궐 등 과장된 표현 사용

"국내 첫 환자 발생한 메르스 '치사율 40%'… 중동의 공포 465명 사망!"

"해외여행 예약 0건'…여행 · 호텔업계 코로나19 이어 '코리아 포비아' 악몽"

나. 기사 본문에 자극적인 수식어의 사용

"지난 2013년 한국 사회를 혼란에 빠트렸던 '살인진드기' 공포가 또다시 수면 위로 떠올랐다."

"온 나라에 사상 최악의 전염병 대재앙을 몰고 온 메르스(중동호흡기질환) 의심환자가 또 발생했다."

"'코로나19'에 박살난 지역경제…'공기업 역할 해라'"

다. 오인이 우려되는 다른 감염병과의 비교

"야생진드기 에이즈보다 무섭네… 물리면 사망위험 커"

"전파력 메르스 '1000배'… 홍콩독감 유입 땐 대재앙"

■ 권고 사항

1. 감염병 발생 시, 각 언론사는 특별취재팀을 구성해 감염병에 대한 충분한 사전 교육을 받지 않은 기자들이 무분별하게 현장에 접근하는 일이 없도록 해야 한다.

2. 감염병 발생 시, 보건당국은 언론인을 포함한 특별대책반(T/F)를 구성해, 관련 정보가 국민들에게 신속하고 정확하게 전달되도록 해야 하고, 위험 지역 접근취재 시 공동취재단을 구성해 기자들의 안전 및 방역에 대비해야 한다.

■ 별첨

〈참고1〉 감염병 정보공개 관련 법령

**감염병의 예방 및 관리에 관한 법률 (약칭: 감염병예방법)**

제34조의 2(감염병 위험시 정보공개)

① 보건복지부 장관은 국민의 건강에 위해가 되는 감염병 확산 시 감염병 환자의 이동 경로, 이동수단, 진료의료기관 및 접촉자 현황 등 국민들이 감염병 예방을 위하여 알아야 하는 정보를 신속히 공개하여야 한다. 다만, 공개된 사항 중 사실과 다르거나 의견이 있는 당사자는 보건복지부 장관에게 이의신청을 할 수 있다.

② 제1항에 따른 정보공개의 범위, 절차 및 방법 등에 관하여 필요한 사항은 보건복지부령으로 정한다. [본조신설 2015.7.6.]


**감염병의 예방 및 관리에 관한 법률 시행규칙 (약칭: 감염병예방법 시행규칙)**

① 제27조의3(감염병 위기 시 정보공개 범위 및 절차 등)

감염병에 관하여 「재난 및 안전관리 기본법」 제38조 제2항에 따른 주의 이상의 예보 또는 경보가 발령된 후에는 법 제34조의2에 따라 감염병 환자의 이동 경로, 이동수단, 진료의료기관 및 접촉자 현황 등을 정보통신망에 게재하거나 보도자료를 배포하는 등의 방법으로 국민에게 공개하여야 한다. [본조신설 2016. 1. 7.]


〈참고2〉 감염병 보도 시 기본 항목

− 질병정보 (국내외 발생 현황, 병원체, 감염경로, 잠복기, 증상, 진단, 치료, 환자관리, 예방수칙)

− 의심 및 확진 환자 현황 (신고 건수, 의심환자 건수, 확진 환자 건수)

− 확진 환자 관련 (환자의 이동 경로, 이동수단, 진료의료기관, 접촉자 현황 등)

− 국민행동요령 및 정부의 대책, 감염병 확산방지 및 피해 최소화 위한 지역사회와 국민 참여 등


■ 부칙

이 준칙은 2020년 4월 28일부터 시행하고, 이 준칙을 개정할 경우에는 제정 과정에 참여한 3개 언론단체 및 이 준칙에 동의한 언론단체로 개정위원회를 만들어 개정한다.

2020년 4월 28일

한국기자협회, 방송기자연합회, 한국과학기자협회


출처: 한국기자협회 홈페이지

정해 감염병 퇴치를 위한 언론의 의무를 강조했다. 특히 '정확한 사실에 근거한 보도'를 강조하면서 전문가 자문과 피해자의 사생활 침해방지를 위한 노력을 적극 당부했다. 이어 감염병을 취재 보도하는 언론인들이 지켜야 할 원칙도 제시했는데 다음과 같다.

▲ 감염병 보도는 해당 병에 취약한 집단을 알려주고, 예방법 및 행동수칙을 우선적, 반복적으로 제공한다.

▲ 발생 원인 등이 불확실한 신종 감염병 보도는 의학적으로 밝혀진 것과 밝혀지지 않은 것을 명확하게 구분해 전달한다.

▲ 감염 규모를 보도할 때는 지역, 기간, 단위 등을 정확히 전달하고 환자 수, 의심환자 수, 병원체보유자 수(감염인 수), 접촉자 수 등을 구분해 보도한다.

▲ 감염병의 새로운 연구결과 보도 시 학술지 발행기관이나 발표한 연구자의 관점이 연구기관 등 특정 이익과 관련이 있는지를 확인한다.

▲ 불확실한 감염병은 기자를 매개로 한 전파의 우려가 있기 때문에 감염인을 직접 대면 취재하지 않는다.

▲ 의료기관 내 감염 확산에 대한 취재·보도 시, 치료환경에 대한 불안감 및 혼란을 고려해 감염전문가의 자문과 확인이 필요하다.

▲ 기사 제목이나 본문에 패닉, 대혼란, 대란, 공포, 창궐 등 과장된 표현을 사용하지 않도록 주의한다.

보도준칙은 또 감염병에 대한 충분한 사전 교육을 받지 않은 기자들이 무분별하게 현장에 접근하는 일이 없도록 하고, 감염병 발생 시, 보건당국은 언론인을 포함한 특별대책반(T/F)를 구성해 운영하도록 권고하고 있다.

이번 보도준칙은 2012년 보건복지부 출입기자단과 한국헬스커뮤니케이션학회가 마련한 보도준칙의 미흡한 사항과 한계를 종합적으로 보완했다는 점에서 의미가 있다고 볼 수 있다. 특히 한국과학기자협회가 그동안 준비해온 초안을 토대로 전문가들의 자문을 거쳐 확정된 것이라고 한다. 이 같은 설명을 보면 전쟁 보도나 재난 보도에 관한 보도준칙이나 가이드라인을 마련하는 과정에서 그 주제와 관련이 있는 전문기자 단체나 그룹이 적극적으로 나서는 게 필요하다고 본다.

감염병 보도와 관련해 데이터저널리즘의 적극적인 활용을 주장하는 의견도 나왔다. 임종섭(2015)은 메르스 사건과 관련해 감염자의 이동 경로와 환자 발생 병원 등 데이터를 치밀하게 분석해 시각적으로 재현한 기사들이 나온 점을 거론하면서 "관련 정보가 초기에 제대로 공개되지 않아 필요 이상의 공포심과 과잉대응이 발생했으며, 그만큼 국민들은 상당한 스트레스를 겪었다. 이 과정에서 데이터를 기반으로 필요한 정보를 그래픽, 상호작용의 지도, 표 등으로 제작한 이른바 '데이터 뉴스'는 국민들이 찾은 가뭄 속 단비라고 하겠다"고 평가했다.[346]

감염병뿐만 아니라 조현병 등 정신질환 병력자에 의한 범죄가 늘면서 이와 관련한 언론 보도도 급증하고 있다. 2018년 12월 정신과 전문의 임세원 교수가 30대 정신질환 환자의 흉기에 찔려 숨졌고, 2019년 4월 경남 진주의 한 아파트에서 조현병 진료를 받은 전력이 있는 안인득이 고의로 화재를 내고 주민 5명을 흉기로 살해한 사건이 발생했다. 하지만 조현병 등 정신질환자의 범죄에 대한 언론 보도는 이 환자들의 위험성을 과도하게 조장하거나 사회적 편견을 증가시키는 데 일조를 하고 있다는 비판을 받고 있다. 이에 따라 정신건강과 관련한 보도에서도 보도준칙의 필요성이 제기되고 있지만, 언론계에서는 아직 이에 대한 논의조차 이뤄지지 않고 있는 게 현실이다. 다행히 나은영 교수(2017) 팀이 정신건강과 관련한 보도준칙 시안을 독자적으로 마련해 그 내용을 소개한다.[347]

1. 정신질환에 대해 사실에 근거한 객관적인 정보를 전달한다.
2. 정신질환을 범죄·폭력성과 연관 짓는 것은 사회적 차별과 편견을 조장할 수 있음에 유의한다.
3. 흥미 위주의 기사 제목이나 자극적인 표현을 삼가는 등 용어 선택을 신중하게 한다.
4. 수사기관 등 관련 기관의 추정 발표는 사실 확인 후에 보도한다.
5. 정신질환 관련 기사 작성 시 전문가에게 자문하도록 한다.
6. 정신질환은 회복 가능하며, 예방과 치료, 관리가 가능하다는 점을 이해하고 보도한다.
7. 사실에 근거하지 않은 추측성 기사는 환자와 그 가족의 인권을 침해하는 등 추가 피해가 발생할 수 있음에 유의한다.
8. 정신질환자도 누군가의 소중한 가족임을 이해하고, 인권 보호를 위해 노력한다.

## 재난보도준칙 보완할 세부 가이드라인 필요

언론학자나 전문가들은 재난보도준칙의 제정만으로 재난 보도를 둘러싼 문제점이 해결될 수는 없다고 지적한다. 일단 현행 재난보도준칙이 완벽하지 않은 만큼 보완책 마련이 필요하다고 강조한다. 원숙경과 윤영태(2015)는 한일 양국의 재난보도준칙에 대한 비교연구를 통해서 우리 재난 보도준칙의 한계점을 지적했다.[348] 이를 보면 한국은 재난 현장 중심의 보도준칙인데 반해, 일본은 재난에 대해 장기적 안목을 갖고 대비할 수 있는 방재 중심의 가이드라인이라는 특징이 있다. 또 일본은 재난 이전 단계의 예방 보도와 재난 시 보도준칙은 물론 재난 이후에도 재난과 관련한 원인 분석 및 유사 재난 시 대처방안, 재난 피해자들이 일상으로 복귀할 수 있을 때까지 이에 대한 보도를 계속할 것을 명시하고 있다. 반면 한국은 세월호 참사의 경험을 토대로 만들어진 탓에 장기적인 안목에서 고려되어야 할 재난 단계별 세부적 대처방법들이 명시되어 있지 않았다. 원숙경 등은 "일본의 경우 재난 당시의 보도에 대한 고려는 물론 장기적 안목에서 피해 중심의 보도가 아닌 피해를 줄일 수 있는 보도를 지향하고 있다"면서 "한국의 재난보도준칙도 현장 위주의 규범에서 진일보해 재난 전후에 대한 보도준칙의 고려가 필요하다"고 강조했다.(원숙경 · 윤영태, 2015, 215쪽)

김춘식 등은 〈재난 보도 현황 및 개선방안 연구〉에서 개선해야 할 사항과 세부 가이드라인을 제시한다.[349] 우선 우리 언론의 재난 보도가 지향해야 할 방향에 관해 ▲신속성이 아닌 정확성을 더 중요시하며 ▲재난방송은 선정적인 보도를 지양하고 '냉정한' 정보 중심의 방송으로 전환되어야 하며 ▲희생자 또는 희생자 가족의 안타까운 '사연', '스토리', '비운' 등에 주목하는 보도를 지양하고 ▲자의적인 해석 예방을 위해 취재원 명시 원칙을 강화해야 한다고 강조한다. 김춘식 등은 또 재난보도준칙에는 보도 내용 묘사에 적용되는 실제적인 가이드라인을 담아야 한다고 강조한다. 예를 들어 '자극적인 영상이나 선정적 어휘를 사용하지 않는다'는 다소 추상적인 항목이 아닌 '사실을 부풀리거나 과장하는 표현 등을 사용하지 않는다' 처럼 구체적이어야 한다는 것이다.[350] 김춘식 등은 재난보도준칙 세부 가이드라인을 아래와 같이 제언하고 있다.(표6 참조) 보도준칙의 세부적 항목별로 구체적인 대안이나 보완할 사항을 종합적으로 제시하고 있어 언론인들이 참고하도록 첨부한다.

재난보도준칙을 인권 보호 측면에서 보완해야 한다는 의견도 나온다. 허윤(2019)은 〈재난 피해자 명예훼손에 대한 언론의 책임〉에서 인권침해를 방지하기 위해 보도준칙의 보완을 촉구한다.[351] 그는 "언론은 정확성보다는 속보성에, 객관성보다는 선정성에, 피해자 사연 부각 등에 관심을 갖고, 과도한 영웅과 희생자 만들기, 신상 노출, 타 언론사 간의 경쟁 등으로 인하여 재난보도준칙이 제대로 지켜지지 않고 있다"고 지적했다. 그러면서 준칙 제4조(인명구조와 수습 우선)에 "재난 피해자 또는 관련 단체 등의 항의가 있을 경우 즉시 취재를 중단하여야 한다"는 조항을 추가할 것을 제안한다. 또 제8조(통제지역 취재)에서 관계기관의 동의를 얻어야 취재를 할 수 있다는 취지는 살리면서도 "다만 당국의 고의적인 정보통제 등 재난 피해자에 불리한 상황이 발생한 경우는 예외로 한다"는 단서조항이 필요하다고 주장한다.[352]

재난보도준칙의 내용이 선언적이거나 추상적인 수준에 머물러서는 안 되며, 구체적이고 준칙 위반 시 명확하게 책임을 묻는 내용을 담아야 한다는 주장도 나온다.(오대영, 2014)[353] 특히 재난보도준칙의 효율을 높이기 위해서는 이를 위반한 언론사에게 책임을 묻는 제도적 장치가 마련돼야 한다고 제안한다. 하지만 보도준칙 위반 언론사에 대해 제재 또는 책임을 묻는 것은 현실적으로 쉽지 않은 난점이 있다.

위에서 살펴봤듯이 세월호 참사를 계기로 제정된 재난보도준칙은 많은 한계를 지니고 있음이 드러났다. 원숙경 등의 지적대로 우리 재난보도

## 〈표 6〉 김춘식 등의 재난보도준칙 세부 가이드라인 제언

| 재난보도준칙(현행) | 재난보도준칙 준수를 위한 세부 가이드라인(안) |
|---|---|
| 제3조<br>(정확한 보도) | 재난 보도는 재난 관련 정보를 국민에게 빠르게 전달하기보다는 정보 검증을 통해 정확하게 보도하는 것을 최우선으로 삼아야 한다. |
| | 재난 예방을 목적으로 하거나, 재난으로 인한 추가 피해를 예방·축소하는데 유용한 것으로 확인된 정보는 긴급성의 이유로 신속하게 보도할 필요가 있다.[제6조(예방정보제공)와 관련] |
| | 재난 보도에서 데스크 또는 현장데스크는 타언론사와의 비교를 통해 신속성의 이유로 일선 기자를 독촉하지 말아야 하며, 차분하고 정확한 보도가 되도록 독려해야 한다. 아울러 취재기자의 의견을 최대한 존중하여야 한다. [제9조(현장 데스크 운영)]와 관련 |
| | 피해 규모나 피해자 명단, 사고 원인과 수사 상황 등 중요한 정보에 관한 보도는 책임 있는 재난관리당국이나 관련 기관의 공식 발표에 따르되 공식 발표의 진위와 정확성에 대해서도 최대한 검증해야 한다. 공식 발표가 늦어지거나 발표 내용이 의심스러울 때는 자체적으로 취재한 내용을 보도하되 자체 취재를 거쳐 정확성과 객관성을 최대한 검증했음을 밝혀야 한다. [제11조(공적 정보의 취급)와 관련]. |
| 제12조<br>(취재원에 대한 검증 | 복수 이상의 취재원을 접촉하여 보도사안의 정확성을 점검하여야 한다.[제12조(취재원에 대한 검증)과 관련 |
| | 취재원을 밝히지 않은 기사는 보도하지 말아야 한다.[제12조(취재원에 대한 검증)과 관련 |
| | 실명 취재원(개인, 단체)의 발언이나 자료를 인용하여 기사를 작성해야 한다. 부득이하게 취재원의 이름과 지위를 공개하기 어려운 경우 익명 취재원으로 처리할 수 있지만, 실명을 공개하기 어려운 이유를 반드시 설명해야 한다. |
| | 단체 취재원을 인용하는 경우 단체 취재원의 입장을 설명하는 자의 실명과 지위를 반드시 적시해야 한다. |
| | 간접취재원(자료, 보고서)의 경우 복수의 해당 분야 전문가들의 자료 신뢰도 평가를 받은 후 신뢰도가 확인된 경우에만 인용해야 한다. |
| 제13조<br>(유언비어 방지) | 실명과 직위가 확인된 SNS 취재원만을 인용한다. SNS 공간에서 유통되는 익명 개인의 글을 여론으로 해석하여 보도하지 않는다. |
| | 불특정 다수를 인용하거나 소수의 인터넷 이용자들의 게시물을 다수의 목소리인 것처럼 일반화시켜 보도하지 않는다. |
| | 진원이 확인되지 않은 소문이나 괴담이 난무하는 현실을 자세히 단순 모사하지 않는다. |
| | 소문이나 괴담이 어떤 연유에서 기인하는지 원인을 추적하여 비판적으로 보도한다. |

| 재난보도준칙(현행) | 재난보도준칙 준수를 위한 세부 가이드라인(안) |
|---|---|
| 제15조<br>(선정적 보도 지양) | 사고 영상의 반복적 노출에 의한 잠재적 피해를 발생시키지 않기 위해 급박한 사고 순간 또는 구조의 순간 등과 같은 자극적인 장면을 반복적으로 보도에 사용하거나 후속 보도에서 집중적으로 사용하는 것을 자제해야 한다. |
| | 국민 정서가 민감해진 재난 상황에서 슬픔과 정신적 충격을 가중시키는 표현 및 영상은 사용하지 않는다. |
| | 정치인이나 사회지도계층 인사들의 부적절한 언행에 대해 반복적으로 보도하지 않는다. |
| | 재난 상황을 정치적·이념적 이슈와 연관 지어 사안의 본질을 흐리게 하고 사회적 분열을 조장하는 보도를 절대로 해서는 안된다. |
| | 재난 국면을 개인적인 목적으로 이용하려는 정치인이나 사회지도계층 인사들의 활동을 단순히 대변하거나 전달하지 않는다. |
| | 재난의 본질과 직접 관계가 없는 특정 조직이나 개인의 잘못에 집중하는 마녀사냥식 보도를 하지 않는다. |
| 제16조<br>(감정적 표현 자제) | 정부, 유가족 및 민간단체의 의견이 상승할 때, 특정 입장을 대변하거나 폄하하는 보도를 하지 않고 균형 있는 보도를 지향한다. |
| | 재난에 직간접으로 관련된 이들의 갈등을 부추기는 자극적인 어휘나 영상을 사용하지 않는다. |
| | 선정적인 뜻을 내포한 형용사나 부사구를 사용하여 특정 대상을 과장되게 묘사하지 않는다. |
| | 불안·초조·걱정·공포·우울·슬픔·어둠 같은 분위기를 조성하는 형용사나 부사구를 사용하여 재난을 감정적으로 묘사하지 않는다. |
| 제18조<br>(피해자 보호)<br><br>제19조<br>(신상 공개 주의)<br><br>제20조<br>(피해자 인터뷰) | 재난과 직접 관련이 있는 사고 관련자 또는 희생자의 개인적인 이야기에 지나치게 높은 뉴스 가치를 부여하는 관행은 최대한 자제한다. |
| | 생존자에 대한 개별 인터뷰는 엄격히 제한되어야만 하며, 보호자의 동의 또는 입회 시에만 허용되어야 한다. |
| | 재난 희생자, 피해자, 유가족의 모습은 모자이크 처리하고 실명을 명시하지 않는다. |
| | 피해자의 아픔과 박탈감이 가중되지 않도록 일반인들이 상대적으로 행복감을 느낀다는 논조의 보도는 삼간다. |
| | 재난 상황에서 정치인 및 연예인들의 기부, 봉사활동, 분향소 방문 등에 대한 보도의 경우 애도 분위기에 걸맞는 사진을 사용한다. |

출처: 김춘식·유홍식·정낙원·이영화(2014), 〈재난 보도 현황 및 개선 방안 연구: '세월호 참사' 보도 내용분석을 중심으로〉, 서울: 한국언론진흥재단. 379~380쪽

준칙은 세월호 참사 이후 급하게 제정되다 보니 장기적 안목이 반영되지 않았고, 현장 중심의 실천적 세칙 중심으로 구성되어 있는 실정이다. 또 김춘식 등의 지적처럼 현행 보도준칙은 취재원에 대한 검증, 유언비어 방지, 선정적 보도 지양, 감정적 표현의 자제, 피해자 보호 등의 측면에서도 보완해야 할 요소가 적지 않다. 현장 중심의 보도준칙 내용도 좀 더 구체화해 일선 기자들이 실천하는 데 어려움이 없도록 하고, 재난 피해자 등에 대한 인권침해가 발생하지 않도록 하는 조항도 보완할 필요가 있다고 본다. 재난보도준칙이나 감염병보도준칙의 보완문제와 관련해서는 한국기자협회도 긴급 재난 상황이 발생한 뒤에야 뒤늦게 관련 보도준칙을 보완 또는 제정하겠다고 나설 게 아니라 기자협회에 보도준칙 등을 장기적으로 분석 연구하는 분과위원회나 태스크포스를 상설 운영하는 방안을 적극 검토해볼 필요가 있다고 본다.

제8장

# 디지털 미디어 시대의
# 재난 보도

## 재난 현장에서 각광받는 SNS

대형 재난재해 현장에서 소셜미디어(SNS)의 역할도 갈수록 커지고 있다. 스마트폰과 태블릿 PC 등 모바일 기기가 확산하면서 소셜미디어가 재난재해 현장에서 유용한 커뮤니케이션 수단으로 활용되는 것이다. 소셜미디어는 일반적으로 '측정 가능한 퍼블리싱 기술을 바탕으로 상호작용을 통해서 주장이나 의견을 쉽고 빠르게 유통시키는 매체'로 정의된다.(임종섭, 2015)[354] 소셜미디어는 매스 미디어와는 다른 특징들을 지니고 있다. 주요 특징은 ▲짧은 문장이 가능해 신속하게 콘텐츠 제작과 공유가 가능한 신속성 ▲불과 몇 명만 거치면 불특정 다수와 연결이 가능한 다수성 ▲소비자와 직접 소통할 수 있어 비용 절감이 가능한 경제성 ▲소소한 일상을 진솔하게 전달해 친근성 표출이 쉽고, 쌍방향 소통을 통해 신뢰 구축이 가능하다는 점이 주로 거론된다.[355] 여기에 적은 비용으로 누구나 이용할 수 있는 접근성(accessibility), 제작 기법을 알면 손쉽게 사용할 수 있는 유용성(usability), 반응이 바로 일어나고 전파력이 크다는 최신성(recency), 이용자 반응에 따라 수정이 가능한 영속성(permanency) 등을 드는 견해도 있다.[356]

방송통신위원회가 2019년 2월 발표한 〈2018년도 방송 매체 이용행태 조사보고서〉는 응답자의 57.2%가 일상생활의 필수 매체로 스마트폰을 꼽았다. 반면 TV를 선택한 이는 37.3%에 그쳤다. 특히 재해재난 상황에서도 필수 매체로 응답자의 64.6%는 스마트폰을 택한 반면, TV는 32.1%에 그쳤다.(한국기자협회보, 2019)[357] 이를 입증하듯 재난 상황에서 인터넷이나 SNS의 위력을 보여주는 사례는 많다. 2019년 5월 29일 헝가리 부다페스트 다뉴브강에서 한국인 관광객들이 승선한 유람선이 침몰한 사고가 발생했다. 외신들은 사고 발생 초기 유람선에 아시아인이 다수 승선했다고 보도했으나 비슷한 시각 국내 한 인터넷 커뮤니티 사이트에는 한국인이 승선했다는 글이 올라왔다. 2017년 8월 허리케인 하비가 미국 텍사스주 휴스턴을 강타했을 때 비상구조 요청 전화 911이 통화량 폭주로 불통됐다. 위험에 처한 주민들은 소셜미디어에 사진을 올려 도움을 요청했다. 당시 침수된 양로원에서 노인들이 꼼짝 못 하는 사진이 트위터에 올랐는데 3시간 만에 모두 구출됐다.[358]

2008년 5월 중국의 쓰촨성 지진, 2008년 11월 인도 뭄바이 테러 사건, 2009년 1월 미국 허드슨강 여객기 비상착륙 사고 등은 트위터가 가장 먼저 보도한 대표적인 예이다.(송경재, 2014)[359] 송경재는 "SNS 속보전달 기능은 SNS가 가지고 있는 네트워크 효과(network effect)와 함께 스마트 환경의 진전에 따른 결과일 수도 있다"면서 "그 이면에는 전통적인 매스 미디어와는 다른 SNS 사용자들의 참여적 속성도 작용하고 있다"고 분석했다.

재난재해 상황에서 SNS의 긍정적 기능이 확산되면서 각국 정부도 적극 활용하고 있다. 상황 전파에서부터 피해자 구조 및 복구에 이르기까지 SNS를 유용하게 활용하는 것이다. 미국은 2005년 허리케인 카트리나 재해를 계기로 인터넷 웹, 휴대전화 등 모든 종류의 단말기로 재난경보를 보내는 통합재난경보시스템(IPAWS)를 완성했다.(이경주, 2012)[360] 또 미국연방통신위원회(FCC)와 연방 재난관리청(FEMA)은 2011년 5월부터 긴급 상황 발생 시 휴대폰에 경고메시지를 전송하는 경보시스템(PLAN)을 구축했다.[361] 일본에서는 재해 발생 시 대기업 통신회사가 공중무선 LAN을 무료로 개방해 피해 지역 주민들이 인터넷을 이용하도록 했다.(김민지, 2018)[362] 미국 지질조사국(USGS)은 트위터에서 '지진' 단어가 들어간 낱말을 수집해 위치 정보서비스를 이용해 지진 발생을 알려주는 지진감지기(TED) 시스템을 운영 중이다.(한영미 · 서현범, 2011)[363]

2011년 5월 미국 미주리주 조플린을 강타한 토네이도 재난은 재난 대응과 복구과정에서 소셜미디어의 역할을 잘 보여주는 사례로 평가를 받았다.[364] 당시 토네이도가 강습한 직후 트위터 등에는 도로 위에 전복된 트럭 사진 등이 올라와 극심한 피해 상황을 신속하게 전파했다. 지역 주민들은 전화가 불통이 되자 자신과 가족의 소식을 소셜미디어를 통해 외부에 알렸다. 연락이 안 되는 피해지역 주민의 소식을 궁금해하는 사람들을 위해서는 'Joplin Tornado Citizen Checks' 같은 사이트가 개설돼 생사 여부와 안부를 확인시켜줬다. 또 피해 주민들에게 기부 물품을 보낼 장소와 도움이 필요한 지역 리스트 정보를 신속하게 연결했다. 토네이도 피해로 잃어버린 물품이나 애완견 등에 관한 정보도 신속하게 제공했다.

## SNS 활용 시 유의할 사항

재난재해 대응 과정에서 소셜미디어가 매우 유용하지만 주의를 해야 할 요소도 적지 않다. 한영미와 서현범(2011)은 소셜미디어 활용 시 주의할 사항을 다음과 같이 설명한다.[365] 우선 소셜미디어 플랫폼의 속성과 정보를 확산시키는 사람의 수가 광범위해 부정확하고 잘못된 정보가 나올 수 있다. 둘째, 재난재해 발생 시 정전이 발생할 수 있는 만큼 과도하게 의존하지는 말아야 한다. 또 재난재해 대응을 위한 소셜미디어 관리 비용 그리고 정보수집과 비상경보를 전달하는데 필요한 인력 수 측정이 쉽지 않은 만큼 이에 소요되는 행정비용도 염두에 둬야 한다고 지적한다. 마지막으로 개인정보침해에 대한 우려가 존재한다면서 주의를 당부했다.

재난재해나 테러 사건 현장에서 페이스북, 트위터 등 소셜미디어가 악용되는 사례도 많다. 세월호 참사 보도 과정에서 일부 언론이 SNS 정보를 여과 없이 보도해 부정확한 정보의 확산 채널 역할을 한 점은 단적인 예이다.[366] 홍주현(2014)은 세월호 참사와 관련된 루머가 SNS에서 확산된 경위를 분석한 결과, SNS 정보를 검증하지 않고 속보성을 앞세워 보도하는 인터넷 언론과 매스 미디어의 역할이 컸다고 지적했다. 2018년 6월 일본 오사카에서 6.1 규모의 지진이 발생했을 당시 SNS에는 "교세라돔(야구장) 지붕에 균열이 생겼다", "전철이 탈선했다"는 등의 가짜 정보가 떠돌았다.(김민지, 2018)[367]

2019년 3월 뉴질랜드에서 총격 테러 사건이 발생했을 당시 테러범이 페이스북 라이브 서비스로 현장을 17분 동안 생중계하는 사태가 발생했다.[368] 앞서 2013년 이슬람 극단주의 테러조직이 주도한 케냐 나이로비 쇼핑몰 테러도 트위터로 실시간 중계돼 논란이 일기도 했다고 중앙일보는 전했다. 홍주현은 "SNS를 통해서 확산된 정보가 미디어에 의해 공신력을 얻고 파급력이 커지는 만큼 새로운 커뮤니케이션 환경에서 미디어 또한 정확성, 객관성과 같은 저널리즘의 기본을 지켜야 할 것"이라고 강조

했다.[369]

## 드론 저널리즘과 재난 보도

　드론은 무선전파로 유도하거나 지상에서 원격으로 조정하는 무인항공기(UAV) 시스템을 의미한다. 일각에서는 헬리콥터와 카메라의 합성어인 '헬리캠'이라는 용어가 쓰여 왔다.[370] 드론도 최근 재난재해 보도에 적극 활용되고 있다. 미국에서는 2011년 봄 토네이도 피해 취재를 시작으로 2013년 콜로라도주 대홍수, 2014년 이스트 할렘 아파트 붕괴사고 취재에 드론이 활용됐다. 특히 2011년 빈부격차 심화에 반발한 월가 시위 당시 시민 저널리스트들이 시위대 모습을 공중 촬영해 유명해졌다.(조항민, 2018)[371] 2016년 대만 남부 가오슝에서 발생한 대지진 때는 접근이 어려운 지역 피해상황을 드론을 이용해 보도했다. 국내에서도 2015년 2월 영종대교의 106중 추돌사고 현장 모습을 생생하게 전달했다.[372]

　이민규와 이재섭(2017)은 드론 저널리즘의 효과를 크게 4가지로 분석한다.[373] 첫째, 이전보다 훨씬 다양하고 입체적으로 보여줄 수 있어 영상 저널리즘의 객관성이 증대됐고, 둘째, 접근이 어렵거나 현장이 통제된 현장의 촬영도 가능해졌다. 셋째, 드론 특유의 자유로운 동선으로 새로운 영상문화 창조가 가능해졌고, 넷째, 유인 헬기 등이 있어야 가능해 소수만이 점유하던 상공이란 취재 공간을 다수 언론사가 사용할수 있게 되는 영상 취재영역에서 자본력의 영향을 약화시켰다. 드론은 근접하지 않고도 짧은 시간 안에 촬영이 가능한 특성을 갖고 있고, 가격도 저렴해 쉽게 구매가 가능하다. 따라서 드론을 활용할 경우 전쟁, 화산폭발, 지진, 홍수범람, 태풍피해 등 위험지역 취재 중 일어날 수 있는 안전사고에서 벗어날 수 있다.(이승경, 2016)[374] 이민규(2017)도 2017년 9월 허리케인 어마가 플로리다를 강습했을 당시 드론이 많이 활용된 점을 예로 들면서 미연방항공청(FAA)의 제도 정비와 드론 라이선스 제도 확립으로 비용과 안전성 측면에서 장점이 많은 드론취재가 대세로 정착되고 있다고 평가했다.[375]

그러나 드론을 활용한 저널리즘은 기술적 취약점도 있고 사생활 침해문제를 일으킬 수 있어 주의가 요구된다. 드론은 우선 날씨와 현장여건에 따라 비행에 영향을 크게 받는 한계가 있다.[376] 또 동일 대역의 주파수를 사용하는 무선장비가 많거나 드론을 많이 띄우면 사고 위험 가능성도 높아진다.[377] 이에 따라 비행금지구역과 인구 밀집 지역의 경우 드론 촬영을 자제해야 한다는 지적도 나온다.[378] 하지만 취재 현장에서는 이러한 주의사항들이 무시되는 경우가 다반사이다. 2019년 9월 경기도 북부 지역에서 아프리카돼지열병이 발생해 방역작업이 실시됐을 당시 기자들이 당국의 자제 요청을 무시하고 드론 촬영을 강행해 논란이 일었다.[379] 일부 언론은 방역 당국의 촬영금지 요청도 무시하고 드론을 띄워 돼지 살처분 현장을 찍어 보도했다. 경기도 파주시는 보안상 드론 촬영을 위해서는 군 당국의 사전승인을 받아야 하는데 승인을 받지 않고 촬영을 한 것으로 드러났다.

또 사생활 침해와 사유지의 공중권을 훼손할 수 있다는 우려도 제기된다. 이민규와 이재섭은 옥상과 마당도 주거의 일부이기 때문에 하늘에서의 촬영이 '공개되지 아니한 타인의 활동'에 대한 침해라는 대법원 판결을 거론하며 사생활 침해에 대한 주의를 당부한다.[380] 이민규 등은 또 드론의 화려한 영상으로 인해 기자 멘트의 전달력이 떨어지거나 시청자들이 영상에 현혹되어 기사 내용을 이해하기 어렵게 되는 등 드론의 영상적 특성에 따른 이미지 왜곡 가능성도 제기했다.

## 빅데이터 활용을 통한 재난 예방 보도

재난 보도 과정에서 빅데이터와 재난 로봇의 활용도 적극 검토해볼 필요가 있다. 미국 뉴욕시는 2007년 7월 맨해튼에서 발생한 '스팀 파이프' 폭발사고로 지하철 운행 중단 등 대중교통이 마비되는 사태를 겪었다. 이후 뉴욕시는 전력망과 맨홀 등 낡고 오래된 기반시설을 빅데이터 분석을 통해 관리하는 기법을 활용하고 있다.[381] 전문가들은 모바일 빅데이터를 활용해 재난에 대응할 수 있는 방법이 많다고 평가한다.(김종학 · 고용석 · 김준기 · 박종일, 2016) 김종학 등은 우선 모바일 빅데이터가 대형 건물붕괴에서부터 태풍 재난에 이르기까지 적용할 수 있는 공간적 범위가 넓고, 도심, 관광지 등에서 재난 발생 시 구조대상 정보를 신속히 파악해 구조계획을 수립할 수 있다고 강조한다.[382] 코로나19 사태에서 빅데이터의 중요성은 여러 측면에서 확인됐다. 정부는 빅데이터를 이용한 코로나19 역학조사 지원시스템으로 역학조사 분석을 10분 이내로 단축했다. 또 휴대전화 위치 정보와 신용카드 내역 등 빅데이터 정보를 취합해 확진자의 동선을 10분 이내에 파악할수 있었다. 이러한 빅데이터의 장점을 살려 언론도 재난재해 예방을 위한 보도에 적극 응용해 나가는 방안을 모색할 필요가 있다.

YTN 함형건(2016) 기자는 미래의 위험성을 미리 감지하고 구조적인 문제점을 짚어줄 수 있는 탐사 보도와 데이터 분석을 활용한 재난 보도의 필요성을 제기한다.[383] 그는 2012년 9월 경북 구미의 불산 누출사고 이후 데이터저널리즘을 활용해 '우리 동네 유독물 사업장' 지도를 만들고 유독물 공장 반경 500m 이내에 어린이집이 전국적으로 1천500여 개에 달한다는 점을 지적하는 보도를 했다. 그는 "무심코 지나치기 쉬운 공공데이터를

활용하면 뉴스 제작을 새로운 차원으로 끌어올리고 부가가치를 만들어 낼 수 있다"고 부연했다.[384]

최근에는 재난 현장에서 로봇의 활용도 급증하고 있다. 2011년 후쿠시마 원전 사고를 계기로 활성화되고 있는 재난 로봇은 지상 로봇은 물론 수중로봇에 이르기까지 다양한 형태로 활용되고 있다. 세계재난구조 로봇대회인 다르파 로봇 챌린지(DRC)가 매년 열리고 있고, 후쿠시마 원전 방사선 누출과 파리 노트르담대성당 화재와 같은 복합재난 상황에서 인공지능과 로봇의 문제해결 능력을 겨루는 대회도 열렸다.[385] 우리 정부도 재난이 대형화, 신종·복합화됨에 따라 2014년부터 '재난재해 대응 과학기술 역량 강화 기본방향'을 마련하고 재난용 무인기, 특수차량, 로봇 등 첨단 시스템과 장비 개발에 적극 나서고 있다.[386] 정부는 또 빅데이터, 가상증강현실, 인공지능, 지능형 로봇, 차세대통신 등 혁신성장동력기술을 재난안전 분야에 적극 활용하는 방안을 추진 중이다. 4차산업혁명의 물결을 적극 활용해 재난 안전 관리 시스템을 구축하려는 정부의 노력이 본격화하는 만큼 언론도 이러한 기술을 재난 보도에 응용하는 체제를 갖춰나갈 필요가 있다.

## 크라우드 펀딩을 활용한 재난 보도

재난 보도나 전쟁 보도의 활성화를 위해 최근 유행하는 '크라우드 펀딩 저널리즘'도 적극 활용할 필요가 있다. 크라우드 펀딩이란 크라우드 소싱의 일종이다. 대부분의 크라우드 소싱은 후원자의 능력과 시간을 이용하는 데 반해 크라우드 펀딩은 대중의 지식과 창의적 에너지, 판단에 의존하지 않고, 자금을 이용하는 게 특징이다.[387] 즉 소규모 후원이나 투자 등의 목적으로 다수의 개인으로부터 자금을 모으는 행위를 말한다. 크라우드 펀딩을 통해서 자금을 모아 특정 기자나 프리랜서가 원하는 주제를 심층 취재해 보도하도록 후원하는 것이다. 우리나라에도 분쟁 전문 프리랜서들이 활동하고 있지만, 외국처럼 메이저 언론사와 프리랜서 간 협업체제가 발달하지 않아 취재비용 마련 등에 있어서 많은 제약이 따른다. 이러한 문제의 해결책으로 대중들로부터 후원을 받아 취재하는 시스템을 적극 검토해 나갈 필요가 있다.

일례로 카카오는 2014년 9월부터 콘텐츠 크라우드 펀딩 서비스 '스토리펀딩'을 운영해 왔는데 2015년 5월 누적 후원금 100억 원을 돌파했다.[388] 스토리펀딩은 콘텐츠 창작자가 독자들의 후원으로 제작비를 조달해 기획부터 상용화까지 진행하는 크라우드 펀딩 플랫폼이다. 그 혜택을 받는 대상에는 탐사 보도 전문 기자들도 포함돼 있다.

외국에서는 크라우드 펀딩을 통한 보도가 정착해가고 있다. 독일에서는 기자 2명이 2013년 독자들의 후원을 받아 3개월간 브라질에 출장을 갔다. 이들은 2014년 브라질 월드컵과 2016년 리우데자네이루 올림픽이 브라질 빈민들에게 미치는 영향을 집중 취재했다고 한다.[389]

제9장
올바른 재난 보도를 위한
제언

Covid-19

## 취재기자의 안전대책 강구부터

언론의 재난 보도가 올바른 방향으로 나아가기 위해서는 해결해야 할 과제도 적지 않다. 취재기자들의 안전대책을 강화하는 문제에서부터 선정적이고, 자극적인 보도와 피해자의 인권을 존중하지 않는 보도 행태의 개선에 이르기까지 언론 앞에 놓인 숙제는 다양하다. 먼저 재난재해 취재에 나서는 언론인들이 현장에서 직면할 위험으로부터 보호받을 수 있는 대책부터 강구할 필요가 있다. 언론사들은 재난보도준칙 제2장 3항에 명시돼 있는 대로 취재진에게 기본적인 안전보호장비를 제공하는 등 충분한 취재 지원을 해야 한다. 일부 언론학자들은 단기적 과제로는 위험지역 취재 안전 표준 매뉴얼을 만들고 안전 교육을 실시하도록 권고한다. 장기적 과제로는 한국언론진흥재단이 위험지역 취재 안전 매뉴얼 표준안을 제시하고, 안전 교육 및 고가의 위험지역 취재 안전 장비의 장기 대여를 검토하라고 권고한다.(홍은희 · 이승선, 2012)[390] 이들은 위험지역 취재진에 대한 사후 건강관리 지원, 취재기자 안전에 관한 연례 보고서 발간 등도 제안한다.

동일본 대지진을 계기로 원전사고 등과 관련한 취재 수요도 증가하는 만큼 방사능 취재 관련 대비도 강화할 필요가 있다. 동일본 대지진 취재를 했던 한 기자는 일본 언론사의 원전취재핸드북을 토대로 몇 가지 제안을 한다.[391] 우선 현장에 갈 때는 휴대용 선량계, 요오드제를 기본적으로 휴대하고, 취재진은 자치단체가 설정한 진입 금지 구역에는 절대로 들어가지 말라고 당부한다. 방사능 유출 우려가 있을 경우엔 30분마다 수치를 기록하고, 정기적으로 안전 관리자에게 통보하도록 했다.

일본 언론들이 재난으로 보도 기능이 마비될 가능성에 대비해 다른 지역 매체와 협력체계를 구축하고 있는 점을 거론하며 우리 언론사들도 서울이 마비될 경우에 대비한 대책이 필요하다는 견해도 제기됐다.(정민규, 2018)[392] 재난 현장에서 과열 취재 경쟁을 막기 위해서는 보도준칙에 명시된 '재난 현장 취재협의체'를 구성해 가동하는 방안도 검토할 필요가 있다. 일원화된 취재 운영 시스템으로 재난 보도 주관 언론사를 중심으로 취재를 하거나, 언론사들이 참여하는 '풀 기자단'을 구성하는 방법을 제안하는 학자도 있다.[393] 하지만 인터넷 1인 매체 등 매체가 워낙 많고 다양한 상황에서 재난 현장에서 일선 기자들 간 논의를 통해 취재협의체나 풀 기자단을 구성하는 방안은 현실적으로 합의를 도출하기가 쉽지 않은 난점이 있다.

## 트라우마 극복을 위한 지원 강화해야

재난 보도에 많이 투입되는 사회부 기자들은 전통적으로 선후배 관계가 일사불란한 군대식 전통을 유지해왔다. 특히 초년병 시절부터 험하고 열악한 취재환경을 극복할 수 있는 훈련을 많이 받는다. 수습기자 시절 잠을 거의 안 자며 경찰서 순회 취재를 시키는 관행이나 국립과학수사연구소의 부검 현장에 입회하는 훈련을 받는 것은 단적인 예이다. 물론 시대가 변해 이 같은 수습 기자 교육 방식은 많이 사라졌지만 기자는 강해야 한다는 기조만큼은 크게 변하지 않은 것 같다. 일부 연구결과를 보면 객관주의 규범을 내면화하고 있는 언론인들은 취재하는 사건과 자신의 감정을 충분히 분리할 수 있다고 생각하는 경향이 강하다. 또한 어떠한 힘든 임무가 주어지더라도 이를 반드시 수행해내는 강인함을 미덕으로 삼는 마초적 언론계 문화가 자신의 감정을 드러내는 것을 막는 것으로 분석됐다.(배정근, 2014)[394]

또 다른 연구결과, 한국 언론인은 위험 상황을 늘 접하는 소방관 만큼의 스트레스를 위험 상황에서 받는 것으로 나타났다.(정연구·이주일, 2014) 이 연구는 특히 언론인은 현장의 규모가 클 때, 위험 상황 피해자들에 대해 애정을 많이 가질 때, 자신의 의지와 상관없이 보도 등에 오류가 생길 때, 상사와의 관계에서 강요 등 좌절을 겪을 때 지연반응 스트레스가 더 커진다고 분석했다.[395]

한국언론진흥재단이 발간한 〈취재기자들을 위한 재난 보도 매뉴얼〉을 보면 엄청난 재난이 발생할 경우, 소방관과 의료진, 경찰과 같은 긴급구호 요원들은 감정적인 후유증을 겪게 된다. 긴급구호 요원 범주에 속하는 기자들도 이러한 타격에서 자유롭지 못하다면서 주의를 당부한다.[396] 특히 3~4주 안에 증상이 완화되는 정상적인 트라우마성 스트레스 반응과 이보다 심각성이 훨씬 높은 외상 후 스트레스 장애(PTSD)의 차이를 이해하는 게 중요하다고 강조한다. 특정 상황에서 극단적인 사건에 노출될 경우 PTSD를 포함한 비정상적인 반응이 나타날 수 있다고 한다.[397] 실제로 세월호 참사를 취재한 기자 중 약 절반 정도가 외상 후 스트레스 장애(PTSD)를 겪고 있다는 연구결과가 나오기도 했다. 배정근·하은혜·이미나 연구팀이 세월호 참사를 취재한 기자 270명을 대상으로 조사를 한 결과, 45.9%(124명)가 PTSD를 겪고 있는 것으로 조사됐다. 비슷한 직업 환경을 가진 다른 직업군과 비교해 소방 공무원(36.9%) 보다 높고, 사상 사고를 직접 경험한 지하철 승무원(57.6%) 보다 낮은 수준이었다.[398]

2011년 동일본 대지진과 후쿠시마 원전 방사능 유출 사고를 취재한 후 귀국한 언론인 중에는 염색체 이상이 나타나기도 했다. 염색체 이상이 나타난 한 기자가 겪은 고통을 잠시 소개한다.[399] 모 지상파 방송사 카메라 감독인 이 기자는 2017년 9월 시사저널 인터뷰에서 원자력 병원에서 염색체 이상이 있다는 진단을 받고 많은 스트레스에 시달렸다고 고백한다. 급성 스트레스 반응을 동반한 외상 후 스트레스 장애와 적응 장애 진단을 받았고, 사람들의 과도한 관심과 동정이 이어지면서 한동안 회사도 뒷문으로 다니기도 했다. 불안감과 스트레스로 2년간 정신과 치료를 받아야 했다고 설명했다. 이처럼 위험한 재난재해를 취재하고 돌아온 언론인들은 다양한 후유증을 겪을 가능성이 매우 크지만 이에 대한 치료나 보상문제는 제도화되지 못한 경우가 많은 실정이어서 대책 마련이 시급한 상황이다.

## 교육 연수 강화로 재난 보도 업그레이드

재난 보도 원칙에 충실한 재난 보도가 되려면 다양한 교육과 연수 필요성도 제기된다. 김춘식·유홍식·정낙원·이영화(2014)는 재난보도준칙의 실천을 위해 체계적인 재난 보도 교육 시스템이 필요하다고 강조한다.[400] 이를 위해 한국언론진흥재단의 '저널리즘 스쿨'에서 언론사 경영진과 언론인을 대상으로 교육을 실시하고 교육 참여에 대한 인센티브를 제공하는 방법도 고려하라고 제안한다.

재난 보도의 고질적 문제점 중 하나인 전문성 부족 문제의 해결을 위해서는 재난 전문가인 취재원을 충분히 확보하고, 취재기자는 재난사고에 관한 전문적인 지식을 충분히 확보해야 한다고 강조한다.(백선기 · 이옥기, 2011)[401] 또 취재기자에 대한 전문적이고 체계적인 교육이 필요하며, 신문사에 재난 보도를 전담하는 전문팀이 상설화되어 있어야 한다고 제안한다.

비슷한 맥락에서 이민규(2011)는 재난을 사건 기자보다 전문 기자 시각으로 보도하도록 패러다임을 바꾸고 재난 보도 전문가를 육성해야 한다고 강조했다.[402] 그는 '사건 기자' 시각의 재난 보도는 ▲필요한 정보제공에 소홀하고 ▲정확성과 객관성이 부족해 추측 보도가 난무하며 ▲데이터 중심의 보도보다 인터뷰 중심의 보도가 주류를 이루고 ▲과도한 속보 경쟁으로 인한 선정성, 불안감을 부추기는 보도가 많고 ▲피해 현장 스케치 보도를 반복해 불안감을 조성하고 ▲인권, 기밀, 안보에 대해 둔감한 불감증 보도가 많은 문제점이 있다고 비판한다.(이민규, 16쪽) 따라서 재난 관련 전문기자를 배치해 과학적이고, 전문적인 보도를 하고, 특히 가십성 보도가 아니라 사회 구조적 측면에서 거시적으로 조망할 수 있도록 하자고 제안한다. 하지만 언론 현장에서 보면 대형 재난재해가 발생할 경우 가장 신속하게 현장에 투입돼 사태의 전모를 파악하고 문제의 핵심을 분석하는 데 사건 기자들만큼 훈련된 인력도 없다. 따라서 사건 기자가 현장 중심으로 취재 보도를 하면서 재난 전문 기자가 정보를 공유하며 심층적인 분석기사를 쓰는 등 협업을 해나가는 시스템을 모색해볼 필요가 있다.

재난 상황의 신속한 보도 과정에서 중요한 역할을 하는 뉴스통신사들은 영국 로이터통신이 2009년 1월 재난대비를 위해 '비상뉴스통신

(Emergency News Agency, ENA)'의 설립을 주장하고 나선 점도 참고해볼 필요가 있다는 의견도 있다.(양문석 · 김기범 · 김동준, 2009)[403] 양문석 등은 로이터통신이 ENA 설립을 제안한 배경을 대규모 재난 상황에서 언론사들이 공동취재 시스템을 갖추어 과잉경쟁을 자제하고, 보다 양질의 기사를 공급하는데 주력할 필요가 있다는 맥락으로 해석해야 한다고 당부한다.

심층 탐사 보도를 강화해야 한다는 주장도 나온다. 김균수(2014)는 세월호 참사와 같은 재난이 발생하면 방송사는 종일 방송 편성의 유혹에서 벗어나지 못하는데 이것이 속보 위주의 보도 등 부실 보도를 야기한다고 지적한다. 그는 대형 재난의 경우 해소되지 않는 의혹과 이행되지 않은 약속들로 인해 매번 똑같은 사회적 재해가 반복되지 않도록 심층 탐사 보도의 역할이 필요하다고 강조한다.[404] 그는 또 온 · 오프라인 상 다양한 군소 뉴스매체들이 범람하고 있는데 국가 기간 재난방송사인 KBS를 비롯한 지상파 및 종합편성채널의 재난방송은 군소 매체들의 맏형으로서 경쟁자가 아닌 균형자 역할을 할 필요가 있다고 강조한다. 또 재난 시 기자들이 국민의 '알 권리'를 위해 봉사하는 '프로페셔널'로서의 직업 정체성을 내재화하도록 해야 한다고 당부한다.[405]

송종길과 이동훈(2003)은 보도 주제와 내용에 있어서 각 재난 진행 단계별로 차별화된 보도 초점을 갖고 폭넓은 보도를 해야 한다고 제언한다. 구체적으로 보면 재난 발생 직후에는 사망자, 부상자에 대한 구조상황과 정보 그리고 사고현장에 대한 출입통제나 조치사항을 전달해야 한다. 복구와 수습이 시작되면 재난수습에 필요한 대책이나 지원 방법을 점검하고 필요한 물자와 인력에 대해 보도한다. 사고 마무리 시기에는 사건의 원인에 대한 심층적 분석이 필요하며, 안전시스템에 대한 점검이 주된 보도가

돼야 한다고 강조한다.[406]

## 편집국의 수평적 커뮤니케이션 구조 정착

하드웨어적 측면의 개선방안 이외에도 편집국이나 보도국 내부의 수직적, 권위주의적 풍토 등 소프트웨어 측면을 개선할 필요가 있다는 지적도 많다. 재난 보도가 선정적이고 자극적인 방향으로 흐른 배경에는 데스크의 일방적 지시와 이를 일선 기자들이 무조건 따를 수밖에 없는 권위주의적이며 수직적인 언론사 내부 조직문화가 도사리고 있다는 판단에 기초한 것이다. 2014년 5월 세월호 참사 이후 관훈클럽 주관으로 열린 재난 보도 관련 세미나에서 제기된 현장 기자들의 지적은 이를 잘 보여준다.[407] 세월호 참사 현장을 지키며 유족들을 취재하던 기자들은 주로 5년차 이하 젊은 기자들로서,[408] 사건 캡이나 본사 데스크 지시에 따라 '닥치고 취재'를 해야 했다고 고백했다.(박철홍, 2014)[409] 이들은 또 현장과 데스크 간의 괴리 문제도 제기했다. 세월호 참사 당시 현장의 기자들이 가장 많이 제기한 불만은 '이야기 되는 기사'를 물어오라는 자사 데스크들의 일방적인 지시였다.

이와 관련해 심규선은 재난보도준칙 제정 이후 "준칙의 성패를 누가 쥐고 있느냐고 묻는다면, 주저 없이 편집 보도국 간부"라면서 "현장 기자도 아니고, 회사도 아니다. 편집 보도국의 차장이나 부장, 또는 국장의 태도가 매우 중요하다"고 강조했다.[410] 그는 또 "현장 기자는 현장 상황이 왜곡돼 보도되지 않도록 자신의 이견을 분명히 개진해야 하며, 무리한 취재나 제작요구로 인해 정확성이 희생되는 일에 암묵적으로 동의해서는 안된다"며 현장 기자들이 "NO라고 말해야" 함을 역설했다. 일선 기자 입장에서는 언론사 간에 치열한 경쟁 속에서 '해야 할 취재'와 '쓰지 말아야 할 기사'의 선을 명확히 교통정리해주는 역할이 데스크에게 요구된다는 견해도 나왔다.(박철홍, 2014)[411] 세월호 보도 참사는 현장 기자와 데스크(급) 간부들 사이의 소통 부재가 빚어낸 보도 참사인 만큼 재난 보도와 관련한 저널리스트 교육도 위로부터 내려와야 한다고 강조하는 주장도 나왔다.(김호성, 2014)[412] 그나마 최근 언론계에 입문하는 새로운 세대의 기자들은 나름 자기 의사를 분명하게 표시하고 있고, 이 같은 분위기는 수직적 편집국·보도국 분위기를 수평적 구조로 전환하는 계기로 작용할 것으로 보인다. 하지만 일사불란한 지휘체계를 강조해온 언론사의 위계적 문화는 오랜 시간에 걸쳐 누적되면서 정착된 만큼 하루아침에 변화할 가능성은 그리 높지 않다고 본다. 따라서 언론사 중견간부급 기자들이 솔선해서 이 같은 풍토를 개선해나가는 노력을 기울여 나갈 필요가 있다고 본다.

## 정부의 언론브리핑 강화

재난 보도가 신속하고 정확한 보도를 통해서 국민의 피해를 최소화하는 기본 기능을 제대로 수행할 수 있도록 정부도 노력할 필요가 있다. 대형 재난재해 발생 시 적극적으로 관련 정보를 제공하고 정례 브리핑을 통해 언론의 궁금증을 해소하는 등 지속적인 노력이 필요하다. 재난관리 전문가인 김석철(2015)[413]은 재난 대응 시 언론의 불확실한 정보의 확대재생산과 루머 컨트롤에 대한 정부의 대비가 부족하다고 지적하면서 보완 필요성을 제기한다. 사고의 대응과 수습에서 언론이나 SNS에 떠도는 부정확한 정보가 루머로 확대 재생산되는 경우가 많은 만큼 재난 대응 컨트롤타워는 정확한 정보 전달과 뜬소문 통제에 대한 매뉴얼, 조직 및 전략들을 준비해야 한다고 강조한다.

한국기자협회 등 언론 관련 단체들도 2014년 9월 재난보도준칙을 공표하면서 정부와 재난관리 당국에 4개 항을 요구했다. 구체적으로 보면 ▲재난 상황에서는 국민의 알 권리 충족 차원에서 정확·신속하게 정보를 공개하고 ▲폴리스라인, 포토라인 설정 등 취재를 제한하는 조치는 인명 구조와 등 꼭 필요한 경우에 한해 시행하고 ▲재난 현장 취재협의체의 요구를 존중하고 ▲정부 당국은 재난 상황 언론브리핑 매뉴얼을 만들어 발표할 것을 요구했다.[414]

2019년 헝가리 부다페스트에서 유람선 침몰사고로 한국인 여행객이 다수 사망하는 사건이 발생했을 때 우리 언론은 많은 기자를 현장에 보내 취재를 했다. 당시 헝가리주재 한국대사관과 외교통상부와 소방방재청의 신속대응팀은 오전과 오후 정례 브리핑을 통해 언론의 궁금증을 해소해주는 노력을 전개해 나름 효과를 거뒀다. 반면 2015년 6월 메르스 발생 초기 보건당국은 삼성 서울병원에서 급속하게 메르스가 확산하고 있음에도 불구하고 관련 정보를 공개하지 않았다. 이는 결국 초동 대응 잘못에 이어 늑장 대응으로 이어졌다.[415] 재난시 언론대응을 분석한 국민안전처 보고서도 "재난 발생 시 재난수습 주관기관 등은 우선 수습에 집중할 수밖에 없는 상황인 반면, 언론은 신속하게 피해 상황이나 사망자의 수를 알려야 할 의무가 있어 상호 간에 마찰이 빚어질 수 있다"고 진단했다. 보고서는 이어 "그러나 디지털 미디어 시대에 있어서는 뉴미디어나 SNS의 발달로 감출 수가 없는 시대가 되었다"면서 "오히려 있는 그대로를 솔직하게 열어놓고 설명해서 협조를 구하는 것이 가장 바람직하다"고 조언했다.[416]

## 구호 약자를 위한 재난 보도와 솔루션 저널리즘

　재난재해가 발생할 경우 장애인이나 노인 등 구호 약자들이 신속하게 대피하고 보호를 받을 수 있도록 관심을 갖고 보도해야 한다. 우리나라는 2007년에 총인구 중 65세 이상 고령 인구가 7.2%를 차지해 고령화 사회가 됐고, 2026년 20.8%로 초고령사회에 도달할 것으로 예측되고 있다.[417] 또 행정안전부(2017) 자료에 따르면 우리나라 장애인 인구는 2016년 기준으로 251만1천 명으로 전체 인구의 4.8%를 차지한다.[418] 장애인들은 재난 발생 시 이를 신속하게 인지하고 대응하기가 어려워 큰 피해로 연결되는 경우가 많다는 게 행안부 분석이다. 우리나라에서 10만 명당 화재로 인한 사망자 수는 장애인이 비장애인에 비해 4.7배나 높은 편이다.[419]

　미국의 재난 전문가인 크레이그 퓨게이트(Craig Fugate) 전 연방 재난관리청(FEMA) 청장은 "재난의 피해는 어린이를 비롯해 노인·장애인 등의 약자들에게 집중된다"면서 "정부는 이들이 위급상황에 대처할 수 있도록 응급처치나 소방 등 기본교육을 강화해야 한다"고 강조했다.[420] 남형두 (2015)는 대형 재난사고로 안전에 대한 관심이 높아지고 있지만, 장애인, 고령자 등에 대한 대응은 미미한 실정인 만큼 방송, 통신 등 기기를 활용한 재난대비 방안을 마련하는 게 필요하다고 강조한다. 그는 특히 미국이 FCC 산하에 비상접근자문위원회(Emergency Access Advisory Committee) 통신 등을 활용한 재난대비 방안을 모색 중인 점을 거론하며 우리도 참고할 만하다고 제안한다.[421]

　우리 사회는 급격한 고령화로 노인 인구가 급증하고 있는 만큼 재난주관방송사인 KBS를 비롯해 지상파 방송 등도 노인이나 장애인 등 구호 약자들이 재난 발생 시 신속하게 대피할 수 있도록 보도를 해나갈 필요가 있다. 이와 관련해 케이블 종합유선방송사업자(SO)인 LG헬로비전의 재난방송 사례는 참고할 만하다. 과거 CJ헬로였던 이 방송은 2019년 4월 강원도 고성, 강릉 일대에서 대규모 산불이 발생했을 당시 곧바로 특보체제로 전환해 중점적으로 보도했다. 3일간 46시간 동안 재난방송을 진행했다.[422] 이는 당시 재난방송 주관사인 KBS가 산불 발생 후 4시간이 지나서야 특보방송을 시작해 비판을 받았던 점과 대비됐다. CJ헬로는 또 2017년 11월 포항지진 때는 한국에 거주하는 외국인들을 고려해 영어 자막을 내보냈고, 2019년 여름 태풍 때는 영어권 다음으로 국내 외국인 인구가 많은 중국어와 베트남어로 대피 필요성을 알리는 속보자막, 하단 스크롤 자막을 내보냈다.

언론의 부정적 편향성을 극복하고 저널리즘의 가치를 좀 더 긍정적인 방향으로 가져가려는 차원에서 시도되는 솔루션 저널리즘[423]을 재난보도에도 응용해 볼 필요성도 제기되고 있다. 이는 재난재해 발생 시 정부의 책임부터 지적하고 나서는 보도관행에서 탈피할 필요가 있는 데다 부정·비리 고발에만 치중해서는 사회적 갈등의 해결에 도움이 되지 않는다는 판단이 작용하고 있다고 본다. 이미나(2019) 등은 "솔루션 저널리즘은 저널리스트들이 계속 우리 사회의 부정적인 측면을 부각하면서 정작 해결책을 말하지 않기 때문에 문제를 해결하기보다는 무관심하거나 둔감하게 만들고 결과적으로 사회에 해악을 끼친다는 반성이 출발점"이라고 설명한다. 그는 이어 "증거에 기초하며 정확하고 균형 잡힌 해결책을 제시함으로써 문제를 해결하는 데 기여하고 개인에게 행동할 수 있는 정보를 제공해 궁극적으로 사회변화를 촉발시키는 뉴스 형식"이라고 강조한다.[424]

제10장

제10장
글을 마치며

## 전쟁과 재난 보도의 새로운 원칙이 세워지길

강준만(2019)은 "개화기에서부터 오늘에 이르기까지 한국 언론의 가장 중요한 기능은 카타르시스 제공이었다"고 진단한다.[425] 그는 우리 언론이 다른 것은 몰라도 대중의 한을 달래주고 스트레스를 해소시켜주는 카타르시스 기능만은 제대로 수행해왔다고 평가하는 것 같다. 강준만의 평가처럼 우리 언론은 힘없는 민초들을 대신해 권력을 감시하고 부정과 부패를 고발하는 감시견 역할을 충실히 수행하려 노력해왔다. 권위주의 정권 시절에는 사회의 민주화를 위해, 민주화된 이후에는 권력형 비리 등을 파헤치며 진실을 전하려고 애써왔다. 전쟁이나 재난재해 취재 보도 과정에서도 이러한 노력은 계속돼왔다. 최초의 근대신문인 한성순보는 창간호부터 장마와 홍수피해를 집중 보도했고, 청불전쟁 등 한반도 주변에서 벌어지는 전쟁도 관심을 갖고 보도했다. 이 같은 전통은 일제 강점기 만주에서 경신참변을 취재하다 숨진 장덕준 기자, 1958년 진먼다오 취재 도중 숨진 최병우 기자 등 역사의 주요 현장에서 진실을 전하다가 순직한 기자들의 희생 속에 이어져 왔다. 재난재해 발생시 관계 당국의 늑장 대처나 무사안일, 인허가 과정의 부정 등이 있었을 경우 이를 철저히 규명하고 관련자 처벌을 요구하며 환경감시 기능을 수행하려 노력했다.

　하지만 재난 보도의 경우 정부 발표를 무조건 받아쓰는 행태, 선정적이며 자극적인 보도 등 여러 측면에서 비판을 받았고, 대형 오보까지 내기도 했다. 재난 보도에 대한 불만은 세월호 보도 참사를 계기로 폭발했다. 결국, 언론단체들이 중심이 되어 재난보도준칙을 제정해 실천에 옮기고 있지만, 아직 갈 길이 멀다는 게 중론이다. 전쟁 보도 역시 외신에 과다 의존해 한국적 시각에서 바라보는 보도가 적은 실정이며, 추측에 근거한 무책임한 보도도 많다는 비판을 받고 있다. 또 현장을 뛰는 기자들은 온갖 위험이 도사린 재난이나 분쟁 현장에 투입되어 열악한 환경을 혼자 해결하며 취재해야 하는 상황도 개선되지 않고 있다. 취재기자의 안전문제나 재난 및 전쟁의 취재 보도 행태 모두 필자가 기자 생활을 시작한 1990년대 초반과 별반 크게 달라진 점을 찾기가 어려울 정도라고 해도 과언이 아니다.

　전쟁이나 재난 보도가 비판을 받는 원인에는 여러 요소가 복합적으로 작용을 하는 것으로 보인다. 전쟁 보도 가이드라인이나 재난보도준칙 등 현장 취재기자들에게 지침이 될 만한 기본준칙이 마련되지 않은 데다 이와 관련된 교육이나 연수가 부실한 점도 한 요인이다. 여기에 일선 기자나 데스크 모두 저널리즘 원론 상의 기본 원칙을 준수하기보다는 속보 경쟁이나 특종경쟁을 펼쳐온 게 그간의 관행이었다 해도 지나치지 않다. 최근에는 일간 신문과 지상파 방송 및 뉴스통신사 중심의 기존 언론환경이 종합편성채널, 인터넷 매체, 유튜브 채널 등 다양한 매체의 등장으로 과열경쟁이 펼쳐지고 있다. 여기에 편집국의 수직적 커뮤니케이션 구조 등도 한 몫을 하는 요인이다.

이러한 현실을 정확하게 진단하고 개선해 나갈 방안은 없는지 찾아보자는 취지에서 이 책은 시작됐다. 특히 저널리즘 원론 차원에서 우리 언론의 재난과 전쟁 보도 양태를 엄정하게 분석하고 비판한 언론학자들의 견해를 적극 수렴해 교훈으로 삼고자 했다. 우리 언론의 재난과 전쟁 보도가 한 단계 발전해 본연의 기능과 역할을 충실히 수행할 수 있도록 대책도 제시해보려 시도했다. 우리 기자들은 출입처에서 만나는 취재원으로부터의 비판은 물론이고 학계의 비판을 수용하는데 매우 인색했다. 언론에 대한 불만과 불신이 극에 달하고 있는 상황에서 이젠 비판여론을 겸허히 경청하는 자세를 견지해 나갈 필요가 있다고 본다. 다만 필자의 짧은 지식과 부족한 전문성에 비춰볼 때 능력 밖의 숙제를 놓고 씨름했다는 생각을 떨칠 수가 없다.

28년간의 현장 경험을 토대로 재난과 전쟁 보도를 한 단계 성숙시키는 처방을 제시하고 싶었지만, 역부족이었음을 고백한다. 다만 현장을 뛰는 일선 기자나 미래 기자 지망생들에게 작은 도움이 될만한 정보나 지식은 가급적 최대한 소개하는 형식으로 부족함을 메우려 했다. 이번 연구는 문헌 연구와 현장 경험을 중심으로 진행된 만큼 많은 한계가 있다. 특히 필자가 저널리즘에 대한 학술적 전문성이 일천하다보니 구체적인 분석의 틀을 갖고 언론계 현장의 문제를 과학적으로 진단하고 처방하는 단계에는 미치지 못했음을 자인한다.

전쟁 및 재난 보도의 발전을 위한 후속 연구와 분석이 계속 이어져 언론 현장에 주마가편으로 작용했으면 하는 바람이다. 최근 들어 언론계 내부에서도 재난보도준칙의 준수와 실천 등을 위한 노력도 이어지고 있다. 한 예로 필자가 재직 중인 연합뉴스는 대형 재난재해가 발생할 경우 뉴스

통신사의 기본 원칙인 속보 등 신속성에 무게를 두어왔지만, 최근에는 신속성이 정확성의 원칙과 상충할 경우 정확성에 더 무게를 두도록 일선 기자들에게 강조하고 있다. 언론진흥재단이 주관하는 언론사 수습기자 교육 프로그램에도 재난보도준칙 등에 관한 강의가 포함되는 등 일선 기자 교육연수도 강화되는 추세를 보여 다행이 아닐 수 없다. 비록 더디기는 하지만 언론계 내부에서도 자성 속에 새로운 도약을 위한 암중모색들이 이어지고 있는 셈이다. 아무쪼록 이러한 노력들이 언론계 전체로 확산되어 전쟁과 재난 보도가 새로운 단계로 도약하는 계기가 됐으면 하는 바람이다.

# ▣ 각주

## - 제1장 -

1. 이재열(2012). 위험사회에서 안전사회로. 〈인문정책포럼〉, 2012년 봄호, 서울: 경제 · 인문사회연구회, 73~74쪽 http://www.nrcs.re.kr/webmodule/htsboard/template/read/nrcs_basic_hbdread.jsp?typeID=4&boardid=96&seqno=2002&c=TITLE&t=&pagenum=1&tableName=TYPE_NRCS_NAME&pc=undefined&dc=&wc=&lu=&vu=&iu=&du

2. 김태종(2011). 〈위험사회와 언론의 안보 보도에 관한 연구〉. 연세대 석사학위 논문, 1쪽

3. 조선일보(2008년 4월 1일). "한국은 아주 특별하게 위험한 사회다" http://news.chosn.com/site/data/html_dir/2008/04/01/2008040100139.html

4. 이민규(2011). 재난 보도 어떻게 해야 하나−한 · 미 · 일 재난 보도 비교와 재난 보도 원칙을 중심으로. 〈관훈저널〉, 제52권 제2호, 통권 119호, 14쪽

5. 주영기 · 유명순(2016). 〈위험사회와 위험 인식〉. 서울: 커뮤니케이션북스, 3쪽

6. 송해룡 · 김원제(2013). 〈위험 커뮤니케이션의 이론과 실제〉. 한국학술정보, 21쪽

7. 송해룡 · 김원제(2013). 위의 책, 22~23쪽

8. 김성재(2003). 디지털 미디어시대의 재난 보도 방향. 〈방송연구〉, 2003년 여름호, 92~93쪽

9. 이재열(2012). 앞의 글, 74쪽

10. 이재열(2012). 위의 글, 74쪽

11. 이재열(2008). 한국사회 위험의 구조와 변화. 한반도선진화재단, 15쪽

12. 한국방송개발원(1996). 〈방송의 사회적 위기보도 개선방안 연구〉. 연구보고 96−08, 16~17쪽

13. 한국방송개발원(1996). 위의 글, 17~21쪽

14. 전남 화순소방서연구반(2014). 〈국민이 안전한 효율적 재난 대응체계 연구〉. 제26회 국민안전 119 소방정책 콘퍼런스 발표문, 3쪽

15. 송해룡 · 김원제(2013). 위험관리 예방을 위한 언론의 역할. 〈신문과 방송〉, 제509호, 7쪽

16. 최진봉(2016). 〈재난관리 커뮤니케이션〉. 서울: 커뮤니케이션북스, 2쪽

17. 최진봉(2016). 위의 책, 2~3쪽

18. 김정탁 · 이연 · 정연구(1997). 고베지진과 언론의 역할. 김경동 편, 〈일본 사회의 재해관리〉. 서울대 출판부, 236~237쪽

19. 송해룡 · 김원제(2013). 앞의 책, 30쪽

20. 한스 페터스, 송해룡 엮음(2005). 〈위험 보도와 매스커뮤니케이션〉. 서울: 커뮤니케이션북스, 5쪽

21. 짐윌리스 · 알버트 아들로왓 오쿠나드(1997). 〈위험 보도: 저널리즘과 과학적 사실의 충돌〉. 송해룡 · 김원제 · 조항민 옮김(2006), 서울: 커뮤니케이션북스, 1쪽

22. 진달용(2015). 〈과학 저널리즘의 이해〉. 한올아카데미, 184쪽

23. 고영준 · 진달용(2012). TV 뉴스의 과학기술위험 보도 태도 분석: 부안과 경주 방폐장 TV 뉴스 분석을 중심으로. 〈언론과 사회〉, 제20집 제4호

24. 양정은(2015). 국내 일간지의 식품 위험 보도에 대한 연구−지난 10년간의 보도양상과 헤드라인의 낙인요소 분석을 중심으로. 〈언론과학연구〉, 제15권 제3호, 한국지역언론학회

25. 조항민(2016). 융복합기술로서 GMO에 관한 보도 경향 연구−1994~2015년까지 국내 주요 일간지 기사분석을 중심으로. 〈디지털융복합연구〉, 제14권 제12호, 한국디지털정책학회

26. 한스 페터스, 송해룡 엮음(2005). 앞의 책, 65쪽

27. 최현숙(2017). 〈미국의 재난관리 시스템 연구를 통한 우리나라 재난방송 정책 개선방안〉. 방송통신위원회, 14쪽

28. 김정탁 · 이연 · 정연구(1997). 앞의 글, 김경동 편, 〈일본 사회의 재해관리〉. 서울대 출판부

29. 김춘식(2011). 한국, 일본, 미국 신문의 동일본 대지진 보도 분석. 〈신문과 방송〉, 제485호

30. 홍은희 · 이승선(2012). 〈위험지역 취재 보도 시스템 개선을 위한 정책적 방안 연구〉. 한국언론진흥재단

31. 송종길(2003). 전쟁취재 보도의 한계와 문제점. 〈관훈저널〉, 제44권 제2호, 통권 제87호

32  김창룡(2003). 국제뉴스 보도행태와 문제점. 〈방송문화〉, 제263호, 한국방송협회

33  이창호(2006). 〈전쟁 저널리즘: 이라크전쟁은 어떻게 보도되었나?〉. 서울: 커뮤니케이션북스

34  김헌식(2012). 〈국제분쟁과 전쟁특파원〉. 서울: 일조각

35  이창호·이영미·정종석·김용길(2007). 한국 언론의 전쟁취재 여건과 문제점 개선방안 연구. 〈한국언론정보학보〉, 통권 40호

36  이민규(2010). 천안함 침몰 보도 분석. 〈관훈저널〉, 제51권 제2호, 통권 제115호

37  김동규(2010). 천안함 보도를 통해서 본 재난 보도의 실상과 인격권. 〈언론중재〉, 제30권 제2호, 통권 115호, 25쪽

38  문갑식(2004). 〈자이툰의 전쟁과 평화: 분쟁지역 취재 수첩〉. 나남출판

39  연합뉴스 편(2017). 〈나는 특파원이다: 가지 않으면 전할 수 없는 곳을 탐(探)하다〉. 서울: 연합뉴스

40  김동규(2002). 한국 언론의 위기보도, 그 실상과 과제: 재난, 전쟁, 테러 및 갈등 보도를 중심으로. 〈사회과학연구〉, 15호, 25쪽

41  송해룡·김원제(2013). 위험관리 예방을 위한 언론의 역할. 〈신문과 방송〉, 제509호, 9쪽

42  김성재(2003). 디지털 미디어 시대의 재난 보도 방향. 〈방송연구〉, 여름호, 93~94쪽

43  김동규(2002). 앞의 글, 25쪽

44  송종길·이동훈(2003). 〈사회위기와 TV 저널리즘〉. 한국방송영상산업진흥원, 서울: 커뮤니케이션북스, 17쪽

45  홍은희·이승선(2012). 앞의 보고서, 65쪽

## - 제2장 -

46  김귀근(2011). 군사기밀, 국가안보와 언론자유. 〈관훈저널〉, 제52권 제1호, 통권 제118호, 65쪽

47  남상욱(2011). 포격의 긴장감과 두려움 속에서 열흘간의 사연 찾기. 〈신문과 방송〉, 제481호, 38쪽

48  1996년 9월 북한 잠수함이 강릉시 앞바다에서 좌초된 후 잠수함에 탑승한 북한 특수부대원 26명이 강릉 일대로 침투한 사건으로 당시 우리 군은 49일간 소탕 작전을 전개했다.

49  문갑식(2004). 〈자이툰의 전쟁과 평화: 분쟁지역 취재 수첩〉. 서울: 나남출판, 330~331쪽

50  이연·송종현·박종률. 〈분쟁지역 취재매뉴얼〉. 한국언론진흥재단 연구보고서 2015-12, 10쪽

51  김헌식(2012). 〈국제분쟁과 전쟁특파원〉. 서울: 일조각, 94쪽

52  https://rsf.org/en/news/rsf-yearly-round-historically-low-number-journalists-killed-2019

53  https://cpj.org/data/killed/?status=Killed&type%5B%5D=Journalist&start_year=1992&end_year=2019&group_by=year

54  연합뉴스(2003년 4월 7일). "SBS 기자 등 이라크군에 29시간 억류"

55  연합뉴스(2006년 3월 15일). 피랍 용태영 특파원 하루 만에 무사 귀환

56  고용석(2017). 험지 취재, 어디서든 닥쳐오는 위험. 연합뉴스 편. 앞의 책, 76~79쪽

57  이진숙(2004). 이라크 파병과 종군취재: 사제 폭탄에 각별한 주의, 기본적 언어·문화 숙지를. 〈신문과 방송〉, 제398호, 16~18쪽

58  박세진(2017). 전후 혼란 테러리즘이냐 저항이냐. 연합뉴스 편. 앞의 책, 32쪽

59  한국언론재단(2003). 〈전장에선 기자—위험지역 취재 가이드북〉. 서울: 한국언론재단, 53쪽

60  한국언론재단(2003). 위의 책, 22~25쪽

61  한국언론재단(2003). 위의 책, 23쪽

62  신윤진(2004). 위험지역 취재 안전교육: BBC는 의무화 전문기관에 위탁. 〈신문과 방송〉, 제398호, 39쪽

63  한국언론재단(2003). 앞의 책, 37쪽

64  문갑식(2004). 앞의 책, 101쪽

65  이기창(2017). 지옥으로 가는 티켓… 임베딩 자격을 따라. 연합뉴스 편, 앞의 책, 20~21쪽

66  문갑식(2004). 앞의 책, 102쪽

67  시사IN(2010년 1월 25일). 아프간전쟁 최대 수혜자 블랙워터?. https://www.sisain.co.kr/news/articleView.html?idxno=6319

68  이욱헌(2018). 〈나귀와 말 권총과 족구: 대외원조 1세대의 원조 최전선 이야기〉. 스토리윤, 48쪽

69　서수민(2014). 분쟁지역 취재기자 안전, 정부-언론사 누구 책임?. 〈신문과 방송〉, 제526호, 106~107쪽

70　한국언론재단(2003). 앞의 책, 63쪽

71　한국언론재단(2003). 위의 책, 67쪽

72　이진숙(2004). 앞의 글, 16~18쪽

73　서정민(2004). 종군취재 이런 점에 주의하라: 두 가지 이상 통신수단 지참해야. 〈신문과 방송〉, 제398호, 18~21쪽

74　박영대(2004). 종군취재 이런 점에 주의하라: 허락 없이 촬영했다 억류될 수도. 〈신문과 방송〉, 제398호, 22~24쪽

75　연합뉴스(2004년 6월 17일). 바그다드서 맹활약하는 사진기자 조성수

76　이창호(2006). 〈전쟁저널리즘: 이라크전쟁은 어떻게 보도되었나?〉. 서울: 커뮤니케이션북스, 3쪽

77　김헌식(2012). 앞의 책, 283쪽

78　연합뉴스(2004년 6월 17일). 앞의 기사

79　이기창(2017). 앞의 글, 연합뉴스 편, 앞의 책, 18~20쪽

80　옥철(2017). 동료들이 당신의 부고를 멋지게 써줄 것이오. 연합뉴스 편, 위의 책, 10~17쪽.(이하 내용은 옥 특파원의 글을 요약해 재구성함)

81　옥철(2017). 위의 글, 연합뉴스 편, 위의 책, 16쪽

82　옥철(2017), 2003년 이라크전쟁 종군취재 체험기. 연합뉴스 위험지역 취재기(미출판 원고)

83　이민주(2009). 분쟁지역 취재의 이상과 현실. 〈관훈저널〉, 제50권 제1호, 통권 제110호, 110~112쪽

84　이창호(2006). 앞의 책, 147~149쪽

## – 제3장 –

85　문정식(1999). 〈펜을 든 병사들: 종군기자 이야기〉. 전국언론노동조합연맹, 71쪽

86　김헌식(2012). 〈국제분쟁과 전쟁특파원〉. 서울: 일조각, 255쪽

87　정문태(2004). 〈전선기자 정문태 전쟁취재 16년의 기록〉. 서울: 한겨레신문사, 21~25쪽

88　카린 왈-요르겐센, 토마스 하니취 편집 ; 저널리즘학연구소 옮김(2016). 〈저널리즘 핸드북 : 저널리즘에 대해 알고 싶은 모든 것〉. 서울: 새물결 출판사, 787쪽

89　문정식(1999). 앞의 책, 71쪽

90　안병찬(1995). 종군기자의 위상과 과제. 〈신문과 방송〉, 제295호, 39쪽

91　문정식(1999). 앞의 책, 73쪽

92　김헌식(2012). 앞의 책, 66쪽

93　강준만(2010). 〈미국사 산책3: 남북전쟁과 제국의 탄생〉. 서울: 인물과 사상사, 135쪽

94　문정식(1999). 앞의 책, 43~44쪽

95　한실비(2015). 〈한성순보의 청불전쟁 보도에 나타난 개화 지식인의 대외인식〉. 단국대 석사학위 논문, 10~11쪽

96　한실비(2015). 위의 글, 1쪽

97　박정규(1986). 독립신문의 의의와 한계. 〈신문과 방송〉, 제184호, 32쪽

98　신문 호외와 관련한 내용은 정운현(2018). 〈호외로 읽는 한국 현대사〉를 많이 참고함

99　정운현(2018). 〈호외로 읽는 한국 현대사〉. 서울: 인문서원, 6쪽

100　정운현(2018). 위의 책, 19쪽

101　동아일보(2000년 3월 26일). [호외로 본 東亞 80년] 기억으로 남은 뉴스 속의 뉴스

102　동아일보(2017년 12월 29일). [아하! 동아] 취재현장 지키다 순직한 기자들

103　조양욱(1993). 주한 외국 특파원의 역사. 〈신문과 방송〉, 제273호, 26~27쪽

104　문정식(1999). 앞의 책, 285쪽

105　문정식(1999). 위의 책, 285쪽

106　조선일보(2017년 4월 6일). [만물상] 반갑지 않은 외국 스타 기자들 http://news.chosun.com/site/data/html_dir/2017/04/05/2017040503362.html

107　문정식(1999). 앞의 책, 295~296쪽

108　김영희(2015). 〈한국전쟁과 미디어〉. 서울: 커뮤니케이션북스, 11쪽

109 정진석(2010). 전쟁 종군기자들: 보고대회 열고 전황 직접 알리기도. 〈신문과방송〉, 제476호, 95쪽

110 정진석(2010). 위의 글, 94쪽

111 월간조선(2010년 6월호). "인터뷰, 6.25 전쟁 종군기자 1기생 이혜복 대한언론인회고문: 평양 대동교 앞 백선엽−게이 장군 악수 장면 잊을 수 없어"

112 이혜복(2000). 6.25 전쟁 현장 취재기. 〈관훈저널〉, 제41권 제2호, 통권 제75호 http://www.kwanhun.com/page/brd3_ view.php?idx=876&table=kwan_tong&tb=book4&search_box=1&search_item=name&search_order=이혜복

113 월간조선(2010년 6월호). 앞의 글

114 월간조선(2010년 6월호). 위의 글

115 김영희(2015). 앞의 책, 10∼11쪽

116 한국언론연구원(1990). 〈한국전쟁의 동서보도 비교: 6·25 40주년 맞아〉. 한국언론연구원, 27쪽

117 김희종·이지웅·이혜복·임학수(1976). 바른 보도 못 한 죄책감: 종군기자 시절을 말한다. 〈신문과 방송〉, 제67호, 43쪽

118 한국언론연구원(1990). 앞의 글, 7쪽

119 한국언론연구원(1990). 위의 글, 7쪽

120 조양욱(1993). 앞의 글, 27∼29쪽

121 한국언론연구원(1990). 앞의 글, 9쪽

122 아시아경제(2010 8월 30일). 한국전 누비던 미 여성 종군기자 유족 방한

123 조선일보(2009년 3월 30일). 6·25전쟁 종군… 57년 쓰나미 취재 중 사망, 미 언론박물관서 부활한 '사라 박' http:// news.chosun.com/site/data/html_dir/209/03/30/209030002.html

124 문정식(1999). 앞의 책, 314∼315쪽

125 조양욱(1993). 앞의 글, 28쪽

126 정진석(2010). 앞의 글, 99∼100쪽

127 한국언론연구원(190). 앞의 글, 18쪽

128 문정식(1999). 앞의 책, 306쪽

129 김희종·이지웅·이혜복·임학수(1976). 앞의 글, 47쪽

130 한국언론진흥재단(1977). 내한했던 한국전 종군기자 면모. 〈신문과 방송〉, 제79호, 19∼21쪽.
한국언론연구원(1990). 앞의 글, 18쪽

131 김헌식(2012). 앞의 책, 149∼158쪽

132 손주환(1965). 월남종군기자고: 취재경험담. 〈신문평론〉, 통권 16호, 한국신문연구소, 56∼57쪽

133 양평(1975). 내가 마지막 본 월남. 〈신문과 방송〉, 제5호, 18∼21쪽

134 손주환(2012). 손주환 세상 산책: 첫 월남전−비둘기부대 해외파병 종군기자−1965 http:/blog.daum.net/chuwson/23

135 양평(1975). 앞의 글, 18∼21쪽

136 동아일보(2017년 12월 29일). 앞의 기사

137 조순환(1975). 월남전은 언론전쟁이었다. 〈신문과 방송〉, 제5호, 17쪽

138 안병찬(2003). 전쟁취재와 보도−전쟁 보도와 국익. 〈관훈저널〉, 제4권 제2호, 통권 제87호, 21쪽

139 심재훈(1967). 베트남 전쟁 보도: 한 한국 특파원의 반성. 〈신문과 방송〉, 제24호, 25∼27쪽

140 김우성(2005). 〈베트남 참전 시기 한국의 전쟁 선전과 보도: 1965년∼1973년 정부, 의회, 군사 자료와 조선일보를 통해 본 베트남전쟁의 사회적 현실〉. 서울대 석사학위 논문, 103쪽

141 최상원·한혜경(2012). 일제 강점기 한국·중국·일본 등 동북아 3개국에 걸친 기자 장덕준의 언론 활동에 관한 연구. 〈동북아 문화연구〉, 동북아 문화연구소, 145∼160쪽

142 최상원·한혜경(2012). 위의 글, 146쪽

143 성연재·박진형(2017). 고 조계창 선양 특파원 사고 수습기: 동북 3성을 베고 눕다. 연합뉴스 편, 앞의 책, 400∼411쪽

144 동아일보(2017년 12월 29일). 앞의 기사

145 조양욱(1993). 앞의 글, 〈신문과 방송〉, 제273호, 28쪽

146 정달영(2002). 종군기자와 전쟁 보도. 〈신문과 방송〉, 제373호, 43∼45쪽

147 정달영(2003). '기이한 전투의 정지' 50년. 〈신문과 방송〉, 제392호, 30∼33쪽

148 김재영(2001). 기사를 쓰는 사진기자 이요섭. 대한언론인회 편, 〈한국언론 인물사화: 가시밭길 헤쳐온 선인들의 발자취〉, 제6권, 119~128쪽

149 전민조 블로그(2001년 2월 12일). 사진이 다 말해 주었다 http://blog.naver.com/dovan125/14012361750

150 연합뉴스(1999년 1월 2일). 〈인터뷰〉 베트남전 종군기자 김용택 씨

151 안병찬(2014). 〈사이공 최후의 표정 컬러로 찍어라〉. 서울: 커뮤니케이션북스, 205쪽

152 안병찬(2008). 〈르포르타주 저널리스트의 탐험〉. 서울: 커뮤니케이션북스, 127~129쪽

153 정문태(2004). 〈전선 기자 정문태 전쟁취재 16년의 기록〉. 한겨레신문사, 21~25쪽

154 오마이뉴스(2004년 12월 30일). "전쟁은 전선 기자 '패션쇼' 무대 아니다" http://www.ohmynews.com/NWS_Web/View/at_pg.aspx?CNTN_CD=A0029149&CMPT_CD=SEARCH

155 김영미(2019). 〈세계는 왜 싸우는가〉. 서울: 김영사

## - 제4장 -

156 송종길(2003). 전쟁취재 보도의 한계와 문제점. 〈관훈저널〉, 제44권 제2호, 통권 제87호, 11쪽

157 황근(2009). 전쟁과 커뮤니케이션: 전쟁의 명암. 〈전쟁과 유물〉, 제3호, 전쟁기념박물관 학예부, 183~184쪽

158 카린 왈-요르겐센, 토마스 하니취 편집 ; 저널리즘학연구소 옮김(2016). 〈저널리즘 핸드북 : 저널리즘에 대해 알고 싶은 모든 것〉. 서울: 새물결 출판사, 787쪽

159 서정우(1991). 전쟁과 언론의 역할-국익과 진실 보도. 〈신문과 방송〉, 제243호, 5쪽

160 송종길 · 이동훈(2003). 앞의 책, 145~146쪽

161 황근(2009). 전쟁 보도: 전시 언론통제 방식의 변화. 〈전쟁과 유물〉, 제1호, 전쟁기념박물관 학예부, 189쪽

162 황근(2009). 앞의 글, 184~185쪽

163 김창룡(2001). 한국과 미국의 참사 보도준칙과 취재기자의 윤리. 〈관훈저널〉, 제42권 제4호, 통권 제81호

164 안민호(2001). 종군기자와 보도통제의 역사: 포클랜드 전쟁 이후 '꼭두각시 미디어' 일반화. 〈신문과 방송〉, 통권 371호, 32쪽

165 송종길(2003). 앞의 글, 13쪽

166 송종길(2003). 위의 글, 15~18쪽

167 김헌식(2012). 앞의 책, 20~21쪽

168 서정우(1991). 앞의 글, 5~6쪽

169 김헌식(2012). 앞의 책, 228~229쪽

170 황근(2009). 앞의 책, 168쪽

171 https://www.bbc.com/editorialguidelines/guidelines/war-teror-emergencies를 번역한 것임을 밝혀둔다.

172 이연(2004). 인질 · 납치 · 테러 보도의 허용 한계와 국익: 피랍자 신상 보도 자제해야. 〈신문과 방송〉, 제404호, 25쪽

173 홍남희(2017). '테러리스트' 없는 영국 언론의 테러 보도. 〈신문과방송〉, 제562호, 105쪽

174 홍남희(2017). 위의 글, 105~106쪽

175 신윤진(2004). 위험지역 취재 안전교육: BBC는 의무화 전문기관에 위탁. 〈신문과 방송〉, 제398호, 29쪽

176 이창호(2010). 전쟁 보도, 체계적인 가이드라인 정립되어야. 〈방송기자〉, 제2호(2010년 송년호), 방송기자연합회, 2~3쪽

177 유용원(2004). 국방부 보도지원과 취재 기자단 구성: 공보지침 마련 중 취재제한 등 언론과 신경전 예상. 〈신문과 방송〉, 통권 제398호, 13쪽

178 한국기자협회보(2012년 9월 26일). 국민 알 권리 위해 언론-군 손잡다 http://www.journalist.or.kr/news/article.html?no=29505

179 연합뉴스(2012년 9월 24일). 軍-언론, 국가안보 위기 시 보도기준 마련

180 김귀근(2011). 군사기밀, 국가안보와 언론자유. 〈관훈저널〉, 제52권 제1호, 통권 제18호, 65쪽

181 박성희(2011). 언론과 군, 학계가 참여해 가이드라인 만들자. 〈신문과 방송〉, 통권 제481호, 68쪽

182 이창호(2006). 앞의 책, 132쪽

183 이민규(2010). 천안함 침몰 보도 분석. 〈관훈저널〉, 제51권 제2호, 통권 제15호, 46쪽

184 김동규(2010). 천안함 보도를 통해서 본 재난 보도의 실상과 인격권. 〈언론중재〉, 제30권 2호, 통권 15호, 언론중재위원회, 120~124쪽

185 김귀근(2011). 앞의 글, 63~65쪽

186 김철우(2010). 북한의 연평도 포격도발 취재보도의 교훈. KIDA 동북아안보정세분석, 1~2쪽

187 김민석(2010). 군사기밀 보도와 알 권리. 〈관훈저널〉, 제51권 제2호, 통권 제15호, 34~39쪽

188 김철우(2010). 앞의 글, 2쪽

189 김귀근(2011). 앞의 글, 67쪽

190 박성희(2011). 앞의 글, 69쪽

191 김민석(2010). 앞의 글, 38쪽

192 백선기(2003). 전쟁의 참상보다 군사작전 중심보도: 보도점검-신문. 〈신문과 방송〉, 제389호, 38~42쪽

193 최경진(2003). 미국 언론 추종, 참상은 외면: 이라크 전쟁 보도가 남긴 과제. 〈신문과 방송〉, 제389호, 122~124쪽

194 오마이뉴스(2003년 4월 8일). 받아쓰기식 전황 보도 치중, 전쟁 보도에 사람이 없다

195 신경민(2003). 전쟁 보도… 생중계 시대. 〈관훈저널〉, 제4권2호, 43~44쪽

196 안민호(2003). 미-이라크 전쟁 보도와 쟁점. 〈방송문화〉, 제263호, 한국방송협회 http://www.kba.or.kr/kba2012/policy/magazine_view.asp?uid=3791

197 김창룡(2003). 국제뉴스 보도 행태와 문제점. 〈방송문화〉, 제263호, 한국방송협회 http://www.kba.or.kr/kba2012/policy/magazine_view.asp?uid=3790

198 김창룡(2003). 위의 글

199 한국기자협회보(2004년 10월 6일). 자이툰부대 보도 '홍보성' 일색 http://www.journalist.or.kr/news/article.html?no=8181

200 조대근(2004). 좌담: 이라크전쟁과 언론 보도: 애국주의 지양하고 균형감각 살려야. 〈신문과 방송〉, 통권 제407호, 105~106쪽

201 윤영철(1991). 걸프전 보도평-신문. 〈신문과 방송〉, 제243호, 13~14쪽

202 유신모(2004). 국내언론의 전쟁 보도. 〈관훈저널〉, 제45권 제3호, 통권 제92호, 276~277쪽

203 김선일 피랍사건과 관련해서는 필자의 아랫글을 토대로 재구성함. 안수훈(2017). 내가 아는 그 사람이 납치되다니, 연합뉴스 편, 〈나는 특파원이: 가지 않으면 전할 수 없는 곳을 탐(探)하다〉

204 한국기자협회보(2004년 6월 30일). 김선일 씨 보도 신상공개 '무분별' 예측 보도 난무

205 최영재(2004). 김선일 피랍 보도점검-신문: 파병과 연계하며 정파성 드러나. 〈신문과 방송〉, 제404호, 14쪽

206 이연(2004). 인질·납치·테러 보도의 허용 한계와 국익: 피랍자 신상 보도 자제해야. 〈신문과 방송〉, 제404호, 25~27쪽

207 한국방송영상산업진흥원(2004). 〈김선일 씨 피랍 관련 초기 TV 뉴스 보도 분석〉. 15쪽

208 이연(2004). 앞의 글, 25쪽

209 오마이뉴스(2004년 8월 3일). "테러단체, 김선일 죽일 의도 없었다" http://www.ohmynews.com/NWS_Web/View/at_pg.aspx?CNTN_CD=A0020185&CMPT_CD=SEARCH

210 김정명(2004). 알자지라의 한일 피랍 보도 비교: 한국, 중동언론의 흐름 파악 못 해. 〈신문과 방송〉, 제404호, 29~32쪽

211 감사원(2004년 9월 24일). 재이라크 교민 보호 실태 감사결과 보도자료. 6쪽

212 박세진(2017). 전후혼란 테러리즘이냐 저항이냐. 연합뉴스편, 앞의 책, 3쪽

— 제5장 —

213 한국언론재단(2003). 〈전장에선 기자-위험지역 취재 가이드 북〉. 한국언론재단, 53쪽

214 한국언론재단(2003). 위의 책, 11쪽

215 김재명(2010). 위험지역 취재 안전대책 있나. 〈관훈저널〉, 제51권 제1호, 통권 114호, 125~126쪽

216 신윤진(2001). 외국은 특수부대 교육까지 받아: 언론사 위험지역 취재. 〈신문과 방송〉, 제371호, 38~40쪽

217 홍은희·이승선(2012). 〈위험지역 취재 보도 시스템 개선을 위한 정책적 방안 연구〉. 한국언론진흥재단, 80~81쪽

218 홍은희·이승선(2012). 위의 글, 81쪽

219  김헌식(2012). 앞의 책, 106~107쪽

220  유신모(2004). 국내언론의 전쟁 보도. 〈관훈저널〉, 제45권 제3호, 통권 제92호, 279~280쪽

221  김성재(2003). 디지털 시대의 재난 보도 방향. 〈방송연구〉, 2003년 여름호, 107쪽

222  이민주(2009). 분쟁지역 취재의 이상과 현실. 〈관훈저널〉, 제50권 제1호, 통권 제110호, 110~112쪽

223  이창호(2009). 한국언론의 테러 보도 분석: 김선일 씨 피랍사건을 중심으로. 〈한국언론정보학보〉, 통권 제48호(2009
     년 겨울호), 226쪽

224  김성재(2003). 앞의 글, 104쪽

225  김창룡(2003). 앞의 글

226  이창호(2006). 앞의 책, 126~128쪽

227  이창호 · 이영미 · 정종석 · 김용길(2007). 한국언론의 전쟁취재 여건과 문제점 개선방안 연구. 〈한국언론정보학보〉,
     통권 제40호(2007년 겨울), 109쪽

228  이창호(2006). 앞의 책, 127~128쪽

229  김헌식(2012). 앞의 책, 227쪽

230  김헌식(2012). 위의 책, 235~239쪽

231  김귀근(2011). 앞의 글, 67쪽

232  연합뉴스(2012년 9월 24일). 軍-언론, 국가안보 위기 시 보도기준 마련

233  조대근(2004). 앞의 글, 108쪽

234  쿠바 관타나모 수용소 취재 과정은 필자의 책 안수훈(2013). 〈딕시: 목화밭에서 오바마까지, 미국 남부를 읽는다〉. 서
     해문집, 259~268쪽을 참고해 재구성함

## – 제6장 –

235  최이락(2011). 재해 지역 '취재 매뉴얼' 마련해야. 〈관훈저널〉, 제52권 제2호, 통권 제119호, 35쪽

236  한국기자협회보(2011년 10월 6일). KBS · MBC 취재진 30명 방사선 피폭 http://www.journalist.or.kr/news/article.
     html?no=27075

237  연합뉴스(2017년 7월 20일). EBS 외주 다큐 PD, 남아공 현지 촬영 중 사망

238  연합뉴스(1999년 9월 14일). KBS 히말라야 원정대 방송단, 눈사태로 2명 사망

239  권영석(2017). 인도네시아 쓰나미 참사. 연합뉴스 편, 앞의 책, 85~89쪽

240  연합뉴스(2019년 11월 5일). [이희용의 글로벌시대] 순직 기자 1호 장덕준이 요즘 기자였다면

241  홍은희(2012). 언론사 조직문화와 재난 보도 취재 관행. 〈사회과학연구〉, 제19권 2호, 동국대학교 사회과학연구원,
     172쪽

242  최이락(2011). 앞의 글, 35~36쪽

243  강민승(2011). "죽을 수도 있겠다"는 원초적 공포가 현실로: KBS 추적 60분 '일본 대지진 한 달, 끝나지 않은 공포' 제
     작기. 〈신문과 방송〉, 제485호, 45~46쪽

244  박형준(2011). 동일본 대지진 취재기: 아사히신문 기자, 대피처 숙지 후 취재 시작. 〈신문과 방송〉, 통권 제485호, 33쪽

245  박형준(2011). 위의 글, 34쪽

246  권영석(2017). 앞의 글, 90쪽

247  진달용(2015). 〈과학 저널리즘의 이해〉. 한울아카데미, 45쪽

248  이상균(2019). 조선시대 해일의 발생과 대응. 〈한국사연구〉, 통권 185호, 한국사연구회, 1~2쪽

249  정진석(2013). 〈한국 신문 역사〉. 서울: 커뮤니케이션북스, 2쪽

250  진달용(2015). 앞의 책, 53쪽

251  관훈클럽 신영연구기금(1983). 〈한성순보 한성주보 영인본 및 번역판〉. 1쪽

252  관훈클럽 신영연구기금(1983). 위의 책, 2쪽

253  정운현(2018). 〈호외로 읽는 한국 현대사〉. 서울: 인문서원, 89쪽

254  정운현(2018). 위의 책, 24쪽

255  조선일보 90년 사사 편찬실(2010). 〈조선일보 90년사〉 제1권, 323~325쪽

256  조선일보 90년 사사 편찬실(2010). 위의 책, 374~375쪽

257  동아일보(2000년 3월 26일). [호외로 본 東亞 80년] 기억으로 남은 뉴스 속의 뉴스

258  미디어오늘(1995년 6월 7일). 오보 이야기 3-서해 훼리호 백선장 생존 보도

259  연합통신(1993년 10월 12일). 선장 백 씨 등 일부 선원 생존설 수사

260  미디어오늘(1995년 7월 12일). "재난 보도 공동취재 체재 갖추자"

261  김정탁(1995). '알 권리' 보다는 '살 권리'가: 삼풍백화점 붕괴사고에 대한 언론의 보도. 〈저널리즘 비평〉, 제16호, 46쪽

262  우병동(1995). 언론비평(신문평): 삼풍 보도사진과 피해자. 〈신문과 방송〉, 제296호, 108~109쪽

263  고승일(1995). 재난 보도 전문화 방안: 재난 보도 백서를 만들자. 〈신문과 방송〉, 제297호, 15~16쪽

264  최경진(2003). 국내방송 소홀, NHK나 CNN으로 봐야만 하는가. 〈신문과 방송〉, 제388호, 112~113쪽

265  이연(2008). 선정 보도에 피해주민 분통 선진화된 매뉴얼 시급: 재난 보도 이렇게 하자. 〈신문과 방송〉, 통권 제453호, 70쪽

266  국민안전처(2015). 〈재난 상황, 언론대응 및 수습과 홍보〉. 국민안전처, 28쪽

267  정연구(1998). 최근 우리 언론의 재난 보도 실태와 문제점, 발전 방향. 한국언론연구원(편), 〈한국 언론의 재난 보도 준칙과 보도 시스템 구축에 관한 연구〉. 송종길 · 이동훈(2003). 앞의 책, 54~55쪽 재인용

268  이연(2006). 한국 언론의 수해보도 점검: 정권에 대한 분노나 화풀이성 많아. 〈신문과 방송〉, 제429호, 81~82쪽

269  김정탁(1995). 현대 일본 언론의 성격 및 한신대지진 보도의 특징. 〈신문과 방송〉, 제294호, 102~103쪽

270  송종길 · 이동훈(2003). 앞의 책, 72~73쪽

271  방문신(2015). 세월호 재난 보도가 남긴 과제와 교훈. 〈관훈저널〉, 제55권 제2호, 통권 제131호, 11쪽

272  이 논문은 세월호 사고 발생 다음 날인 2014년 4월 17일부터 6 · 4 지방선거 하루 전인 6월 3일까지의 신문, 방송, 인터넷 매체의 세월호 참사 관련 뉴스 내용을 분석했다.

273  김춘식 · 유홍식 · 정낙원 · 이영화(2014). 〈재난 보도 현황 및 개선방안 연구: '세월호 참사' 보도 내용분석을 중심으로〉. 서울: 한국언론진흥재단, 375~377쪽

274  김춘식 · 유홍식 · 정낙원 · 이영화(2014). 위의 글, 373쪽

275  이 논문은 조선일보와 한겨레신문을 대상으로 세월호 참사 발생일로부터 세월호 참사 수사결과 발표가 나온 10월 6일까지 174일간 세월호를 검색어로 수집한 기사를 분석대상으로 했다.

276  김영욱 · 안현의 · 함승경(2015). 언론의 세월호 참사도보 구성: 프레임, 정보원, 재난보도준칙 분석을 중심으로. 〈한국위기관리논집〉, 제11권 제7호, 위기관리 이론과실천, 70쪽

277  김영욱 · 안현의 · 함승경(2015). 위의 글, 71쪽

278  이 논문은 방송 3사의 저녁 메인뉴스를 대상으로 세월호 사건이 발생한 2014년 4월16일부터 4월 20일까지를 분석대상으로 했다.

279  임연희(2014). 세월호 참사에 대한 텔레비전 뉴스의 보도 행태. 〈사회과학연구〉, 제25권 4호, 충남대사회과학연구소, 196~198쪽

280  김균수(2014). 4 · 16 세월호 참사 관련 재난방송의 현주소와 과제. 〈방송통신심의동향〉, 방송통신심의위원회, 17~18쪽

281  정수영(2015). 세월호 언론 보도 대참사는 복구할 수 있는가?. 〈커뮤니케이션이론〉, 제11권 2호, 한국언론학회, 59~60쪽

282  김춘식 · 유홍식 · 정낙원 · 이영화(2014). 앞의 글, 377쪽

283  홍은희(2014). 한국 재난 보도의 과제 - 세월호 침몰 사건 보도를 중심으로. 〈관훈저널〉, 제55권 제2호, 통권 제131호, 32~33쪽

284  홍은희(2014). 위의 글, 35~36쪽

285  신치영(2010). 아이티 지진취재와 위험관리. 〈관훈저널〉, 제51권 제1호, 통권 제114호, 134~135쪽

286  이연 · 송종현 · 박종률(2015). 〈분쟁지역 취재 매뉴얼〉. 서울: 한국언론진흥재단, 51쪽

287  미국에서의 재난취재 부분은 필자의 〈딕시: 목화밭에서 오바마까지, 미국 남부를 읽는다〉(서해문집) 중에서 10장(남부의 위대한 자연과 거듭되는 재해) 부분을 참고해 재구성했다.

288  국민대통합위원회(2015). 언론의 국민통합기능 강화방안 연구. 서울: 국민대통합위원회, 58쪽

289 송종길 · 이동훈(2003). 〈사회위기와 TV저널리즘〉. 한국방송영상산업진흥원. 서울: 커뮤니케이션북스, 51쪽

290 이연(2011). 재난방송 전문 인력 육성과 전담조직 구성 필요. 〈신문과 방송〉, 제485호, 22~23쪽

291 이연(2014). 세월호 참사 보도를 계기로 본 재난보도준칙 제정의 시급성. 〈신문과 방송〉, 제521호, 16~18쪽

292 백선기 · 이옥기(2012). 보도준칙을 통해서 본 한국 언론의 재난 보도. 〈스피치와 커뮤니케이션〉, 제18호, 한국소통학회, 8~9쪽

293 유승관 역(2018). 현장 취재 전에 꼭 봐야 할 재난 보도 매뉴얼. 서울: 커뮤니케이션북스, vi~vii쪽

294 송종길 · 이동훈(2003). 앞의 책, 73~74쪽

295 한국언론진흥재단(2014). 〈취재기자를 위한 재난 보도 매뉴얼〉. 서울: 한국언론진흥재단, 63~69쪽

296 김영욱(2016). '위험사회' 언론의 역할과 보도 개선방안: 정확 · 신중한 정보제공으로 사회안전역량 키워야. 〈신문과 방송〉, 제547호, 11쪽

297 유승관(2014). 외국의 재난 보도 기준 및 보도사례. 〈언론중재〉, 제34권 제2호, 통권131호, 22~24쪽

298 곽현자(2014). 영국의 재난 및 테러보도 심의 기준과 심의사례. 〈방송통신 심의동향 : 이슈 in 포커스〉, 방송통신심의위원회, 37~38쪽

299 곽현자(2014). 위의 글, 39쪽

300 이민규(2011). 재난 보도 어떻게 해야 하나—한 · 미 · 일 재난 보도 비교와 재난 보도 원칙을 중심으로. 〈관훈저널〉, 제52권 제2호, 통권 119호, 12~13쪽

301 김춘식(2011). 한국, 일본, 미국 신문의 동일본 대지진 보도 분석. 〈신문과 방송〉, 제485호, 6~15쪽

302 김춘식(2011). 위의 글, 7~8쪽

303 김춘식(2011). 위의 글, 11~12쪽

304 김춘식(2011). 위의 글, 15쪽

305 백선기 · 이옥기(2013). 재난방송에 대한 국가별 채널 간 보도 태도의 비교연구: KBS, NHK, CNN의 일본 대지진 방송 보도에 대한 내용분석을 중심으로. 〈한국언론학보〉, 제57권 1호, 300쪽

306 백선기 · 이옥기(2013). 위의 글, 272쪽

307 김정탁(1995). 현대 일본 언론의 성격 및 한신대지진 보도의 특징. 〈신문과 방송〉, 제294호, 101~102쪽

308 채성혜(2011). 동일본 대지진의 패닉과 재해 보도. 〈신문과 방송〉, 제484호, 117쪽

309 김경환(2011). 일본방송의 동일본 대지진 보도와 시사점. 〈신문과 방송〉, 제484호, 19쪽

310 김경환(2011). 위의 글, 18쪽

311 문연주(2014). 동일본대지진에서의 재난 보도, NHK의 반성과 개선. 〈방송통신 심의동향〉, 방송통신심의위원회, 61쪽

312 김승일(2003). 일본 방재시스템과 언론의 재해 보도 연구기. 〈신문과 방송〉, 제394호, 158쪽

313 김대홍(2011). 일본 NHK의 재난 보도 시스템 심층분석. 〈관훈저널〉, 제52권 제2호, 통권 제119호, 19~21쪽

314 한국기자협회보(2014년 4월 20일). 기자협회, 세월호 참사 보도 가이드라인 발표 http://www.journalist.or.kr/news/article.html?no=33371

315 이연(2014). 재난보도준칙 제정 의의와 향후과제. 〈방송문화〉, 제397호, 한국방송협회, 24쪽

316 이연(2014). 위의 글, 24~25쪽

317 심규선(2014). 앞의 글, 91쪽

318 이연(2014). 앞의 글, 23쪽

319 심규선(2014). 앞의 글, 91~94쪽

320 김현정(2019). 재난에 대한 언론의 보도 태도가 재난 예방 및 관리에 미치는 영향: 언론 및 재난관리 전문가 인터뷰를 중심으로. 국회 과학기술정보방송통신위원회와 KBS 주최 〈효과적인 재난관리를 위한 언론의 역할〉 세미나, 42쪽

321 정민규(2018). 〈재난 보도 개선을 위한 연구: 경주 지진과 일본 재난 보도를 중심으로〉. 한국과학기술원 석사학위 논문, 48쪽

322 정민규(2018). 위의 글, 28쪽

323 안관옥(2017). 재난보도준칙은 종이 위에만 있다. 〈관훈저널〉, 제143호, 153~154쪽

324 최훈진(2015). 현업 언론인들의 목소리, 과잉 취재 경쟁 그대로… 자율 준칙 준수 어려워. 〈신문과 방송〉, 제533호, 33쪽

325  김경환(2016). 국내 방송사의 경주 지진 보도 현황과 문제점: 매뉴얼 안 지키고 지각 방송… 2차 피해 위험.〈신문과
     방송〉, 제551호, 24쪽

326  김성수 국회의원실(2016년 9월 27일). "기획보도자료: 방송통신위원회 재난방송 종합 매뉴얼 부실!"

327  미디어오늘(2019년 4월 10일). 강원산불 재난 보도 '우왕좌왕'했다.

328  서울신문(2018년 12월 20일). "학생들, 친구들 사망 사실 아직 몰라… 치료 우선·취재불허"

329  김언경(2019). 재난 피해자 명예훼손 등 보도사례. 제4회 사회적 참사 피해지원포럼,〈재난 피해자 명예훼손과 언론의
     역할〉. 가습기 살균제 사건과 4.16 세월호 참사 특별조사위원회, 56~59쪽

330  김언경(2019). 위의 글, 60쪽

331  한국기자협회보(2020년 1월 31일). 한국기자협회 "신종 코로나바이러스 감염증으로 써 달라" http://www.journalist.
     or.kr/news/article.html?no=47206

332  미디어오늘(2020년 2월 21일). 한국기자협회, '코로나19 보도준칙' 배포 http://www.mediatoday.co.kr/news/
     articleView.html?idxno=205399

333  한국기자협회보(2020년 2월 5일). "재난방송체제, 인권 보호 원칙… 모르는 것에 대해선 겸손한 자세로" http://
     www.journalist.or.kr/news/article.html?no=47227

334  조동찬(2015). 감염병 재난 현장 취재기자의 안전을 위한 제언.〈신문과 방송〉, 제536호, 42쪽

335  박효정(2015). 위기상황에서 리스크 커뮤니케이터의 역할과 해외사례.〈신문과 방송〉, 2015년 7월호, 26쪽

336  미디어오늘(2020년 2월 21일). 앞의 글

337  이귀옥(2015). 언론, 정보전달자 넘어 감시견 역할 다해야.〈관훈저널〉, 2015년 가을호, 통권 136호, 관훈클럽,
     37~38쪽

338  이귀옥(2015). 위의 글, 31~32쪽

339  안종주(2020). 변하지 않는 공포 장사─감염병 보도, 에이즈에서 코로나 19까지.〈신문과 방송〉, 통권 제591호, 62쪽

340  김재영(2016).〈질병 재난 보도에서 언론의 취재 및 보도기준에 관한 기자들의 인식연구─정부의 메르스 관련 정보제
     공 사례를 중심으로〉. 건국대 언론홍보대학원 석사학위 논문, 53쪽

341  박효정(2015). 앞의 글, 29쪽

342  유현재(2020). 코로나 19 언론 보도─피해를 최소화시키는 소통, 피해를 증폭시키는 소통. 국립중앙의료원 주최〈코로
     나 19 감염증 확산과 한국사회의 위기소통〉토론회 자료집, 85~100쪽'

343  유현재(2020). 위의 글, 101~104쪽

344  안종주(2020). 앞의 글, 62쪽

345  헬스코리아뉴스(2019년 11월 18일). "감염병 보도 사실 중심으로 해야" https://www.hkn24.com/news/articleView.
     html?idxno=308100

346  임종섭(2015). 메르스 사태로 본 데이터 뉴스 사례와 제언.〈신문과 방송〉, 제536호, 36쪽

347  나은영(2017).〈정신건강 보도현황 분석 및 개선방안 연구〉. 국립정신건강센터 보고서. 서울: 국립건강정신센터. 71쪽.

348  원숙경·윤영태(2015). 재난 보도의 보도준칙에 관한 한일 비교연구.〈지역과 커뮤니케이션〉, 제19권 1호. 부산울산경
     남언론학회, 212~215쪽

349  김춘식·유홍식·정낙원·이영화(2014).〈재난 보도 현황 및 개선방안 연구:'세월호 참사' 보도 내용분석을 중심으로
     〉. 서울: 한국언론진흥재단, 377~378쪽

350  김춘식·유홍식·정낙원·이영화(2014). 위의 글, 379쪽

351  허윤(2019). 재난 피해자 명예훼손에 대한 언론의 책임. 제4회 사회적 참사 피해지원포럼,〈재난 피해자 명예훼손과
     언론의 역할〉. 가습기 살균제 사건과 4.16세월호 참사 특별조사위원회, 29쪽

352  허윤의 제안을 추가로 살펴보면 다음과 같다. 제13조(유언비어 방지)는 확인되지 않거나 불확실한 정보는 보도를 자제
     한다고 규정돼 있는데 "피해자에 대한 명예훼손 등이 발생할 수 있어, 충분한 취재를 통해 반드시 정확한 정보만을 전
     달한다"로 수정하자고 제안한다. 또 피해자와 그 가족, 주변 사람들의 상세한 신상공개를 최대한 신중해야 한다는 준
     칙 제19조는 이러한 행위가 "위법행위에 해당하므로, 반드시 지양해야 한다"고 수정해야 한다고 주장한다. 준칙 20
     조 피해자 인터뷰를 강요해서는 안 된다고 규정돼 있는데 "인터뷰를 원할 경우 반드시 동의를 받아야 한다"로 고치고,
     "피해자의 심리적 상태가 불안정할 경우 인터뷰를 하지 않도록 한다"는 내용을 추가하자고 제안한다.

353  오대영(2014). 일원화된 재난 보도 시스템 구축 방안 : 주관 언론사 중심 취재 또는 공동 취재단 활용.〈신문과 방송〉,

통권 522호, 25쪽

## - 제8장 -

354 임종섭(2015). 〈소셜미디어와 언론의 관계성〉. 서울: 커뮤니케이션북스, 5쪽

355 김한국 · 조성남(2011). 재해 발생 시의 소셜미디어 활용 방안 연구－동일본 대지진 사례를 중심으로. 〈한국엔터테인먼트산업학회 2011 춘계학술대회 논문집〉, 제8권 1호, 132쪽

356 임종섭(2015). 앞의 책, 6~7쪽

357 한국기자협회보(2019년 2월 13일). 국민 65%, "재난 · 재해 발생 시 필수 매체는 TV 아닌 스마트폰"

358 미주중앙일보(2017년 8월 29일). 911 불통되자 페북 · 트위터⋯ 재난구조 SNS 시대

359 송경재(2014). 〈재난 시기 대안적 정보통로로서 SNS의 명암〉. 한국인터넷자율정책기구, 전자자료, 12쪽 http://journal.kiso.or.kr/?cat=676

360 이경주(2012). U.S.A. 방송-인터넷-모바일 통합 재난경보시스템 첫걸음. 〈신문과 방송〉, 제502호, 101~102쪽

361 한영미 · 서현범(2011). 〈스마트시대의 재난재해 대응 선진사례분석〉. 한국정보화진흥원, 7~9쪽

362 김민지(2018). 재난정보 특급 도우미 SNS에 가짜 정보 주의보. 〈신문과 방송〉, 제572호, 136~137쪽

363 한영미 · 서현범(2011). 앞의 글, 7~9쪽

364 이하 내용은 소셜미디어와 비상관리에 관한 블로그인 idisaster 2.0의 아랫글을 번역함 https://idisaster.wordpress.com/2011/05/23/joplin-tornado-demonstrates-social-medias-5-key-roles-in-disaster-response-and-recovery/

365 한영미 · 서현범(2011). 앞의 글, 20~21쪽

366 홍주현(2014). 4 · 16 세월호 참사와 인터넷: SNS를 통한 커뮤니케이션 현황과 과제. 〈방송통신심의동향〉, 방송통신심의위원회, 34~35쪽

367 김민지(2018). 앞의 글, 137쪽

368 중앙일보(2019년 3월 19일). 테러 라이브 17분⋯ "페이스북도 뉴질랜드 테러의 공범"

369 홍주현(2014). 앞의 글, 35쪽

370 이민규 · 이재섭(2017). 〈드론 저널리즘－취재와 실무〉. 한국언론진흥재단 언론인교육교재, 31쪽

371 조항민(2018). 재난재해 대응수단으로 드론저널리즘의 가능성과 한계에 관한 탐색적 연구. 〈한국디지털정책학회논문지〉, 제16권 8호, 72쪽

372 조항민(2018). 위의 글, 75쪽

373 이민규 · 이재섭(2017). 앞의 책, 92~102쪽

374 이승경(2016). 드론이 바꾸는 취재현장 영상 보도. 〈신문과 방송〉, 제551호, 58쪽

375 이민규(2017). 위험한 재난 현장에서 빛난 드론 촬영 취재 : 미국 허리케인 어마를 통해 본 재난 보도 현장. 〈신문과 방송〉, 제562호, 57쪽

376 최인호(2017). 드론, 재난 중심에 서다. 〈재난안전〉, 2017년 가을호, 국립재난안전연구원, 통권 19호, 제3호

377 이승경(2016). 앞의 글, 58쪽

378 조항민(2018). 위의 글, 76쪽

379 미디어오늘(2019년 9월 18일). 돼지열병 살처분 현장에 드론까지 띄운 언론

380 이민규 · 이재섭(2017). 앞의 책, 103~105쪽

381 김근영(2015). 빅데이터와 도시재난관리. 〈도시문제〉, 제50권 557호, 대한지방행정공제회, 24~27쪽

382 김종학 · 고용석 · 김준기 · 박종일(2016). 모바일 빅데이터를 활용한 재난대응방안. 〈국토정책 Brief〉, 2016년 4월 25일, 국토연구원, 1쪽. http://www.krihs.re.kr/issue/cbriefList.do?pageIndex=4&searchCondition=title&searchKeyword

383 함형건(2016). 〈데이터 분석과 저널리즘〉. 컴원미디어, 23쪽

384 함형건(2016). 위의 책, 24~25쪽

385 한겨레(2019년 7월 15일). 상황파악에서 현장 도착까지⋯ 인공지능의 재난 대처 능력은?

386 미래창조과학부(2014년 12월 23일). 보도자료 '과학기술로 재난안전사회 견인'

387 김영주 · 송해엽 · 이성규(2019). 크라우드 소싱 저널리즘: 고품격 저널리즘은 크라우드 펀딩의 필수조건. 〈신문과 방송〉, 제578호, 42쪽

388 조선일보(2018년 12월 28일). 막 내리는 카카오 스토리펀딩 서비스… 내년 4월 종료 http://it.chosun.com/site/data/html_dir/2018/12/28/2018122800745.html

389 김귀현(2018). Financing Journalism의 미래─Crowd Funding Journalism 중심으로. 카이스트 문술미래전략대학원 특강자료(미출판 자료)

- 제9장 -

390 홍은희 · 이승선(2012). 〈위험지역 취재 보도 시스템 개선을 위한 정책적 방안 연구〉. 한국언론진흥재단, 88~91쪽

391 최이락(2011). 재해 지역 '취재 매뉴얼' 마련해야. 〈관훈저널〉, 제52권 제2호, 통권 제119호, 37~38쪽

392 정민규(2018). 〈재난 보도 개선을 위한 연구: 경주 지진과 일본 재난 보도를 중심으로〉. 한국과학기술원 석사학위 논문, 46쪽

393 오대영(2014). 일원화된 재난 보도 시스템 구축 방안 : 주관 언론사 중심 취재 또는 공동 취재단 활용. 〈신문과 방송〉, 통권 522호, 26~27쪽

394 배정근 · 하은혜 · 이미나(2014). 언론인의 외상성 사건 경험과 심리적 외상에 관한 연구 : 세월호 참사 취재기자를 대상으로. 〈한국언론학보〉, 제58권 5호, 한국언론학회, 419쪽

395 정연구 · 이주일(2014). 위험 상황 보도와 언론인의 위기. 〈한국방송학보〉, 28권 6호, 한국방송학회, 161~162쪽

396 한국언론진흥재단(2014). 〈취재기자를 위한 재난 보도 매뉴얼〉. 90쪽

397 한국언론진흥재단(2014). 위의 책, 94~96쪽

398 배정근 · 하은혜 · 이미나(2014). 앞의 글, 441쪽

399 시사저널(2017년 9월 26일). 후쿠시마 피폭 언론인의 77개월 후, 염색체 이상이 나타난 카메라 감독 사연은 시사저널 보도를 참고해 정리했다.

400 김춘식 · 유홍식 · 정낙원 · 이영화(2014). 〈재난 보도 현황 및 개선방안 연구: '세월호 참사' 보도 내용분석을 중심으로〉. 서울: 한국언론진흥재단, 381쪽

401 백선기 · 이옥기(2011). 한국 언론의 재난 보도 양태와 개선방안에 대한 논의: 신문의 내용분석과 보도 양태를 중심으로. 〈제17회 한일국제심포지엄 발제문〉, 36쪽

402 이민규(2011). 재난 보도 어떻게 해야 하나─한 · 미 · 일 재난 보도 비교와 재난 보도 원칙을 중심으로. 〈관훈저널〉, 제52권 제2호, 통권 119호, 15~16쪽

403 양문석 · 김기범 · 김동준(2009). 〈세계뉴스 통신의 과학 보도 및 재난 보도 현황과 개선방안 연구〉. 뉴스통신진흥회 연구보고서

404 김낙수(2014). '사회적 재난'을 막는 언론의 역할, 심층 탐사 보도. 〈방송기자〉, 통권 19호(2014년 7 · 8월호), 방송기자연합회, 3~4쪽 http://reportplus.kr/?p=11437

405 김낙수(2014). 4 · 16 세월호 참사 관련 재난방송의 현주소와 과제. 〈방송통신심의동향〉, 방송통신심의위원회, 22쪽

406 송종길 · 이동훈(2003). 〈사회위기와 TV 저널리즘〉. 한국방송영상산업진흥원, 서울: 커뮤니케이션북스, 137쪽

407 관훈클럽(2014). 〈재난 보도의 현주소와 과제─세월호 보도를 중심으로〉 세미나, 36~58쪽

408 한국기자협회보(2014년 5월 28일). 현장에선 취재 거부당하는데 데스크는 '팩트 찾아라' 압박 http://www.journalist.or.kr/news/article.html?no=33685

409 박철홍(2014). 뉴스 현장에서 바라본 재난 보도. 〈언론중재〉, 제34권 제2호, 통권 131호, 16~17쪽

410 심규선(2014). 5개 언론단체 제정 재난보도준칙의 실효성 확보방안. 〈신문과 방송〉, 제526호, 92쪽

411 박철홍(2014). 앞의 글, 17쪽

412 김호성(2015). 데스크 급에 대한 교육 절실. 〈신문과 방송〉, 제533호, 27~28쪽

413 김석철(2015). 〈재난 반복사회: 대한민국에서 내 가족은 누가 지킬 것인가?〉. 서울: 라온북, 41쪽

414 심규선(2014). 앞의 글, 〈신문과 방송〉, 제526호, 94쪽

415 국민안전처(2015). 〈재난 상황, 언론대응 및 수습과 홍보〉. 서울: 국민안전처, 97쪽

416 국민안전처(2015). 위의 책, 39쪽

417  KAIST 문술미래전략대학원(2018). 〈인구전쟁 2045: 인구 변화가 가져올 또 다른 미래〉. 서울: 크리에이터, 102쪽

418  행정안전부(2017년 9월 25일). 보도자료-각종 재난ㆍ안전사고로부터 장애인 안전 강화된다

419  행정안전부(2017년 9월 25일). 위의 글

420  조선일보(2019년 5월 15일). "재난은 매뉴얼대로 일어나지 않아… 노인ㆍ장애인 소방교육 강화해야" http://news.chosun.com/site/data/html_dir/2019/05/15/2019051500226.html

421  남형두(2015). 장애인 정보 접근성 향상을 위한 입법과제-장애인의 능동적 사회참여를 위한 기본 전제. 〈입법과 정책〉, 제7권 제2호, 국회입법조사처, 192쪽

422  미디어오늘(2019년 12월 26일). KBS보다 빠르고 베트남어 자막까지 '특별한' 재난방송. http://www.mediatoday.co.kr/news/articleView.html?idxno=204355

423  이미나ㆍ김선호ㆍ하주용ㆍ이하경(2019). 분노산업을 넘어서: 국민 갈등 해소를 위한 솔루션 저널리즘의 실천. 〈SBS 문화재단 연구보고서〉, 2쪽

424  이미나ㆍ김선호ㆍ하주용ㆍ이하경(2019). 위의 글, 66쪽

− 제10장 −

425  강준만(2019). 〈한국 언론사: 한성순보에서 유튜브까지〉. 서울:인물과 사상사, 613~614쪽

# ▣ 참고 문헌

– 단행본 –

- 강준만(2010). 〈미국사 산책3: 남북전쟁과 제국의 탄생〉. 서울: 인물과 사상사
- 강준만(2019). 〈한국 언론사 : 한성순보에서 유튜브까지〉. 서울: 인물과 사상사
- 관훈클럽 신영연구기금(1983). 〈한성순보 한성주보 영인본 및 번역판〉
- 김석철(2015). 〈재난반복사회:대한민국에서 내 가족은 누가 지킬 것인가?〉. 서울: 라온북
- 김영미(2019). 〈세계는 왜 싸우는가〉. 서울: 김영사
- 김영희(2015). 〈한국전쟁과 미디어〉. 서울: 커뮤니케이션북스
- 김헌식(2012). 〈국제분쟁과 전쟁특파원〉. 서울: 일조각
- 대한언론인회 편 (2001). 〈한국 언론 인물사화: 가시밭길 헤쳐온 선인들의 발자취〉제6권
- 문갑식(2004). 〈자이툰의 전쟁과 평화: 분쟁지역 취재 수첩〉. 서울: 나남출판
- 문정식(1999). 〈펜을 든 병사들〉. 전국언론노동조합연맹
- 송종길 · 이동훈(2003). 〈사회위기와 TV 저널리즘〉. 서울: 커뮤니케이션북스
- 송해룡 · 김원제(2013). 〈위험 커뮤니케이션의 이론과 실제〉. 한국학술정보
- 안병찬(2008). 〈르포르타주 저널리스트의 탐험〉. 서울: 커뮤니케이션북스
- 안병찬(2014). 〈사이공 최후의 표정 컬러로 찍어라〉. 서울: 커뮤니케이션북스
- 안수훈(2013). 〈딕시: 목화밭에서 오바마까지, 미국 남부를 읽는다〉. 서해문집
- 연합뉴스 편(2017). 〈나는 특파원이다: 가지 않으면 전할 수 없는 곳을 탐(探)하다〉. 서울: 연합뉴스
- 유승관 역(2018). 〈현장 취재 전에 꼭 봐야 할 재난 보도 매뉴얼〉. 서울: 커뮤니케이션북스
- 이욱헌(2018). 〈나귀와 말 권총과 족구: 대외원조 1세대의 원조 최전선 이야기〉. 스토리윤
- 이창호(2006). 〈전쟁 저널리즘: 이라크전쟁은 어떻게 보도되었나?〉. 서울: 커뮤니케이션북스
- 임종섭(2015). 〈소셜미디어와 언론의 관계성〉. 서울: 커뮤니케이션북스
- 정문태(2004). 〈전선 기자 정문태 전쟁취재 16년의 기록〉. 서울: 한겨레신문사
- 정운현(2018). 〈호외로 읽는 한국 현대사〉. 서울: 인문서원
- 정진석(2013). 〈한국 신문 역사〉. 서울: 커뮤니케이션북스
- 조선일보 90년 사사 편찬실(2010). 〈조선일보 90년사〉제1권
- 주영기 · 유명순(2016). 〈위험사회와 위험 인식〉. 서울: 커뮤니케이션북스
- 진달용(2015). 〈과학 저널리즘의 이해〉. 한울아카데미
- 최진봉(2016). 〈재난관리 커뮤니케이션〉. 서울: 커뮤니케이션북스
- 함형건(2016). 〈데이터 분석과 저널리즘〉. 컴원미디어
- KAIST문술미래전략대학원(2018). 〈인구전쟁 2045: 인구 변화가 가져올 또 다른 미래〉. 서울: 크리에이터
- 짐윌리스 · 알버트 아들로왓 오쿠나드(1997). 〈위험 보도 : 저널리즘과 과학적 사실의 충돌〉. 송해룡 · 김원제 · 조항민 옮김(2006). 서울: 커뮤니케이션북스
- 카린 왈-요르겐센, 토마스 하니취 편집 ; 저널리즘학연구소 옮김(2016). 〈저널리즘 핸드북 : 저널리즘에 대해 알고 싶은 모든 것〉. 서울: 새물결 출판사
- 한스 페터스, 송해룡 엮음(2005). 〈위험 보도와 매스커뮤니케이션〉. 서울: 커뮤니케이션북스

– 논문 및 저널 –

- 강민승(2011). "죽을 수도 있겠다"는 원초적 공포가 현실로: KBS 추적 60분 '일본 대지진 한 달, 끝나지 않은 공포' 제작기. 〈신문과 방송〉, 제485호
- 고승일(1995). 재난 보도 전문화 방안: 재난 보도 백서를 만들자. 〈신문과 방송〉, 제297호
- 고영준 · 진달용(2012). TV 뉴스의 과학기술위험 보도 태도 분석: 부안과 경주 방폐장 TV 뉴스 분석을 중심으로. 〈언론과 사회〉, 제20집 제4호

- 고응석(2017). 험지 취재, 어디서든 닥쳐오는 위험. 연합뉴스 편, 〈나는 특파원이다: 가지 않으면 전할 수 없는 곳을 탐(探)하다〉
- 곽현자(2014). 영국의 재난 및 테러 보도 심의 기준과 심의사례. 〈방송통신 심의동향 : 이슈 in 포커스〉, 방송통신심의위원회
- 관훈클럽(2014). 〈재난 보도의 현주소와 과제−세월호 보도를 중심으로〉 세미나
- 국민대통합위원회(2015). 언론의 국민통합기능 강화방안 연구. 서울: 국민대통합위원회
- 국민안전처(2015). 〈재난 상황, 언론대응 및 수습과 홍보〉
- 권영석(2017). 인도네시아 쓰나미 참사. 연합뉴스 편, 〈나는 특파원이다: 가지 않으면 전할 수 없는 곳을 탐(探)하다〉
- 김경환(2011). 일본방송의 동일본 대지진 보도와 시사점. 〈신문과방송〉, 제484호
- 김경환(2016). 국내 방송사의 경주 지진 보도 현황과 문제점: 매뉴얼 안지키고 지각 방송…2차 피해 위험, 〈신문과 방송〉, 제551호
- 김귀근(2011). 군사기밀, 국가안보와 언론자유. 〈관훈저널〉, 제52권 제1호, 통권 제118호
- 김귀현(2018). Financing Journalism의 미래−Crowd Funding Journalism 중심으로. 카이스트 문술미래전략대학원 특강자료(미출판 자료)
- 김균수(2014). 4·16 세월호 참사 관련 재난방송의 현주소와 과제. 〈방송통신심의동향〉, 방송통신심의위원회
- 김균수(2014). '사회적 재난'을 막는 언론의 역할, 심층 탐사 보도. 〈방송기자〉, 통권 19호, 방송기자연합회
- 김근영(2015). 빅데이터와 도시재난관리. 〈도시문제〉, 제50권 557호, 대한지방행정공제회
- 김대홍(2011). 일본 NHK의 재난 보도 시스템 심층분석. 〈관훈저널〉, 제52권 제2호, 통권 제119호
- 김동규(2002). 한국 언론의 위기보도, 그 실상과 과제: 재난, 전쟁, 테러 및 갈등 보도를 중심으로. 〈사회과학연구〉, 제15호
- 김동규(2010). 천안함 보도를 통해서 본 재난 보도의 실상과 인격권. 〈언론중재〉, 제30권 제2호, 통권 115호
- 김민석(2010). 군사기밀 보도와 알 권리. 〈관훈저널〉, 제51권 제2호, 통권 제115호
- 김민지(2018). 재난정보 특급 도우미 SNS에 가짜 정보 주의보. 〈신문과 방송〉, 제572호
- 김성재(1999). 공영방송의 재난 보도 시스템. 〈방송문화연구〉, 제11집
- 김성재(2003). 디지털 미디어 시대의 재난 보도 방향. 〈방송연구〉, 여름호
- 김승일(2003). 일본 방재시스템과 언론의 재해 보도 연수기. 〈신문과 방송〉, 제394호
- 김언경(2019). 재난 피해자 명예훼손 등 보도사례. 제4회 사회적 참사 피해지원포럼, 〈재난 피해자 명예훼손과 언론의 역할〉, 가습기 살균제 사건과 4.16 세월호 참사 특별조사위원회
- 김영욱(2016). '위험사회' 언론의 역할과 보도 개선방안: 정확·신중한 정보제공으로 사회안전역량 키워야. 〈신문과 방송〉, 제547호
- 김영욱·안현의·함승경(2015). 언론의 세월호 참사 보도 구성: 프레임, 정보원, 재난보도준칙 분석을 중심으로. 〈한국위기관리논집〉, 제11권 제7호, 위기관리 이론과실천
- 김영주·송해엽·이성규(2019). 크라우드 소싱 저널리즘: 고품격 저널리즘은 크라우드 펀딩의 필수조건. 〈신문과 방송〉, 제578호
- 김우성(2005). 〈베트남 참전 시기 한국의 전쟁 선전과 보도: 1965년~1973년 정부, 의회, 군사자료와 조선일보를 통해 본 베트남 전쟁의 사회적 현실〉. 서울대 석사학위 논문
- 김재명(2010). 위험지역 취재 안전대책 있나. 〈관훈저널〉, 제51권 제1호, 통권 114호
- 김재영(2001). 기사를 쓰는 사진기자, 이요섭. 대한언론인회 편, 〈한국언론 인물사화: 가시밭길 헤쳐온 선인들의 발자취〉, 제6권
- 김재영(2016). 〈질병 재난 보도에서 언론의 취재 및 보도기준에 관한 기자들의 인식연구−정부의 메르스 관련 정보제공 사례를 중심으로〉. 건국대 석사학위 논문
- 김정명(2004). 알자지라의 한일 피랍 보도 비교: 한국, 중동언론의 흐름 파악 못 해. 〈신문과 방송〉, 제404호
- 김정탁(1995). '알 권리' 보다는 '살 권리'가: 삼풍백화점 붕괴사고에 대한 언론의 보도. 〈저널리즘 비평〉, 제16호
- 김정탁(1995). 현대 일본 언론의 성격 및 한신대지진 보도의 특징. 〈신문과 방송〉, 제294호
- 김정탁·이연·정연구(1997). 고베지진과 언론의 역할. 김정동 편, 〈일본 사회의 재해관리〉. 서울대 출판부
- 김종학·고용석·김준기·박종일(2016). 모바일 빅데이터를 활용한 재난대응방안. 〈국토정책 Brief〉, 2016년 4월

25일, 국토연구원 http://www.krihs.re.kr/issue/cbriefList.do?pageIndex=4&searchCondition=title&search Keyword

- 김창룡(2001). 한국과 미국의 참사보도준칙과 취재기자의 윤리. 〈관훈저널〉, 제42권 제4호
- 김창룡(2003). 국제뉴스 보도 행태와 문제점. 〈방송문화〉, 제263호, 한국방송협회 http://www.kba.or.kr/kba2012/policy/magazine_view.asp?uid=3790
- 김철우(2010). 북한의 연평도 포격 도발 취재 보도의 교훈. 〈KIDA 동북아안보정세분석〉
- 김춘식(2011). 한국, 일본, 미국 신문의 동일본 대지진 보도 분석. 〈신문과 방송〉, 제485호
- 김춘식 · 유홍식 · 정낙원 · 이영화(2014). 〈재난 보도 현황 및 개선방안 연구: '세월호 참사' 보도 내용분석을 중심으로〉. 서울: 한국언론진흥재단
- 김태종(2011). 〈위험사회와 언론의 안보 보도에 관한 연구〉. 연세대 석사학위 논문
- 김한국 · 조성남(2011). 재해 발생 시의 소셜미디어 활용 방안 연구-동일본 대지진 사례를 중심으로. 〈한국엔터테인먼트산업학회 2011 춘계학술대회 논문집〉, 제8권 1호
- 김현정(2019). 재난에 대한 언론의 보도 태도가 재난 예방 및 관리에 미치는 영향: 언론 및 재난관리 전문가 인터뷰를 중심으로. 국회 과학기술정보방송통신위원회와 KBS 주최 〈효과적인 재난관리를 위한 언론의 역할〉 세미나
- 김호성(2015). 데스크 급에 대한 교육 절실. 〈신문과 방송〉, 제533호
- 김희종 · 이지웅 · 이혜복 · 임학수(1976). 바른 보도 못 한 죄책감: 종군기자 시절을 말한다. 〈신문과 방송〉, 제67호
- 나은영(2017). 〈정신건강 보도현황 분석 및 개선방안 연구. 국립정신건강센터 보고서〉. 서울: 국립정신건강센터
- 남상욱(2011). 포격의 긴장감과 두려움 속에서 열흘간의 사연 찾기. 〈신문과 방송〉, 제481호
- 남형두(2015). 장애인 정보 접근성 향상을 위한 입법과제-장애인의 능동적 사회참여를 위한 기본 전제. 〈입법과 정책〉, 제7권 제2호, 국회입법조사처
- 문연주(2014). 동일본대지진에서의 재난 보도, NHK의 반성과 개선. 〈방송통신 심의동향〉, 방송통신심의위원회
- 박성희(2011). 언론과 군, 학계가 참여해 가이드라인 만들자. 〈신문과 방송〉, 통권 제481호
- 박세진(2017). 전후 혼란 테러리즘이냐 저항이냐. 연합뉴스 편, 〈나는 특파원이다: 가지 않으면 전할 수 없는 곳을 탐(探)하다〉
- 박영대(2004). 종군취재 이런 점에 주의하라: 허락 없이 촬영했다 억류될 수도. 〈신문과 방송〉, 제398호
- 박정규(1986). 독립신문의 의의와 한계. 〈신문과 방송〉, 제184호
- 박철홍(2014). 뉴스 현장에서 바라본 재난 보도. 〈언론중재〉, 제34권 제2호, 통권 131호
- 박형준(2011). 동일본 대지진 취재기: 아사히신문 기자, 대피처 숙지 후 취재 시작. 〈신문과 방송〉, 통권 485호
- 박효정(2015). 위기상황에서 리스크 커뮤니케이터의 역할과 해외사례. 〈신문과 방송〉, 제535호
- 방문신(2015). 세월호 재난 보도가 남긴 과제와 교훈. 〈관훈저널〉, 제55권 제2호, 통권 제131호
- 배정근 · 하은혜 · 이미나(2014). 언론인의 외상성 사건 경험과 심리적 외상에 관한 연구 : 세월호 참사 취재기자를 대상으로. 〈한국언론학보〉, 제58권 5호, 한국언론학회
- 백선기(2003). 전쟁의 참상보다 군사작전 중심보도: 보도점검-신문. 〈신문과 방송〉, 제389호
- 백선기 · 이옥기(2011). 한국 언론의 재난 보도 양태와 개선방안에 대한 논의: 신문의 내용분석과 보도 양태를 중심으로. 〈제17회 한일국제심포지엄 발제문〉
- 백선기 · 이옥기(2012). 보도준칙을 통해서 본 한국 언론의 재난 보도. 〈스피치와 커뮤니케이션〉, 제18호, 한국소통학회
- 백선기 · 이옥기(2013). 재난방송에 대한 국가별 채널 간 보도 태도의 비교연구: KBS, NHK, CNN의 일본 대지진 방송 보도에 대한 내용분석을 중심으로. 〈한국언론학보〉, 제57권 1호
- 서수민(2014). 분쟁지역 취재기자 안전, 정부-언론사 누구 책임?. 〈신문과 방송〉, 제526호
- 서정민(2004). 종군취재 이런 점에 주의하라: 두 가지 이상 통신수단 지참해야. 〈신문과 방송〉, 제398호
- 서정우(1991). 전쟁과 언론의 역할-국익과 진실 보도. 〈신문과 방송〉, 제243호
- 성연재 · 박진형(2017). 고 조계창 선양 특파원 사고 수습기: 동북 3성을 베고 눕다. 연합뉴스 편, 〈나는 특파원이다: 가지 않으면 전할 수 없는 곳을 탐(探)하다〉
- 손주환(1965). 월남 종군기자고: 취재경험담. 〈신문평론〉, 통권 16호, 한국신문연구소
- 손주환(2012). 손주환 세상 산책: 첫 월남전-비둘기부대 해외파병 종군기자-1965 http://blog.daum.net/

chuwson/23

- 송경재(2014). 〈재난 시기 대안적 정보통로로서 SNS의 명암〉. 한국인터넷자율정책기구, 2014, 전자자료 http://journal.kiso.or.kr/?cat=676
- 송종길(2003). 전쟁취재 보도의 한계와 문제점. 〈관훈저널〉, 제44권 제2호, 통권 제87호
- 송해룡 · 김원제(2013). 위험관리 예방을 위한 언론의 역할. 〈신문과 방송〉, 제509호
- 신경민(2003). 전쟁 보도… 생중계 시대. 〈관훈저널〉, 제44권 2호
- 신윤진(2001). 외국은 특수부대 교육까지 받아: 언론사 위험지역 취재. 〈신문과 방송〉, 제371호
- 신윤진(2004). 위험지역 취재 안전교육: BBC는 의무화 전문기관에 위탁. 〈신문과 방송〉, 제398호
- 신치영(2010). 아이티 지진 취재와 위험관리. 〈관훈저널〉, 제51권 제1호, 통권 제114호
- 심규선(2014). 5개 언론단체 제정 재난보도준칙의 실효성 확보방안. 〈신문과 방송〉, 제526호
- 심규선(2014). 언론단체 제정 재난보도준칙의 실효성 확보방안: '기레기' 오명 벗기 편집 · 보도국 간부 손에 달려. 〈신문과 방송〉, 제526호
- 심재훈(1967). 베트남 전쟁 보도: 한 한국 특파원의 반성. 〈신문과 방송〉, 제24호
- 안관옥(2017). 재난보도준칙은 종이 위에만 있다. 〈관훈저널〉, 제143호
- 안민호(2001). 종군기자와 보도통제의 역사: 포클랜드 전쟁 이후 '꼭두각시 미디어' 일반화. 〈신문과 방송〉, 통권 371호
- 안민호(2003). 미-이라크전쟁 보도와 쟁점. 〈방송문화〉, 제263호, 한국방송협회 http://www.kba.or.kr/kba2012/policy/magazine_view.asp?uid=3791
- 안병찬(1995). 종군기자의 위상과 과제. 〈신문과 방송〉, 제295호
- 안병찬(2003). 전쟁취재와 보도-전쟁 보도와 국익. 〈관훈저널〉, 제44권 제2호, 통권 제87호
- 안수훈(2017). 내가 아는 그 사람이 납치되다니. 연합뉴스 편, 〈나는 특파원이다: 가지 않으면 전할 수 없는 곳을 탐(探)하다〉
- 안종주(2020). 변하지 않는 공포 장사-감염병 보도, 에이즈에서 코로나 19까지. 〈신문과 방송〉, 통권 제591호.
- 양문석 · 김기범 · 김동준(2009). 〈세계 뉴스 통신의 과학 보도 및 재난 보도 현황과 개선방안 연구〉. 뉴스통신진흥회 연구보고서
- 양정은(2015). 국내 일간지의 식품 위험 보도에 대한 연구-지난 10년간의 보도양상과 헤드라인의 낙인요소 분석을 중심으로. 〈언론과학연구〉, 제15권 제3호, 한국지역언론학회
- 양평(1975). 내가 마지막 본 월남. 〈신문과 방송〉, 제55호
- 오대영(2014). 일원화된 재난 보도 시스템 구축 방안 : 주관 언론사 중심 취재 또는 공동 취재단 활용. 〈신문과 방송〉, 통권 522호
- 옥철(2017). 2003년 이라크전쟁 종군취재 체험기. 연합뉴스 위험지역 취재기(미출판 원고)
- 옥철(2017). 동료들이 당신의 부고를 멋지게 써줄 것이오. 연합뉴스 편, 〈나는 특파원이다: 가지 않으면 전할 수 없는 곳을 탐(探)하)다〉
- 우병동(1995). 언론비평(신문평): 삼풍 보도사진과 피해자. 〈신문과 방송〉, 제296호
- 원숙경 · 윤영태(2015). 재난 보도의 보도준칙에 관한 한일 비교연구. 〈지역과 커뮤니케이션〉, 제19권 1호, 부산울산경남언론학회
- 유승관(2014). 외국의 재난 보도기준 및 보도사례. 〈언론중재〉, 제34권 제2호, 통권 131호
- 유신모(2004). 국내언론의 전쟁 보도. 〈관훈저널〉, 제45권 제3호, 통권 제92호
- 유용원(2004). 국방부 보도지원과 취재 기자단 구성: 공보지침 마련 중 취재제한 등 언론과 신경전 예상. 〈신문과 방송〉, 통권 제398호
- 유현재(2020). 코로나19 언론 보도-피해를 최소화시키는 소통, 피해를 증폭시키는 소통. 국립중앙의료원 주최 〈코로나 19 감염증 확산과 한국사회의 위기소통〉 토론회 자료집
- 윤영철(1991). 걸프전 보도평-신문. 〈신문과 방송〉, 제243호
- 이경주(2012). U.S.A. 방송-인터넷-모바일 통합 재난경보시스템 첫걸음. 〈신문과방송〉, 제502호
- 이귀옥(2015). 언론, 정보전달자 넘어 감시견 역할 다해야. 〈관훈저널〉, 2015년 가을호, 통권 136호
- 이기창(2017). 지옥으로 가는 티켓… 임베딩 자격을 따라. 연합뉴스 편, 〈나는 특파원이다: 가지 않으면 전할 수 없

는 곳을 탐(探)하다〉

- 이미나 · 김선호 · 하주용 · 이하경(2019). 분노산업을 넘어서: 국민 갈등 해소를 위한 솔루션 저널리즘의 실천. 〈SBS문화재단 연구보고서〉
- 이민규(2010). 천안함 침몰 보도 분석. 〈관훈저널〉, 제51권 제2호, 통권 제115호
- 이민규(2011). 재난 보도 어떻게 해야 하나 - 한 · 미 · 일 재난 보도 비교와 재난 보도 원칙을 중심으로. 〈관훈저널〉, 제52권 제2호, 통권 119호
- 이민규(2017). 위험한 재난 현장에서 빛난 드론 촬영 취재 : 미국 허리케인 어마를 통해 본 재난 보도 현장. 〈신문과 방송〉, 제562호
- 이민규 · 이재섭(2017). 〈드론 저널리즘-취재와 실무〉. 한국언론진흥재단 언론인 교육교재
- 이민주(2009). 분쟁지역 취재의 이상과 현실. 〈관훈저널〉, 제50권 제1호, 통권 제110호
- 이상균(2019). 조선시대 해일의 발생과 대응. 〈한국사연구〉, 통권 185호, 한국사연구회
- 이승경(2016). 드론이 바꾸는 취재현장 영상 보도. 〈신문과 방송〉, 제551호
- 이연(2004). 인질 · 납치 · 테러 보도의 허용 한계와 국익: 피랍자 신상 보도 자제해야. 〈신문과 방송〉, 제404호
- 이연(2006). 한국 언론의 수해보도 점검: 정권에 대한 분노나 화물이성 많아. 〈신문과 방송〉, 제429호
- 이연(2008). 선정 보도에 피해 주민 분통 선진화된 매뉴얼 시급: 재난 보도 이렇게 하자. 〈신문과 방송〉, 제453호
- 이연(2011). 재난방송 전문인력 육성과 전담조직 구성 필요. 〈신문과방송〉, 제485호
- 이연(2014). 세월호 참사 보도를 계기로 본 재난보도준칙 제정의 시급성. 〈신문과 방송〉, 제521호
- 이연(2014). 재난보도준칙 제정 의의와 향후 과제. 〈방송문화〉, 제397호, 한국방송협회
- 이연 · 송종현 · 박종률. 〈분쟁지역 취재 매뉴얼〉. 한국언론진흥재단 연구보고서 2015-12
- 이재열(2008). 〈한국사회 위험의 구조와 변화〉. 한반도선진화재단
- 이재열(2012). 위험사회에서 안전사회로. 〈인문정책포럼〉, 2012년 봄, 서울: 경제 · 인문사회연구회, 2012 https://www.nrcs.re.kr/webmodule/htsboard/template/read/nrcs_basic_hbdread.jsp?typeID=4&boardid=96&seqno=2002&c=TITLE&t=&pagenum=1&tableName=TYPE_NRCS_NAME&pc=undefined&dc=&wc=&lu=&vu=&iu=&du
- 이진숙(2004). 이라크 파병과 종군취재: 사제 폭탄에 각별한 주의. 기본적 언어 · 문화 숙지를. 〈신문과 방송〉, 제398호
- 이창호(2009). 한국 언론의 테러 보도 분석: 김선일 씨 피랍사건을 중심으로. 〈한국언론정보학보〉, 통권 제48호
- 이창호(2010). 전쟁 보도, 체계적인 가이드라인 정립되어야. 〈방송기자〉, 제2호(2010년 송년호), 방송기자연합회
- 이창호 · 이영미 · 정종석 · 김용길(2007). 한국 언론의 전쟁취재 여건과 문제점 개선방안 연구. 〈한국언론정보학보〉, 통권 40호
- 이혜복(2000). 6 · 25전쟁 현장 취재기. 〈관훈저널〉, 통권 제75호. http://www.kwanhun.com/page/brd3_view.php?idx=876&table=kwan_tong&tb=book4&search_box=1&search_item=name&search_order=이혜복
- 임연희(2014). 세월호 참사에 대한 텔레비전 뉴스의 보도 행태. 〈사회과학연구〉, 제25권 4호, 충남대 사회과학연구소
- 임종섭(2015). 메르스 사태로 본 데이터뉴스 사례와 제언. 〈신문과 방송〉, 제536호
- 전남 화순소방서연구반(2014). 국민이 안전한 효율적 재난 대응체계 연구. 〈제26회 국민안전 119 소방정책 콘퍼런스 발표문〉
- 전민조 블로그(2011 2월 12일). 사진이 다 말해 주었다 https://blog.naver.com/dovan125/140123617550
- 정달영(2002). 종군기자와 전쟁 보도. 〈신문과 방송〉, 제373호
- 정달영(2003). '기이한 전투의 정지' 50년. 〈신문과 방송〉, 제392호
- 정민규(2018). 〈재난 보도 개선을 위한 연구: 경주 지진과 일본 재난 보도를 중심으로〉. 한국과학기술원 석사학위 논문
- 정수영(2015). 세월호 언론 보도 대참사는 복구할 수 있는가?. 〈커뮤니케이션이론〉, 제11권 2호, 한국언론학회
- 정연구 · 이주일(2014). 위험 상황 보도와 언론인의 위기. 〈한국방송학보〉, 28권 6호, 한국방송학회
- 정진석(2010). 전쟁 종군기자들: 보고대회 열고 전황 직접 알리기도. 〈신문과방송〉, 제476호
- 조대근(2004). 좌담: 이라크전쟁과 언론 보도: 애국주의 지양하고 균형감각 살려야. 〈신문과 방송〉, 통권 제407호
- 조동찬(2015). 감염병 재난 현장 취재기자의 안전을 위한 제언. 〈신문과방송〉, 제536호

- 조순환(1975). 월남전은 언론전쟁이었다. 〈신문과 방송〉, 제55호
- 조양욱(1993). 주한 외국 특파원의 역사. 〈신문과 방송〉, 제273호
- 조항민(2016). 융복합기술로서 GMO에 관한 보도 경향 연구−1994∼2015년까지 국내 주요 일간지 기사분석을 중심으로. 〈디지털융복합연구〉, 제14권 제12호, 한국디지털정책학회
- 조항민(2018). 재난재해 대응수단으로 드론 저널리즘의 가능성과 한계에 관한 탐색적 연구. 〈한국디지털정책학회논문지〉, 제16권 8호
- 채성혜(2011). 동일본 대지진의 패닉과 재해 보도. 〈신문과 방송〉, 제484호
- 최경진(2003). 국내방송 소홀, NHK나 CNN으로 봐야만 하는가. 〈신문과 방송〉, 제388호
- 최경진(2003). 미국언론 추종, 참상은 외면: 이라크 전쟁 보도가 남긴 과제. 〈신문과 방송〉, 제389호
- 최상원·한혜경(2012). 일제 강점기 한국·중국·일본 등 동북아 3개국에 걸친 기자 장덕준의 언론 활동에 관한 연구. 〈동북아 문화연구〉, 동북아 문화연구소
- 최영재(2004). 김선일 피랍 보도 점검−신문: 파병과 연계하며 정파성 드러나. 〈신문과 방송〉, 제404호
- 최이락(2011). 재해 지역 '취재 매뉴얼' 마련해야. 〈관훈저널〉, 제52권 제2호, 통권 제119호
- 최인호(2017). 드론, 재난 중심에 서다. 〈재난안전〉, 2017년 가을호, 국립재난안전연구원, 통권 19호, 제3호
- 최현숙(2017). 미국의 재난관리 시스템 연구를 통한 우리나라 재난방송 정책 개선방안. 방송통신위원회
- 최훈진(2015). 현업 언론인들의 목소리, 과잉 취재 경쟁 그대로… 자율 준칙 준수 어려워. 〈신문과 방송〉, 제533호
- 한국방송개발원(1996). 〈방송의 사회적 위기보도 개선방안 연구〉
- 한국방송영상산업진흥원(2004). 〈김선일 씨 피랍 관련 초기 TV 뉴스 보도 분석〉
- 한국언론연구원(1990). 〈한국전쟁의 동서 보도 비교: 6·25 40주년 맞아〉, 한국언론연구원
- 한국언론재단(1977). 내한했던 한국전 종군기자 면모. 〈신문과 방송〉, 제79호
- 한국언론재단(2003). 〈전장에선 기자 − 위험지역 취재 가이드 북〉, 한국언론재단
- 한실비(2015). 〈한성순보의 청불전쟁 보도에 나타난 개화 지식인의 대외인식〉, 단국대 석사학위 논문
- 한영미·서현범(2011). 〈스마트시대의 재난재해 대응 선진사례분석〉, 한국정보화진흥원
- 허윤(2019). 재난 피해자 명예훼손에 대한 언론의 책임. 제4회 사회적 참사 피해지원포럼, 〈재난 피해자 명예훼손과 언론의 역할〉, 가습기 살균제 사건과 4.16 세월호 참사 특별조사위원회
- 홍남희(2017). '테러리스트' 없는 영국 언론의 테러 보도. 〈신문과방송〉, 제562호
- 홍은희(2012). 언론사 조직문화와 재난 보도 취재 관행. 〈사회과학연구〉, 제19권 2호, 동국대 사회과학연구원
- 홍은희(2014). 한국 재난 보도의 과제 − 세월호 침몰 사건 보도를 중심으로. 〈관훈저널〉, 제55권 제2호, 통권 제131호
- 홍은희·이승선(2012). 〈위험지역 취재 보도 시스템 개선을 위한 정책적 방안 연구〉. (한국언론진흥재단 지정 2012−4)
- 홍주현(2014). 4·16 세월호 참사와 인터넷: SNS를 통한 커뮤니케이션 현황과 과제. 〈방송통신심의동향〉, 방송통신심의위원회
- 황근(2009). 전쟁과 커뮤니케이션: 전쟁의 명암. 〈전쟁과 유물〉, 제3호, 전쟁기념박물관 학예부
- 황근(2009). 전쟁 보도: 전시 언론통제 방식의 변화. 〈전쟁과 유물〉, 제1호, 전쟁기념박물관 학예부

− 언론 보도 −

- 동아일보(2000년 3월 26일). [호외로 본 東亞 80년] 기억으로 남은 뉴스 속의 뉴스
- 동아일보(2017년 12월 29일). [아하! 동아] 취재현장 지키다 순직한 기자들
- 미디어오늘(1995년 6월 7일). 오보 이야기 3−서해 훼리호 백 선장 생존 보도
- 미디어오늘(1995년 7월 12일). "재난 보도 공동취재 체제 갖추자"
- 미디어오늘(2019년 12월 26일). KBS보다 빠르고 베트남어 자막까지 '특별한' 재난방송 http://www.mediatoday.co.kr/news/articleView.html?idxno= 204355
- 미디어오늘(2019년 4월 10일). 강원산불 재난 보도 '우왕좌왕'했다
- 미디어오늘(2019년 9월 18일). 돼지열병 살처분 현장에 드론까지 띄운 언론
- 미디어오늘(2020년 2월 21일). 한국기자협회, '코로나19 보도준칙' 배포

- 미주중앙일보(2017년 8월 29일). 911 불통되자 페북 · 트위터… 재난구조도 SNS 시대
- 서울신문(2018년 12월 20일). "학생들, 친구들 사망 사실 아직 몰라… 치료 우선 · 취재 불허"
- 시사저널(2017년 9월 26일). 후쿠시마 피폭 언론인의 77개월 후
- 시사IN(2010년 1월 25일). 아프간전쟁 최대 수혜자 블랙워터? https://www.sisain.co.kr/news/articleView. html?idxno=6319
- 아시아경제(2010 8월 30일). 한국전 누비던 미 여성 종군기자 유족 방한
- 연합뉴스(1999년 1월 2일). 〈인터뷰〉베트남전 종군기자 김용택 씨
- 연합뉴스(1999년 9월 14일). KBS 히말라야 원정대 방송단, 눈사태로 2명 사망
- 연합뉴스(2003년 4월 7일). "SBS 기자 등 이라크군에 29시간 억류"
- 연합뉴스(2004년 6월 17일). 바그다드서 맹활약하는 사진기자 조성수
- 연합뉴스(2006년 3월 15일). 피랍 용태영 특파원 하루 만에 무사 귀환
- 연합뉴스(2012년 9월 24일). 軍-언론, 국가안보 위기 시 보도기준 마련
- 연합뉴스(2017년 7월 20일). EBS 외주 다큐 PD, 남아공 현지 촬영 중 사망
- 연합뉴스(2019년 11월 5일). [이희용의 글로벌시대] 순직 기자 1호 장덕준이 요즘 기자였다면
- 연합통신(1993년 10월 12일). 선장 백씨 등 일부 선원 생존설 수사
- 오마이뉴스(2003년 4월 8일). 받아쓰기식 전황 보도 치중, 전쟁 보도에 사람이 없다
- 오마이뉴스(2004년 12월 30일). "전쟁은 전선 기자 '패션쇼' 무대 아니다" http://www.ohmynews.com/NWS_ Web/View/at_pg.aspx?CNTN_CD=A0000229149&CMPT_CD=SEARCH
- 오마이뉴스(2004년 8월 3일). "테러단체, 김선일 죽일 의도 없었다" http://www.ohmynews.com/NWS_Web/ View/at_pg.aspx?CNTN_CD=A0000201858&CMPT_CD=SEARCH
- 월간조선(2010년 6월호). "인터뷰, 6.25 전쟁 종군기자 1기생 이혜복 대한언론인회고문: 평양 대동교 앞 백선엽-게 이 장군 악수 장면 잊을 수 없어"
- 조선일보(2008년 4월 1일). "한국은 아주 특별하게 위험한 사회" http://news.chosn.com/site/data/html_ dir/2008/04/01/2008040100139.html
- 조선일보(2009년 3월 30일). 6 · 25전쟁 종군… 57년 쓰나미 취재 중 사망. 미 언론박물관서 부활한 '사라 박' http://news.chosun.com/site/data/html_dir/2009/03/30/2009033000002.html
- 조선일보(2017년 4월 6일). [만물상] 반갑지 않은 외국 스타 기자들 http://news.chosun.com/site/data/html_ dir/2017/04/05/2017040503362.html
- 조선일보(2018년 12월 28일). 막 내리는 카카오 스토리펀딩 서비스… 내년 4월 종료 http://it.chosun.com/site/ data/html_dir/2018/12/28/2018122800745.html
- 조선일보(2019년 5월 15일). "재난은 매뉴얼대로 일어나지 않아… 노인 · 장애인 소방교육 강화해야" http://news. chosun.com/site/data/html_dir/2019/05/15/2019051500226.html
- 중앙일보(2019년 3월 19일). 테러 라이브 17분… "페이스북도 뉴질랜드 테러의 공범"
- 한겨레(2019년 7월 15일). 상황파악에서 현장 도착까지… 인공지능의 재난 대처 능력은?
- 한국기자협회보(2004년 6월 30일). 김선일 씨 보도 신상공개 '무분별' 예측 보도 난무
- 한국기자협회보(2004년 10월 6일). 자이툰부대 보도 '홍보성' 일색 http://www.journalist.or.kr/news/article. html?no=8181
- 한국기자협회보(2011년 10월 6일). KBS · MBC 취재진 30명 방사선 피폭 http://www.journalist.or.kr/news/ article.html?no=27075
- 한국기자협회보(2012년 9월 26일). 국민 알 권리 위해 언론-군 손잡다 http://www.journalist.or.kr/news/ article.html?no=29505
- 한국기자협회보(2014년 4월 20일). 기자협회, 세월호 참사 보도 가이드라인 발표 http://www.journalist.or.kr/ news/article.html?no=33371
- 한국기자협회보(2014년 5월 28일). 현장에선 취재 거부당하는데 데스크는 '팩트 찾아라' 압박 http://www. journalist.or.kr/news/article.html?no=33685
- 한국기자협회보(2019년 2월 13일). 국민 65%, "재난 · 재해 발생 시 필수 매체는 TV 아닌 스마트폰"

- 한국기자협회보(2020년 1월 31일). 한국기자협회 "신종 코로나바이러스 감염증으로 써달라" http://www.journalist.or.kr/news/article.html?no=47206
- 한국기자협회보(2020년 2월 5일). "재난방송체제, 인권 보호 원칙… 모르는 것에 대해선 겸손한 자세로" http://www.journalist.or.kr/news/article.html?no=47227
- 헬스코리아뉴스(2019년 11월 18일). "감염병 보도 사실 중심으로 해야" http://www.hkn24.com/news/articleView.html?idxno=308100

## – 인터넷 사이트 –

- http://www.journalist.or.kr/news/article.html?no=47227
- https://cpj.org/
- https://idisaster.wordpress.com/
- https://www.jtfgtmo.southcom.mil/
- https://www.bbc.com/editorialguidelines/guidelines/war-terror-emergencies
- https://www.state.gov/bureaus-offices/under-secretary-for-public-diplomacy-and-public-affairs/bureau-of-global-public-affairs/foreign-press-centers/

## – 보도 자료 –

- 감사원(2004년 9월 24일). 재이라크 교민 보호 실태 감사결과
- 김성수 국회의원실(2016년 9월 27일). "기획 보도자료: 방송통신위원회 재난방송 종합 매뉴얼 부실!"
- 미래창조과학부(2014년 12월 23일). 과학기술로 재난 안전사회 견인
- 행정안전부(2017년 9월 25일). 각종 재난·안전사고로부터 장애인 안전 강화된다